중독, 벗어날 수 있다
중독 완전정복

와일드북
와일드북은 한국평생교육원의 출판 브랜드입니다.

중독, 벗어날 수 있다
중독 완전정복

초판 1쇄 인쇄 · 2025년 11월 20일
초판 1쇄 발행 · 2025년 11월 25일

지은이 · 김영순 · 정미애 · 이주연 · 김희례 · 고혜인 · 권민성 · 손향미 · 이선영 · 최은비 · 임소영
　　　　박숙자 · 백소라 · 이유미 · 정현주 · 최꽃님 · 장수미 · 김선옥 · 김동원 · 임려원
발행인 · 유광선
발행처 · 한국평생교육원
편　집 · 장운갑
디자인 · 박형빈

주　소 · (대전) 대전광역시 유성구 도안대로589번길 13　2층
　　　　　(서울) 서울시 서초구 반포대로 14길 30(센츄리 1차오피스텔 1009호)
전　화 · (대전) 042-533-9333 / (서울) 02-597-2228
팩　스 · (대전) 0505-403-3331 / (서울) 02-597-2229

등록번호 · 제2018-000010호
이메일 · klec2228@gmail.com
instagram @wildseffect

ISBN　979-11-94710-16-5 (13100)
책값은 책표지 뒤에 있습니다.

잘못되거나 파본된 책은 구입하신 서점에서 교환해 드립니다.

이 책은 한국평생교육원이 저작권자의 계약에 따라 발행한 것이므로 저작권법에 따라 무단 전재와 복제를 금합니다. 이 책 내용의 전부 또는 일부를 이용하려면 반드시 저작권자와 한국평생교육원의 서면동의를 얻어야 합니다.

중독, 벗어날 수 있다
중독 완전정복

김영순·정미애·이주연·김희례·고혜인·권민성·손향미·이선영·최은비·임소영
박숙자·백소라·이유미·정현주·최꽃늪·장수미·김선옥·김동원·임려원 공저

:: 프롤로그

　어느 날 문득, 우리는 자신이 무언가에 기대고 있다는 걸 깨닫는다. 스마트폰을 손에서 놓지 못하고, 스트레스받을 때마다 단 음식을 찾고, 끝없는 목표와 일에 자신을 몰아넣는다. 어떤 사람은 타인의 인정 없이는 불안하고, 어떤 사람은 관계를 잃을까 두려워 지나치게 상대에게 맞춰 살아간다. 흔히 중독이라고 하면 마약이나 알코올처럼 위험한 것들을 떠올리지만, 사실 중독은 그보다 훨씬 가까운 곳에 있다. 눈에 보이지 않는 중독까지 포함하면, 우리는 모두 어떤 방식으로든 중독과 함께 살아가고 있는지도 모른다.
　그렇다면 우리는 왜 중독에 빠지는 걸까? 단순한 습관일까? 아니면 의지가 부족해서일까? 사실 중독은 단순히 끊어야 할 대상이 아니다. 오히려 우리 내면이 보내는 신호에 가깝다.
　감당하기 어려운 감정, 외로움, 허전함, 결핍이 만든 흔적들.
　삶이 버거울 때, 마음이 무거울 때, 우리는 본능적으로 무언가에 기대게 된다. 그리고 그것이 반복될수록, 어느새 내 일부가 되어버린다. 처음엔 그저 작은 위로였을지도 모른다. 하루의 피로를 풀어주는 한 잔의 술, 무료함을 달래는 쇼핑, 복잡한 현실을 잠시 잊게 해주는 인터넷 속 끝없는 이야기들. 하지만 어느 순간, 그것이 없으면 견디기 어려운 것이 되어버린다. 그리고 그때부터 우리는 중독을 '선택하는' 것이 아니라, 중독에 '끌려가는' 삶을 살게 된다.

그렇다면 중독은 꼭 나쁘기만 한 걸까? 흔히 사람들은 중독을 '의지의 문제'라고 말한다. 중독에 빠지는 사람들은 문제가 있거나, 의지가 약한 사람으로 쉽게 단정 짓는다. 하지만 정말 그럴까? 여기, 심리상담 전문가 19명이 모여 그 질문에 대한 답을 함께 찾아보았다. 우리가 만난 수많은 내담자의 이야기, 그리고 우리 자신의 경험을 통해 깨달은 바가 있다. 중독은 그저 끊어야 할 나쁜 습관이 아니다. 그것은 우리 내면의 한 조각이자 우리 삶의 일부이다.

어쩌면 중독은 우리에게 무언가를 이야기하고 있는지도 모른다.

'왜 나는 이것을 놓지 못할까?', '무엇이 나를 여기까지 이끌었을까?'

그 질문을 던지는 순간, 중독은 단순한 문제가 아니라, 나 자신을 이해하는 열쇠가 된다. 그리고 같은 길을 걷고 있는 타인을 조금 더 깊이 이해할 기회가 되기도 한다.

이 책은 중독을 단순히 없애야 할 대상으로 보지 않는다. 오히려, 중독이 우리에게 들려주는 이야기에 귀 기울여 보려고 한다. 중독을 없애기 위해 애쓰기보다, 그것이 채우고 있는 공백이 무엇인지를 차분히 들여다보는 것이다. 우리가 정말 원하는 것은 무엇인지, 그리고 그 공백을 건강한 방식으로 채울 방법은 없는지 함께 고민해보려 한다.

19명의 심리상담 전문가가 한자리에 모여 중독을 다시 바라보는 이 책은, 상담실에서 마주한 수많은 사람의 이야기 속에서 찾은 깨달음을 전하기 위해 쓰였다. 이 책은 중독을 부정하거나 억누르는 방법을 알려주지 않는다. 대신, 중독이 우리 삶에서 어떤 의미를 가지는지 탐구하며, 중독을 통해 나 자신을 더 깊이 이해하는 길을 찾아본다.

어쩌면 중독은 끝이 아니라 시작일지 모른다. 나를 더 깊이 이해하고, 타인을 더욱 공감할 수 있는 과정이 될 것이다. 나 자신을 비난하기 보다는, 중독이 내게 들려주는 메시지에 귀 기울이는 과정이다. 그리고 그 과정을 통해 우리는 조금씩 더 건강한 방향으로 나아갈 수 있다.

그 첫걸음을 내디뎌 보자. 다만, 나 자신에게 솔직해지는 작은 순간에서부터 시작해 보자. 우리는 이미 변화할 준비가 되어 있다. 이제, 그 첫걸음을 내디뎌 볼 시간이다. 지금.

:: 목 차

프롤로그 ... 4

1장 중독의 뿌리와 심리학적 이해

1. 중독은 마음의 신호다 ... 13
   중독이 채우려 한 것은 결국 나 자신 ... 15
   중독에 대한 오해와 진실 ... 16
   중독을 다르게 보면, 치유의 길이 보인다 ... 18

2. 뇌는 이렇게 중독을 반복한다 ... 21
   뇌는 왜 중독에 빠질까 ... 22
   기쁨과 중독을 결정하는 도파민 ... 23
   끊을수록 힘든 이유, 뇌는 변화를 두려워한다 ... 24
   안정된 애착이 중독을 막는 첫 번째 방어선 ... 25

3. 중독의 유형 ... 28
   1) 정서·심리중독 ... 28
   2) 행위·습관중독 ... 29
   3) 물질 중독 ... 31
   4) 관계·심리적 의존중독 ... 32
   5) 정보·콘텐츠 중독 ... 33
   6) 신종 디지털중독 ... 35

4. 위로 대신 중독을 선택하는 사회 ... 37
   중독을 부르는 외로움과 불안 ... 37
   디지털 시대의 중독 ... 38

중독의 얼굴 – 31가지 중독이야기

1. 정서 · 심리중독　　　　　　　　　　　　　　　　42
　　1) 완벽중독: 끝없는 자기검열의 늪　　　　　　　44
　　2) 미루기 중독: '나중에'라는 달콤한 유혹　　　　50
　　3) 생각중독: 머릿속을 떠나지 않는 소음　　　　　57
　　4) 걱정중독: 걱정이 많은 나, 이대로 괜찮을까　　62
　　5) 정의중독(분노중독): 정의감에 가려진 상처　　69

2. 행위 · 습관중독　　　　　　　　　　　　　　　　76
　　1) 일중독: 쉼 없이 달리다 길을 잃다　　　　　　　78
　　2) 바쁨중독: 멈추는 것이 두려운 사람들　　　　　84
　　3) 성취중독: 끝없는 목표와 공허함　　　　　　　91
　　4) 게임중독: 게임 속에선 주인공, 현실에선 조연　96
　　5) 스마트폰 중독: 손안의 감옥　　　　　　　　　102
　　6) SNS 중독: '좋아요'에 중독된 자아　　　　　　　108
　　7) 도박중독: 행운을 쫓다가 스스로 무너지는 삶　115
　　8) 섹스중독: '닿아있음'에 대한 갈망　　　　　　121
　　9) 음식중독: 배부름으로도 채워지지 않는 허기　128
　　10) 운동중독: 한계를 넘어 몰아붙이다　　　　　134
　　11) 쇼핑중독: 소유에 중독된 마음　　　　　　　140
　　12) 성형중독: 예뻐지면 괜찮아질 줄 알았다　　　146

3. 물질 중독　　　　　　　　　　　　　　　　　　153
　　1) 마약중독: 치명적인 쾌락의 끝　　　　　　　　155
　　2) 알코올중독: 술에 갇힌 삶　　　　　　　　　　164
　　3) 카페인중독: 각성에 중독된 일상　　　　　　　173
　　4) 니코틴중독: 담배 한 개비에 묶인 자유　　　　177

4. 관계 · 심리적 의존중독　　　　　　　　　　　　185
　　1) 관계중독: 타인에게 집착하는 마음　　　　　　187
　　2) 사랑중독: 외로움과 인정 욕구의 덫　　　　　　192
　　3) 인정중독: 타인의 시선에 갇힌 자아　　　　　198
　　4) 돌봄중독: 자신을 잃어버린 헌신　　　　　　　204

5. 정보 · 콘텐츠 중독　　　　　　　　　　　　　　　　211
　1) 독서중독(활자중독): 활자 속으로의 도피　　　　　　213
　2) 드라마/웹툰 중독: 가상 스토리에 갇힌 현실　　　　　218
6. 신종 디지털 중독　　　　　　　　　　　　　　　　　225
　1) 인터넷 중독: 끊을 수 없는 연결　　　　　　　　　　227
　2) 주식 및 가상화폐 중독: 일확천금, 손에 잡히지 않는 희망 고문　235
　3) AI 챗봇 중독: 가상의 위로에 빠지다　　　　　　　　242
　4) 리워드 앱 중독: 돈을 버는 재미일까, 시간 낭비일까　249

3장　중독을 넘어서 – 회복과 치유의 길

1. 중독 자가진단 '나는 중독일까?　　　　　　　　　　258
2. 중독에서 회복을 돕는 상담 기법　　　　　　　　　　269
인지행동치료(CBT)/마음챙김과 명상/동기강화상담(MI)/수용전념치료(ACT)
3. '도와야 해, 먼저 지치지 말자' 중독자의 가족을 위한 가이드　279
4. 중독 없이도 충분히 행복한 삶　　　　　　　　　　　286

부록(관련기관)　　　　　　　　　　　　　　　　　　　295
저자 소개　　　　　　　　　　　　　　　　　　　　　298

중독의 뿌리와
심리학적 이해

1. 중독은 마음의 신호다
2. 뇌는 이렇게 중독을 반복한다
3. 중독의 유형
4. 위로 대신 중독을 선택하는 사회

"중독은 나약한 사람들의 문제다."
"의지만 있으면 얼마든지 끊을 수 있다."
"저 사람은 중독이니까 조심해야 해."

중독이라는 단어 앞에서 사람들은 쉽게 선을 긋는다. 하지만 중독은 특정한 사람만의 문제가 아니다. 중독은 누구에게나 찾아올 수 있으며, 우리가 생각하는 것보다 훨씬 더 깊고 복잡한 의미를 내포하고 있다. 누군가는 끝없이 목표를 좇고, 누군가는 사람들에게 인정받기 위해 애쓰고, 또 누군가는 감정을 마주하지 않으려고 일에 파묻힌다. 어떤 사람은 손에서 스마트폰을 놓지 못하고, 어떤 사람은 밤마다 알코올 없이는 잠들지 못한다. 마약, 알코올, 도박처럼 눈에 띄는 중독도 있지만, 타인의 기대 속에서 자신을 잃어가는 '관계중독', 쉬지 못하는 삶을 당연하게 여기는 '일중독'도 존재한다. 그 형태는 다를지라도, 본질은 같다. 우리는 각자의 방식으로 중독을 경험하고 있다.

중독은 단순한 습관이 아니다. 그것은 마음이 보내는 신호다. 내가 지금 손에서 놓지 못하는 것이 있다면, 그것은 단순한 의지 부족 때문만이 아니다. 그것은 무엇인가를 채우기 위한 무의식적인 몸부림일 수 있다. 채워지지 않는 감정의 허기, 외로움, 불안, 상처받은 기억들. 우리는 그것들을 견디기 위해, 잠시라도 잊기 위해 어떤 것에 의존하게 된다.

이 책은 중독을 단순히 '끊어야 하는 것'으로 보지 않는다. 오히려, 그 속에서 우리가 미처 보지 못한 감정들과 마주할 기회를 찾고자 한다. 중독은 나를 망치는 것이 아니라, 나를 이해할 수 있는 단서가 될 수도 있다. 지금 내가 빠져 있는 것은 무엇이며, 그것을 통해 나는 어떤 위로를 얻고 있는가? 중독을 없애려 애쓰기보다, 그것이 내게 전달하려는 메시지를 듣는다면 우리는 더 건강한 방향으로 나아갈 수 있을 것이다.

'왜 멈추지 못할까.'라는 질문만으로는 중독을 이해할 수 없다. 그 안에는 마음의 균열, 뇌의 반응, 그리고 우리가 살아가는 환경까지 복잡하게 얽혀 있다. 단순히 개인의 나약함이 아닌, 보이지 않는 심리적·사회적 흐름이 함께 작동하고 있는 것이다.

이 책은 그 연결고리를 하나씩 짚어가며, 중독을 새롭게 바라보는 길을 찾고자 한다. 내 안의 반복된 선택들을 이해하고, 타인의 중독 앞에서도 조금 더 깊이 생각할 수 있는 마음의 여유를 갖는 것. 그 변화는 더 따뜻한 시선에서 시작된다.

중독은 끝이 아니라, 나를 알아가는 과정일지도 모른다.

1. 중독은 마음의 신호다

김영순

어떤 감정은 말로 표현되지 않는다. 꺼내려 하면 목이 메이고, 설명하려 들면 사라진다. 그래서 사람들은 조용히 행동한다. 불 꺼진 밤에 냉장고 문을 여는 손, 생각 없이 쇼핑몰을 넘기는 손가락, 굳이 필요 없는 약속에 자신을 밀어 넣는 습관. 겉보기엔 아무렇지 않은 일상이지만, 그 안에는 미처 말하지 못한 감정이 스며 있다.

어쩌면 중독은 말보다 더 솔직한 표현일지 모른다. 열등감과 부족함이 마음 한구석에 자리 잡고, 이상적인 자아와의 간격이 멀어질수록 사람은 점점 지친다. 그 지친 틈을 타 채워 넣고 싶은 무언가가 생긴다. 슬픔을 말하지 못한 사람이 단 것을 찾고, 고립된 마음을 안은 이가 사람들 속으로 뛰어든다. 불안을 말로 설명하지 못한 사람이 계획과 일로 하루를 메우고, 무너지는 마음을 감춘 채 스마트폰에 기대어 밤을 견딘다. 모두가 나도 모르게 선택한 방식이다. 그래서 우리는 중독을 질책하기보다 먼저 묻는 연습을 해야 한다.

'이 행동이 말해주는 내 감정은 무엇일까?'

중독은 나약함의 증거가 아니라, 무너짐을 막기 위한 몸과 마음의 몸부림이다. 이해하지 않으면 반복되지만, 바라보기 시작하면 조금씩 그 방향이 달라진다. 중독은 나를 괴롭히는 적이 아니라, 오랜 시간 나를 지키려 애쓰던 방식이었을지도 모른다.

그렇다면 중독을 극복하기 위해 가장 필요한 것은 그냥 행동을 억제하는 것이 아니다. 오히려 그 행동이 만약 더 건강한 방식으로 감정을 조절하고, 타인과 의미 있는 관계를 맺을 수 있게 된다면, 우리는 균형 잡힌 삶을 살 수 있을 것이다. 중요한 것은 그 행동이 우리의 무엇을 대신하고 있는지를 이해하는 것이다.

'왜 나는 이 행동을 반복하는가?', '이 행동을 통해 무엇을 얻고 싶은가?', '이 행동이 없으면 나는 무엇이 불안한가?'라는 질문을 던지며 내면을 들여다볼 때, 우리는 중독을 통해 채우려 했던 진짜 필요를 발견할 수 있다.

중독을 끊는 것이 목표가 되어서는 안 된다. 더 중요한 것은 중독이 차지했던 자리를 무엇으로 채울 것인가 하는 것이다. 만약 더 건강하게 감정을 조절할 수 있고, 타인과 의미 있는 관계를 맺을 수 있다면, 균형 잡힌 삶을 살 수 있을 것이다. 막연히 '하지 말아야 할 것'을 정하는 것이 아니라, '내 삶에서 진짜 원하는 것은 무엇인가.'를 찾아가는 과정이 되어야 한다.

중독을 해결하는 데 있어 가장 중요한 것은, 그 문제를 혼자만의 몫으로 남겨두지 않는 것이다. 우리 사회가 중독을 '나쁜 습관'으로 치부하지 않고, 그 속에 담긴 내면의 외침을 들을 때, 우리는 더 따뜻하고 건강한 방식으로 서로를 도울 수 있다. 억누른다고 사라지는 갈망은 없다. 감춘다고 없던 일이 되지도 않는다. 중요한 건 '왜' 그곳에 멈춰 서 있었는가를 묻는 일이다. 우리는 그 질문을 외면하는 대신, 너무 자주 '끊어야 한다.'라는 말로 스스로를 밀어붙인다. 하지만 진짜 변화는 단절이 아니라, 이해에서 시작된다. 자극을 줄이는 것보다, 그 자리를 무엇으로 채울 것인가를 고민해야 한다. 그게 애초에 우리가 바랐던 것이다. 인정받고 싶었고, 편해지고 싶었고, 괜찮은 사람이고 싶었다. 그 마음을 외면하지 않을 때, 비로소 다른 방향이 열릴 수 있다.

중독이 채우려 한 것은 결국 나 자신

중독이라고 하면 보통 술, 담배, 마약 같은 물질을 떠올리기 쉽지만, 사실 중독은 특정 행동에도 나타날 수 있다. 예를 들어, 스마트폰을 손에서 놓지 못하거나 쇼핑에 과하게 빠지는 것도 중독의 한 형태다. 중요한 건, 중독이 무턱대고 '나쁜 습관'이 아니라는 점이다. 그 이면에는 해결되지 않은 감정의 상처와 내면의 갈등이 자리 잡고 있다.

중독은 크게 두 가지 유형으로 나눌 수 있다.

첫 번째는 물질적 중독으로, 알코올이나 약물처럼 뇌의 보상 체계를 자극하는 물질에 의존하는 경우이다. 처음에는 기분이 좋아지지만, 시간이 지나면서 같은 효과를 얻기 위해 점점 더 많은 양을 필요로 하게 된다. 결국, 몸은 더 강한 자극을 원하고, 의존성이 생기면서 금단 증상까지 나타난다.

두 번째는 행동적 중독으로, 도박, 인터넷, 쇼핑처럼 특정 행동에 지나치게 몰입하는 경우다. 예를 들어, 스트레스를 받을 때마다 온라인 쇼핑을 한다면, 일시적인 기분 전환이 되겠지만 장기적으로는 문제 해결하는 것이 아니라 또 다른 문제가 생길 수 있다. 이러한 행동이 반복되면, 마치 약물 중독처럼 우리의 뇌는 특정 행동을 강하게 원하게 되고, 멈추기 어려운 상태가 된다.

이들은 스트레스나 불안, 외로움 등을 견디기 힘들어하며, 이를 해소할 방법을 찾다가 중독적인 행동에 빠지게 된다. 뇌의 신경전달물질인 도파민이 이러한 중독적 행동을 강화하면서, 같은 행동을 계속 반복하게 된다. 결국, 중독은 '단순히 멈추면 되는 문제'가 아니라, 심리적·생물학적·사회적 요인이 복합적으로 작용한 결과라고 볼 수 있다. 그렇다면 중독을 해결하기 위해 우리는 무엇을 할 수 있을까? 단순히 '하지 말아야지.'라고 결심하는 것만으로는 충분하지 않다. 중요한 것은, 중독으로 채우려 했던 내면의 공허함을 건강한 방식으로 채우는 것이다. 예를 들어, 감정을 솔직하게 나눌 수 있는 사람을 찾거나, 새로운 취미를 개발하는 것도 좋은 방법이 될 수 있다. 또한, 상담을 통해 자신의 감정을 더 깊이 이해하고, 중독에 의존하지 않는 방법을 배우는 것도 효과적일 수 있다.

중독에 대한 오해와 진실

우리는 중독에 대해 흔히 이렇게 생각하곤 한다.
'그냥 마음만 먹으면 끊을 수 있는 거 아냐?'
'그건 단지 안 좋은 습관일 뿐이야.'

하지만 이런 생각은 중독이라는 현상을 너무 단순하게 바라보는 시각이다. 중독은 단순히 선택이나 의지의 문제가 아니라, 뇌의 작용과 감정 상태, 그리고 삶의 환경이 서로 얽혀 나타나는 복합적인 현상이다. 과거에는 중독을 '의지가 약한 사람들의 문제'나 '도덕적인 결함'으로 보는 시선이 많았다. 그러나 지금은 심리학과 신경과학의 발전 덕분에 중독을 조금 다르게 이해하게 되었다. 중독은 단순한 습관이 아니라, 스트레스와 외로움 같은 감정적인 요인, 그리고 뇌의 신경생물학적 변화가 함께 작용해 나타나는 결과라는 것이 밝혀졌다. 그러니 '의지만 있으면 끊을 수 있다'라는 말은 사실과는 거리가 멀다.

오해 (X)	진실 (O)
중독은 단순한 의지 부족이다.	중독은 뇌의 보상회로가 지나치게 자극되면서 감정 조절 능력과 밀접하게 연관된 문제다.
중독은 나쁜 습관일 뿐이다.	중독은 채워지지 않은 내면의 욕구를 대체하려는 시도일 수 있다.
중독은 특정 물질이나 행동의 문제로만 발생한다.	중독은 생물학적, 심리적, 환경적 요인이 복합적으로 작용한 결과다.

처음엔 단순히 재미있어서, 혹은 잠깐 위로를 받고 싶어서 시작한 행동이 어느 순간 반복되면서, 뇌는 그 행동을 더 자주, 더 강하게 원하게 된다. 특히 스트레스가 심하거나 감정적으로 불안정할 때, 중독적인 행동을 통해 잠깐이나마 안정을 느끼게 되지만, 그것이 해결책이 되지는 않는다. 오히려 점점 더 강하게 그것을 찾게 되며, 반복되는 습관 속에 빠지게 된다. 게다가 지금 우리가 살아가는 사회는 빠르게 변하고, 끊임없이 경쟁을 요구한다. 이런 환경 속에서 많은 사람들이 불

안과 압박을 느끼게 되고, 그 감정을 제대로 해소하지 못한 채 중독적인 방식으로 회피하게 되는 경우도 많다. 이처럼 중독은 단순히 '못 끊는 습관'이 아니라, 감정과 환경이 얽힌 결과라는 점을 이해하는 것이 중요하다.

그렇다면, 중독으로부터 벗어나기 위해 무엇이 필요할까? 단순히 "끊어야지."라는 말만 반복해서는 충분하지 않다. 가장 중요한 것은, 중독이 대신 채워주고 있던 감정적 공허함을 건강한 방법으로 돌보는 일이다. 마음을 털어놓을 수 있는 사람을 찾고, 좋아하는 활동을 시도해보며, 때로는 전문가의 도움을 받아 자기 자신을 더 깊이 이해해 보는 과정이 도움이 된다. 무언가를 끊기 위해서가 아니라, 자신을 돌보기 위해 그렇게 해보면 좋다.

중독을 다르게 보면, 치유의 길이 보인다

왜 어떤 사람은 술이나 약물에 의존하고, 어떤 사람은 SNS나 쇼핑, 혹은 게임에 빠지게 되는 걸까? 단순한 호기심에서 시작된 행동이 어느 순간 일상이 되어버리는 이유는 무엇일까? 그 답은 생각보다 단순하지 않다. 하지만 분명한 사실은 있다. 중독을 단지 '버려야 할 나쁜 습관'으로 바라보면, 그 속에 숨겨진 더 깊은 이야기를 놓치기 쉽다. 누군가는 아픈 곳을 감추려 무언가에 몰두하곤 한다. 그것이 잠시나마 고통을 잊게 해주고, 삶의 균형을 맞춰주는 것처럼 느껴지기 때문이다. 하지만 그 몰두가 반복될수록, 본래 감춰두었던 감정은 더욱 깊은 곳으로 숨어버리고, 그 자리를 중독이 채워버리게 된다. 그래서 중독은 멈추기 어려운 것이 아니라, 놓기 아쉬운 위안일 수 있다. 진짜 중요한 건 '왜 끊지 못하느냐.'가 아니라, '그것이 왜 필요했는가.'를 스스로 이해해 보는 일이다.

중독을 바라보는 질문을 조금 바꿔주면, 전혀 다른 이해가 가능해진다. 중독은 어쩌면, 고통을 감추려는 방식이자 생존을 위한 시도였을지도 모른다. 그렇기 때문에, 그 사람의 이야기를 잘 들어주고, 판단보다는 공감을 먼저 해주면 좋다. 중독은 단지 그 사람이 만든 문제가 아니라, 함께 살아가는 사회와 환경의 문제일 수도 있으니 말이다. 중독을 다르게 바라보면, 그 안에 사람이 보인다. 그리고 그 사람의 상처를 들여다보는 순간, 우리는 치유의 실마리를 함께 찾을 수 있다.

- 외로움을 느낄 때 - SNS나 관계중독에 빠질 수 있다.
- 통제감을 잃었을 때 - 쇼핑, 도박, 폭식 같은 행동이 반복될 수 있다.
- 삶의 의미를 찾지 못할 때 - 게임이나 가상 세계에 몰입하게 된다.

중독은 순간적인 쾌락을 추구하는 것이 아니라, 충족되지 않은 감정을 채우려는 신호이다. 우리가 처음 어떤 행동이나 물질에 빠지는 이유는 그것이 순간적인 위로와 안정을 주기 때문이다. 그러나 반복되면서 뇌는 더 강한 자극을 원하게 되고, 결국 같은 만족을 얻기 위해 점점 더 의존하게 된다. 그저 '참아야지.'라고 다짐한다고 해결되지 않는 이유가 바로 여기에 있다. 게다가, 현대사회는 끊임없는 경쟁과 불확실성 속에서 많은 이들에게 외로움과 불안을 안겨준다. 사회적 단절이 깊어질수록 더욱 의지할 무언가를 찾게 되고, 이는 중독적인 행동을 강화하는 요인이 된다. 결국, 중독은 개인의 문제로만 볼 수 없는 사회적 현상이기도 하다.

그렇다면 우리는 어떻게 해야 할까? 중요한 것은 중독을 억제하려 하기보다, 그 행동이 우리에게 무엇을 대신 채워주고 있었는지를 이해하는 것이다. 내면의 공허함을 건강한 방식으로 채울 방법을 찾고, 사랑과 소속감을 느낄 수 있는 관계를 형성하며, 삶의 의미를 찾아 나서는 것이 중요하다. 중독을 바라보는 우리의 시각이 바뀔 때, 해결의 실마리도 달라진다. 우리가 중독에 기대게 된 이유는 분명히 있다. 그동안 힘들 때마다, 외로울 때마다, 마음속 허전함을 달래기 위해 자연스럽게 그것을 찾았던 것은 어쩌면 너무나도 당연한 일이었을지도 모른다. 하지만 이제는 자신을 탓하는 대신, 내면의 목소리에 더 귀 기울여야 한다. 나에게 부족했던 것은 무엇이었을까? 내가 정말로 원하는 것은 무엇일까?

중독을 밀어내려고 애쓰기보다는, 그 아래 숨겨진 이야기를 발견하는 것이 먼저다. 나 자신을 더 잘 이해하고, 스스로를 더 따뜻하게 보듬을 때, 우리는 중독이라는 굴레에서 벗어나 더 건강하고 자유로운 삶을 살아갈 수 있을 것이다.

2. 뇌는 이렇게 중독을 반복한다

사람의 뇌는 기쁨을 기억하는 방식으로 삶을 지탱한다. 맛있는 음식을 먹을 때, 사랑하는 사람과 눈을 맞출 때, 따뜻한 말 한마디에 마음이 녹을 때 우리는 살아있다는 감각을 느낀다. 그러나 중독은 이 자연스러운 흐름을 조금씩 왜곡시킨다. 처음엔 그저 즐거움이었지만, 익숙함이 반복되며 점점 강한 경험만을 갈구하게 된다. 이제는 예전처럼 소소한 기쁨만으로는 마음이 채워지지 않는다. 술 한 잔으로도 부족하고, 짧은 게임으로는 허전하다. 결국, 익숙한 자극에 둔감해지면서 더 자극적인 것에 손을 뻗게 된다. 우리는 이것을 '내성'이라고 부른다.

이런 변화가 계속되면 마음을 조율하던 능력들이 흐려진다. 어느새 감정은 제멋대로 흘러가고, 충동은 조절되지 않는다. 이것이 단순한 습관의 문제가 아니라는 점에서, 중독은 오해받기 쉽다. 나약해서가 아니라, 지쳐버린 마음이 잠시 방향을 잃은 것이다. 다행히도 인간의 정신은 다시 길을 찾을 수 있는 유연함을 지니고 있다. 억지로 끊어내려 하기보다는, 자연스러운 만족과 온기를 회복할 수 있는 새로운 길을 함께 찾아 나가는 것이 필요하다. 그 길은 어쩌면 아주 사소한 평범함 속에 숨어 있을지도 모른다.

뇌는 왜 중독에 빠질까?

우리는 어떤 순간을 잊지 못한다. 오랜만에 마신 커피 한 잔이 유독 따뜻하게 느껴졌던 날, 어린 시절 손잡고 걷던 길, 수고했단 말 한마디에 울컥했던 저녁. 이런 기억 속에는 다시 살아가고 싶은 감정이 담겨 있다. 그리고 그 감정은 우리 안에서 삶의 방향을 제시해 주는 신호가 된다. 하지만 중독을 유발하는 특정 자극은 이 신호 체계를 무너뜨린다. 마음이 어떤 자극에 반복적으로 노출되면, 처음엔 강한 만족을 주지만 시간이 지나면서 더 큰 자극 없이는 아무것도 느껴지지 않게 된다. 익숙함은 둔감함을 부르고, 더 자극적인 것을 찾아 나서는 악순환이 시작된다. 예전엔 작은 일에도 마음이 움직였지만, 이제는 무엇을 해도 공허한 기분만 남는다. 결국 갈망이라는 이름의 그물에 갇히고, 감정과 행동을 조절하는 힘은 점점 사라져간다. 그래서 중독은 오랜 시간 마음이 고갈된 상태에서 방향을 잃은 결과에 가깝다. 하지만 삶은 언제든 다시 균형을 찾을 수 있다. 어떤 식으로 일상과 감정을 회복하느냐에 따라 무너졌던 흐름도 서서히 제자리를 찾아간다. 자기 자신을 탓하는 대신, 지금의 상태를 조용히 들여다보고, 천천히 다른 가능성으로 시선을 돌려보는 것. 그 작은 움직임이 회복의 시작이 될 수 있다.

기쁨과 중독을 결정하는 도파민

뇌는 생존만을 위해 작동하는 기관이 아니다. 뇌 덕분에 사랑을 느끼고, 감동을 기억하며, 삶의 의미를 탐색할 수 있다. 그 중심에는 '보상 회로'라는 정교한 시스템이 자리 잡고 있다. 이 회로는 삶에서 의미 있는 순간을 포착하고, 그 기억을 강화시켜 더 나은 선택을 할 수 있도록 돕는다. 그리고 그 모든 흐름의 중심에 도파민이 있다. 도파민은 깊은 감정을 자극하며, 특정 행동에 대한 동기와 기대를 만들어 낸다. 뇌는 이전에 좋았던 경험을 기억하고, 비슷한 상황이 오면 다시 그 감정을 느끼고 싶어 한다. 그래서 우리는 때때로 어떤 행동을 반복하게 되고, 그 안에서 안정을 느낀다. 그러나 도파민 시스템이 자극에 과도하게 노출되면, 균형이 무너진다. 익숙했던 자극이 더 이상 만족을 주지 못하고, 뇌는 점점 더 강렬한 자극을 갈구하게 된다. 이때 생기는 내성은 욕망의 증폭이 아니라, 뇌의 판단력이 흐려졌다는 신호다. 자신을 통제하던 힘은 점차 약해지고, 어느새 원치 않던 행동에 휘둘리게 된다.

보상 회로는 원래 우리 삶을 더 의미 있게 만들기 위해 존재하는 시스템이다. 이 시스템이 건강하게 작동할 때 우리는 기쁨을 기억하고, 관계를 소중히 여기며, 자신에게 만족을 느낀다. 하지만 이 회로는 너무 쉽게 손상될 수 있다. 그래서 더욱 조심스럽게 다루어야 한다. 도파민은 우리를 더 깊은 삶으로 이끌 수도, 무너진 감정의 회로에 갇히게 할 수도 있기 때문이다. 중독을 이해한다는 것은 결국 우리 안의 상처와 결핍을 이해하는 일이다. 도파민의 언어에 귀 기울이고, 그 흐름을 조율해 나갈 때, 비로소 자신의 삶을 다시 가꿔나갈 수 있다.

끊을수록 힘든 이유, 뇌는 변화를 두려워한다

중독을 왜 쉽게 끊을 수 없는지 이해하려면, 뇌가 어떻게 반응하는지를 살펴볼 필요가 있다. 중독이 깊어지는 과정에는 두 가지 중요한 변화가 일어난다.

하나는 '내성'이고, 다른 하나는 '금단증상'이다. 이 두 가지는 마치 뇌가 새로운 환경에 적응하려는 몸부림과도 같다.

내성은 같은 자극을 반복했을 때, 점점 더 강한 자극이 필요해지는 현상이다. 처음에는 소량으로도 충분했던 자극이, 시간이 지날수록 더 많은 양을 요구하게 된다. 예를 들어, 예전에는 한 잔의 술로도 기분이 좋아졌지만, 어느 순간부터는 같은 기분을 느끼기 위해 두 잔, 세 잔이 필요해지는 것이다. 이것은 뇌가 지속적인 자극에 적응하면서 더 이상 처음과 같은 강렬한 기쁨을 느끼지 못하게 되기 때문이다. 그 과정에서 뇌는 변화를 겪는다. 기쁨을 전달하던 수용체가 줄어들거나, 쾌감을 전달하는 회로가 둔감해지는 등의 변화가 생기면서 점점 더 큰 자극 없이는 만족하기 어려워진다. 결국, 같은 효과를 얻기 위해 더 많은 자극을 찾게 되고, 이로 인해 중독은 점점 깊어진다.

금단증상은 오랜 시간 의존해 왔던 자극을 갑자기 끊었을 때, 몸과 마음이 겪는 불편한 반응이다. 중독 대상이 사라지면 불안, 짜증, 우울감, 집중력 저하, 불면 등의 다양한 증상이 나타날 수 있다. 어떤 경우에는 신체적인 통증이나 떨림 같은 생리적 반응도 함께 찾아온다. 이는 단순한 심리적인 반응이 아니라, 뇌와 신체가 '익숙해진 환경'이 사라졌다는 사실에 강하게 저항하며 일으키는 변화다. 뇌는 지금까지 의존해 왔던 자극을 더 이상 받지 못하자, 균형을 잃고 흔들리게 된다.

뇌는 오랜 기간 특정 자극에 맞춰 조절되었기 때문에, 갑자기 그 자극이 사라지면 혼란에 빠지게 된다. 마치 오랫동안 의지하던 기둥이 무너진 것처럼, 불안, 우울, 두통, 짜증 같은 다양한 증상이 나타나게 된다. 특히 감정을 조절하는 전전두엽이 영향을 받게 되면서 스트레스 대처 능력이 크게 저하된다. 그래서 중독을 끊으려 할 때 불안과 초조함이 심해지고, 이를 해소하기 위해 다시 같은 행동을 반복하는 악순환이 이어진다. 금단증상은 의지력 부족의 문제가 아니라, 뇌가 새로운 균형을 찾기까지 시간이 필요하기 때문에 나타나는 자연스러운 반응이다.

안정된 애착이 중독을 막는 첫 번째 방어선

어린 시절, 우리는 누군가의 눈빛과 손길을 통해 세상을 배워간다. 따뜻한 목소리로 이름을 불러주는 사람, 다친 마음을 말없이 안아주는 사람이 곁에 있었던 경험은, 세상이 안전하다는 믿음을 심어준다. 이런 안정감은 마음 깊은 곳에 단단한 기둥처럼 자리 잡아, 살아가면서 마주하는 수많은 감정과 상황을 다루는 내면의 힘이 된다. 하지만 그와는 다른 경험을 한 사람도 있다. 충분히 기대지 못한 어린 시절, 이해받지 못한 감정, 외로운 순간들이 반복된 사람의 마음에는 말로 설명하기 어려운 허기 같은 것이 남는다. 추운 날 누군가의 손을 놓친 채 혼자 남겨진 것 같은 그런 기억 말이다.

이처럼 내면의 안정이 충분히 형성되지 못한 경우, 감정의 풍랑이

거세질 때 자신을 지켜줄 버팀목이 흔들릴 수 있다. 어떤 이는 그 빈자리를 누군가와의 진실한 관계, 혹은 예술이나 운동 같은 활동으로 채워가며 자신을 회복해 나간다. 반면, 또 다른 누군가는 마음의 공백을 잠시라도 잊게 해주는 자극적인 것들에 기대게 되기도 한다. 반복되는 음주, 멈추지 않는 온라인 활동, 혹은 무의식적으로 손에 쥐게 되는 스마트폰처럼, 내면의 갈증을 잠시나마 달래줄 수 있는 것이라면 무엇이든 붙잡게 된다. 겉보기엔 단순한 습관처럼 보이지만, 그 안에는 누구에게도 말하지 못한 외로움이 숨어 있다.

안정된 애착을 경험한 사람은 위기의 순간에도 자신을 다독이고 중심을 잡을 수 있는 힘을 갖는다. 자신을 신뢰하는 능력, 감정을 지나치게 억누르거나 휘둘리지 않고 다룰 수 있는 능력은 그때부터 천천히 길러져 온 것이다. 반면, 어린 시절부터 반복된 상처 속에서 자란 사람은 불안과 혼란 앞에서 쉽게 무너질 수 있다. 감정을 다룰 도구가 손에 없을 때, 마음은 그 공허함을 외부의 어떤 것으로라도 채우려 들기 때문이다. 그래서 중독은 단지 자제력이 부족해서가 아니라, 애초에 자신을 지지해 줄 심리적 기반이 충분하지 않았던 결과이기도 하다.

트라우마는 단지 한 번의 아픔이 아니라, 마음속에 오래도록 남아 삶을 흔드는 잔물결이다. 학대, 방임, 위협적인 상황은 그 자체로도 무섭지만, 무엇보다 무서운 건 그 이후에도 자신을 보호할 수 있다는 믿음을 잃게 만든다는 점이다. 이러한 경험은 감정을 처리하는 능력을 약화시키고, 불안을 다스릴 수단을 외부에서 찾게 만든다. 어떤 사람은 일에 몰두해 감정을 밀어내려 하고, 또 어떤 사람은 빠른 위로를 줄 수 있는 것들—예컨대 단시간 내 감정을 바꾸는 자극들—에 점점 더 의존하게 된다. 처음에는 그저 하루를 버티기 위한 선택이었지만, 점점 그 선택 없이는 감정을 감당할 수 없게 되는 것이다.

　안정된 애착은 마치 언제든 돌아갈 수 있는 내면의 집과 같다. 아무리 힘든 하루를 보내도 돌아가 쉴 수 있는 마음의 장소가 있다는 사실은, 삶을 살아가는 데 큰 힘이 된다. 반대로, 그 집이 비어 있거나 무너진 채라면, 우리는 어딘가에 머물 곳을 찾아 헤매게 된다. 때로는 자신을 해치는 방식으로라도 마음을 달래고 싶은 이유가 바로 여기에 있다. 중독은 단순한 습관이 아니다. 그것은 우리가 한때 받지 못했던 위로, 채워지지 않은 욕구가 여전히 마음속 어딘가에서 울리고 있다는 신호다.

3. 중독의 유형

1) 정서·심리중독(완벽중독, 미루기중독, 걱정중독, 생각중독, 정의중독 등)

정서·심리중독은 특정한 감정이나 사고방식에 과도하게 집착하는 상태를 의미한다. 물질이나 특정 행동이 아닌, 사고와 감정이 중독의 대상이 된다는 점에서 다른 중독과 차별화된다. 이러한 중독은 보통 불안, 스트레스, 강박적인 사고 패턴에서 비롯되며, 개인의 삶을 지배하고 심리적 균형을 무너뜨릴 수 있다. 겉으로는 생산적이거나 가치 있어 보일 수 있지만, 결국 개인의 심리적 유연성을 해치고 삶의 질을 저하시킨다.

이러한 중독의 특징은, 반복되는 생각이나 감정이 머릿속을 떠나지 않고 일상 전반을 잠식한다는 데 있다. 불안이나 스트레스가 점점 커지면서 감정 반응이 지나치게 예민해지고, 사고의 유연함을 잃게 된다. 예를 들어, 완벽중독이 있는 사람은 작은 실수도 용납하지 못하고,

걱정중독에 빠진 사람은 일어나지 않은 일까지 불안해한다.

　이런 중독은 삶의 여러 영역에 영향을 미친다. 관계에서 지나치게 정의를 내세우거나, 결정을 내리는 데 과도한 고민을 하거나, 해야 할 일을 미루면서 더 큰 부담을 느끼는 식이다. 시간이 지날수록 감정 조절이 어려워지고, 스트레스와 죄책감이 쌓여 삶의 균형이 무너질 수 있다. 정서·심리중독에서 벗어나려면, 먼저 자신의 생각과 감정 패턴을 인식하는 것이 중요하다. 지나치게 반복되는 사고를 조절하고, 감정을 건강하게 다루는 연습을 해야 한다. 필요하다면 전문가의 도움을 받아 균형 잡힌 사고방식을 배우는 것도 좋은 방법이 될 수 있다.

2) 행위·습관중독(일중독, 바쁨중독, 성취중독, 게임중독, 스마트폰중독, SNS중독, 도박중독, 섹스중독, 음식중독, 운동중독, 쇼핑중독, 성형중독 등)

　행위·습관중독은 특정 행동을 반복하면서 이를 조절하지 못하는 상태를 의미한다. 단순한 습관과 달리, 이 중독은 개인의 감정과 생활 패턴을 지배하며 강박적으로 이어지는 경향이 있다. 이러한 중독은 보상 회로와 깊이 연결되어 있어, 특정 행동을 할 때 기분이 좋아지지만 점점 더 강한 자극을 필요로 하게 된다. 처음에는 단순한 즐거움이나 스트레스 해소 수단으로 시작하지만, 점차 행동을 멈출 수 없게 되면서 삶의 균형을 깨뜨릴 수 있다.

　이러한 중독의 특징은, 행동 자체가 목적이 되며 일상에서 빠져나오기가 점점 더 어려워진다는 점이다. 반복되는 행동을 통해 일시적인 안도감을 얻지만, 시간이 지날수록 같은 만족을 위해 더 자주,

더 강하게 행동해야 하는 상황에 이르게 된다. 예를 들어, 일중독에 빠진 사람은 잠시도 쉬지 않고 일해야만 마음이 놓이고, 쇼핑중독이 있는 사람은 필요한 물건이 아님에도 계속해서 소비를 반복하며 안정감을 얻는다.

이런 중독은 취미나 습관을 넘어서 삶의 전반에 영향을 미친다. 건강을 해치면서 과도하게 운동을 하거나(SNS 중독), 스트레스 해소를 이유로 무분별하게 소비를 하거나(쇼핑중독), 일에 몰두하면서 가족이나 인간관계를 소홀히 하는 것(일중독) 등 다양한 형태로 나타날 수 있다. 시간이 지날수록 자제력이 약해지고, 그 행동을 멈추면 불안과 공허함이 커지면서 악순환이 반복된다.

행위·습관중독에서 벗어나려면 먼저 자신의 행동 패턴을 인식하고, 그것이 감정적 공허함을 채우기 위한 도피 수단인지 점검하는 것이 중요하다. 특정 행동이 자신의 삶에 어떤 영향을 미치는지 객관적으로 살펴보고, 필요하다면 행동을 조절하는 연습을 해야 한다. 전문가의 도움을 받아 중독적인 행동을 대체할 건강한 습관을 만드는 것도 좋은 방법이 될 수 있다.

3) 물질중독(마약중독, 알코올중독, 카페인중독, 니코틴중독 등)

물질 중독은 특정 화학적 물질(약물, 알코올, 카페인, 니코틴 등)에 의존하며 이를 반복적으로 사용하지 않으면 정상적인 생활이 어려운 상태를 의미한다. 이러한 중독은 단순한 습관이 아니라, 신체적·심리적으로 깊이 자리 잡아 자율적인 조절이 어려워지는 특징이 있다. 특히 뇌의 보상 회로를 강하게 자극하면서 내성과 금단증상을 유발하기 때문에, 시간이 지날수록 더 많은 양이 필요하게 되고 중독의 악순환이 심화된다.

이러한 상태는 흔히 있는 기호나 기분 전환의 차원을 넘어선다. 처음에는 스트레스를 잠시 잊기 위한 선택이었지만, 반복되는 사용 속에서 신체는 점점 그 물질에 익숙해지고, 결국 그것 없이는 감정이나 에너지를 조절하기 어려운 단계에 이르게 된다. 예를 들어, 알코올 중독에 빠진 사람은 술이 없으면 불안하거나 예민해지고, 니코틴 중독이 있는 사람은 담배를 피우지 않으면 집중력이 떨어지거나 긴장감을 느낀다.

이런 중독은 신체적·정신적으로 심각한 영향을 미친다. 장기적인 사용은 건강을 해칠 뿐만 아니라, 감정 조절과 의사결정 능력을 저하시켜 삶의 질을 급격히 떨어뜨릴 수 있다. 또한, 금단증상이 심하게 나타나는 경우에는 스스로 끊기가 매우 어려워지고, 의존성이 심화될수록 사회적·경제적 문제로 이어질 가능성도 커진다.

물질 중독에서 벗어나려면 의지만으로는 어렵기 때문에 체계적인 관리가 필요하다. 신체적 의존성을 낮추기 위한 치료, 심리적 원인을 탐색하는 상담, 건강한 생활 습관을 형성하는 노력이 함께 이루어져야 한다. 무엇보다 중독의 본질을 이해하고, 단순한 욕구 충족이 아니라 내면의 결핍을 채울 수 있는 건강한 대안을 찾는 것이 중요하다.

4) 관계·심리적 의존중독(관계중독, 사랑중독, 인정중독, 돌봄중독 등)

관계·심리적 의존중독은 특정 사람이나 인간관계에 지나치게 기대며, 자신의 감정과 행동을 안정적으로 조절하지 못하는 상태를 말한다. 이 중독은 외로움, 자존감의 결핍, 그리고 어린 시절의 불안정한 애착 경험과 밀접한 관련이 있다. 특히 타인의 인정과 사랑을 통해 자신의 존재를 확인하려는 욕구가 강하게 작용하며, 관계를 잃는 것에 대한 두려움 때문에 끊임없이 타인의 반응에 눈치를 보게 된다. 겉으로는 친밀함을 추구하는 것처럼 보이지만, 실제로는 불안과 공허함을 피하기 위한 방어적 행동일 수 있다. 그래서 어떤 사람들은 자신의 욕구를 억누르고 상대에게 맞추는 데 익숙해지고, 결국 스스로를 소외시키는 삶을 반복하게 된다.

이 중독은 관계에 몰입하면서도 마음은 더 고단해지는 이중적인 상황을 만든다. 겉으로는 타인과의 연결을 통해 안정을 찾으려 하지만, 그 과정에서 더 큰 불안을 경험하고, 혼자 있는 순간에는 깊은 허무감에 빠지기도 한다. 이러한 상태에 있는 사람들은 흔히 '사랑받기 위해 나를 잃어간다.'는 경험을 하게 된다. 상대의 작은 말투나 반응에도 민감하게 반응하고, 인정받지 못했다는 생각이 들면 자책하거나 상대를 향한 집착이 심해진다. 예를 들어, 관계중독에 빠진 사람은 늘 누군가 곁에 있어야 안심이 되고, 인정중독이 있는 사람은 타인의 시선이나 칭찬 없이는 자신이 무가치하다고 느끼게 된다.

이러한 의존은 결국 건강한 관계를 지속하는 데 장애가 되기도 한다. 지나친 집착은 상대에게 부담을 주고, 자신을 지나치게 희생하는 행동은 자존감을 서서히 무너뜨린다. 시간이 흐를수록 자신의 감정은 뒷전이 되고, 관계 안에서 나를 잃는 경험이 반복되며, 상대와의 갈등이나 거리감이 생길 때마다 극심한 감정 기복을 겪게 된다.

관계·심리적 의존중독에서 벗어나기 위해서는 '누구에게 사랑받느냐'보다 '내가 나를 어떻게 바라보느냐'를 되묻는 시간이 필요하다. 타인의 말이나 태도에 휘둘리지 않고, 내 감정에 귀 기울이며 나를 존중하는 연습이 회복의 시작이다. 건강한 관계는 의존이 아니라, 서로의 독립성을 존중하면서도 진심으로 연결될 수 있을 때 비로소 가능하다.

5) 정보·콘텐츠중독(독서중독, 드라마·웹툰중독 등)

정보·콘텐츠중독은 특정한 지식, 이야기, 미디어 콘텐츠에 과도하게 몰입하여 현실보다 그것을 소비하는 데 집중하는 상태를 의미한다. 정보를 얻고 새로운 이야기를 접하는 것은 자연스러운 욕구이지만, 이러한 활동이 통제되지 않고 반복될 경우, 삶의 균형을 잃고 현실과의 단절을 초래할 수 있다. 이 중독은 지적 호기심이나 재미를 추구하는 것처럼 보이지만, 사실은 스트레스, 외로움, 현실 회피 등의 심리적 요인과 깊이 연결되어 있다.

정보·콘텐츠중독은 취미나 관심을 넘어, 일정 수준 이상의 소비가 없으면 불안해지는 특징이 있다. 예를 들어, 독서중독이 있는 사람은 책을 읽지 않으면 불안해지며, 현실에서 해야 할 일을 미룬 채 끊임없이 책을 읽는 데 시간을 투자한다. 드라마·웹툰 중독에 빠진 사람은 새로운 이야기를 소비하는 것이 삶의 가장 중요한 요소가 되며, 현실보다는 가상 속 이야기에 더욱 몰입하게 된다.

이런 중독은 현실과의 연결을 약화시키고, 개인의 일상과 감정에 부정적인 영향을 미칠 수 있다. 정보나 콘텐츠 소비가 즐거움이나 학습의 수단이 아니라, 현실에서 도망치는 방법으로 기능할 경우, 점점 더 깊은 의존 상태로 빠져들게 된다. 과도한 정보 습득은 오히려 정보 과부하로 인해 불안과 스트레스를 증가시키고, 드라마나 웹툰에 몰입하는 시간은 현실적인 인간관계를 소홀하게 만들 수도 있다.

정보·콘텐츠중독에서 벗어나려면 콘텐츠 소비의 목적을 점검하고, 현실에서의 삶과 균형을 맞추는 노력이 필요하다. 독서나 미디어 콘텐츠 소비가 일상생활을 방해할 정도가 아니라, 삶을 풍요롭게 만드는 방향으로 활용되어야 한다. 스스로 소비 시간을 조절하고, 현실과 가상의 균형을 맞추는 습관을 기르는 것이 중요하다.

6) 신종 디지털중독(인터넷 중독, 주식 및 가상화폐중독, AI 챗봇중독, 리워드 앱중독 등)

신종 디지털 중독은 스마트폰이나 인터넷을 많이 사용하는 걸 넘어서, 디지털 기술이 사람의 감정이나 관계, 생각의 흐름까지 점점 깊숙이 스며드는 현상을 말한다. 스마트폰, SNS, 가상 자산, AI 챗봇 같은 것들은 분명히 우리 삶을 더 편리하게 만들어준다. 하지만 어느 순간부터는 이 도구들이 일상의 기본이 되고, 때로는 삶을 이끄는 중심이 되기도 한다. 눈에 잘 띄진 않지만, 이 안에는 디지털 공간 안에서 안정감과 정체성을 찾으려는 심리적인 흐름이 숨어 있다. 예를 들어, 인터넷을 오래 사용하는 사람은 오프라인의 복잡함보다는 온라인에서 마음이 더 편하다고 느낄 수 있다. 주식이나 가상화폐에 몰입하는 사람은 현실의 불확실함을 실시간 정보로 조절하려고 애쓰기도 하고, AI 챗봇을 자주 찾는 사람은 진짜 사람과의 관계보다 예측 가능한 반응에 안심을 느끼기도 한다. 리워드 앱에 빠진 사람들은 보상을 얻는 재미에 익숙해지면서, 어느 순간부터는 동기마저 흐릿해진다.

이런 모습은 단순 기술 사용의 문제가 아니다. 감정을 다루는 방식, 사람을 만나는 방식, 스스로를 바라보는 방식이 조금씩 바뀌고 있다는 신호일 수 있다. 현실 속 관계는 때로는 서툴고, 불편하고, 오해도 생기지만 그 안에 진짜 연결이 있다. 반면 디지털 안의 관계는 빠르고 간편하고 내 마음대로 통제할 수 있어서, 익숙하고 편안하게 느껴진다. 하지만 그런 익숙함에 오래 머물다 보면, 현실의 느리고 복잡한 관계를 감당하기가 점점 어려워질 수도 있다.

그래서 디지털 중독에서 벗어나기 위해서는, 사용 시간을 줄이는 것만이 답은 아닐지도 모른다. 오히려 '왜 나는 이 공간에서 편안함을 느끼는 걸까?'를 조용히 되짚어보는 게 도움이 될 수 있다. 현실에서의 관계가 나에게 어떤 감정을 주는지, 지금 내가 무엇을 피하고 싶은 건지 질문을 해보면 좋다. 완벽할 필요는 없다. 조금씩 나를 이해하고, 진정한 삶의 연결을 소중히 여기는 마음이 생긴다면, 우리는 디지털 기술을 삶을 풍요롭게 하는 좋은 도구로 다시 사용할 수 있다.

4. 위로 대신 중독을 선택하는 사회

중독을 부르는 외로움과 불안

외로움은 단순히 혼자 있는 것이 아니라, 진정한 연결과 지지를 느끼지 못하는 상태이다. 바쁜 일상, 피상적인 관계들 속에서 깊이 있는 소통이 줄어들면서 사람들은 내면의 공허함을 채우기 위해 중독적 행동을 찾는다. SNS에서 '좋아요'를 확인하며 순간의 관심을 갈구하고, 술 한잔이나 게임 속 가상 세계에서 위안을 얻기도 한다. 하지만 이런 순간적인 만족감은 오래가지 않는다. 오히려 더 강한 자극을 원하게 되고, 결국 외로움을 해소하는 것이 아니라 깊어지게 만든다. 진정한 연결이 부족할 때, 우리는 쉽게 자신을 부정적으로 바라보게 된다. 타인의 인정과 관심을 갈구하고, 그 공백을 채우기 위해 물질이나 행동에 의존하게 된다. 하지만 우리가 정말 원하는 것은 특정한 자극이 아니라, 함께 공감하고 진심으로 연결될 수 있는 관계일지도 모른다.

불안과 스트레스는 우리 삶에서 피할 수 없는 감정이지만, 이를 해소하는 방법이 건강하지 않을 때 문제가 된다. 미래에 대한 걱정, 사회적 비교, 경제적 불안정 속에서 우리는 끊임없이 불안을 느낀다. 그리고 이 불편한 감정을 잊기 위해 술을 마시거나, 쇼핑을 하고, 게임에 몰두하며 일시적인 위안을 찾는다. 우리 뇌는 이런 행동을 '보상'으로 인식하고, 반복될수록 더 강한 자극을 원하게 된다. 처음에는 단순한 스트레스 해소였지만, 어느새 없으면 견디기 어려운 상태가 된다. 이렇게 중독은 우리가 불안을 피하려는 과정에서 점점 더 깊어지는 악순환을 만들어 낸다. 하지만 중요한 것은, 우리가 스트레스를 무조건 없애야 하는 것이 아니라, 더 건강한 방식으로 다룰 수 있다는 점이다. 걷기, 명상, 깊은 호흡, 친구와의 진솔한 대화, 이런 작은 습관들이 불안과 중독 사이에서 균형을 찾아가는 첫걸음이 될 수 있다.

디지털 시대의 중독

스마트폰과 인터넷은 우리 삶을 더욱 편리하게 만들었지만, 동시에 중독의 위험도 높였다. 우리는 온라인에서 끊임없이 정보를 탐색하고, 타인의 일상을 들여다보며, 디지털 세계에서 새로운 자극을 찾는다. 짧은 동영상, 실시간 업데이트, 끝없이 이어지는 콘텐츠들은 우리의 관심을 사로잡고, 현실보다 가상 세계에 더 많은 시간을 쏟게 만든다. 디지털 환경은 즉각적인 소통과 연결을 가능하게 하지만, 오히려 깊은 관계를 약화시키는 역설적인 결과를 초래한다. 수많은 사람과 메시지를 주고받지만, 정작 진솔한 대화를 나누는 시간은 줄어들고 있다. 소셜미디어에서는 사람들의 일상을 실시간으로 볼 수 있지만, 직접 만나 교감하는 기회는 점점 줄어든다. 이렇게 가벼운 연결이 쌓이면서도, 정작 마음 깊이 통하는 관계는 줄어들고, 그로 인해 더욱 외로움을 느끼게 된다.

이러한 단절은 감정적 공허감을 만들고, 그 허기를 채우기 위해 우리는 다시 디지털 세계로 향한다. 마음이 허전할수록 손은 자연스럽게 스마트폰을 집어 들고, 익숙한 화면 속으로 빠져든다. 처음에는 가볍게 시작되지만, 어느새 그것이 하루를 버티는 방식이 되어버리기도 한다. 하지만 아무리 많은 정보를 훑고, 다양한 콘텐츠를 소비해도 마음은 좀처럼 채워지지 않는다. 순간의 위로는 금세 사라지고, 다시 새로운 자극을 찾아 헤매는 자신을 발견하게 된다. 그렇게 반복되는 순환 속에서 우리는 점점 더 깊이 디지털 중독에 빠져들게 된다. 디지털 환경에서 가장 강력한 중독 요소 중 하나는 알고리즘이 설계한 맞춤형 콘텐츠다. 우리는 단순히 정보를 소비하는 것이 아니라, 점점 더 개인화된 추천 시스템 속에서 특정한 방식으로 사고하고 반응하게 된다. 영상 추천, 뉴스 피드, 쇼핑 광고, 소셜미디어의 게시물까지 모든 것이 우리의 관심을 끌도록 정교하게 설계되어 있으며, 우리가 클릭하고 머무는 시간에 따라 더욱 강력한 몰입 구조가 형성된다.

이러한 구조 속에서 우리는 정보를 능동적으로 선택하는 것이 아니라, 알고리즘이 제공하는 세계 안에서 제한된 시야를 가지게 된다. 더 많이 볼수록 더 오래 머물게 되고, 더 오래 머물수록 더 깊이 빠져든다. 단순한 흥미가 아니라, 우리의 행동 패턴과 감정까지 데이터화되어 맞춤형 유혹이 끊임없이 제공된다.

디지털 중독의 또 다른 원인은 현대사회가 요구하는 끊임없는 성취와 생산성의 강박에서 비롯된다. 우리는 효율적으로 일해야 하고, 자기 계발을 멈추지 말아야 하며, 하루 24시간을 의미 있게 써야 한다는 압박을 받는다. 하지만 모든 사람이 이러한 요구를 감당할 수 있는 것은 아니다. 과로와 스트레스 속에서 우리는 탈출구를 찾게 되고, 디지털 환경이 제공하는 즉각적인 보상이 이를 대신한다.

한순간의 스트레스를 잊기 위해 SNS를 확인하고, 잠깐의 만족을 위해 온라인 쇼핑을 하고, 현실의 압박을 피하려 게임 속 성취에 몰두한다. 디지털 환경은 우리가 목표를 이루지 못했을 때 느끼는 무력감과 불안을 잠시나마 잊게 해주지만, 결국 현실의 문제를 해결해 주지는 않는다.

2장

중독의 얼굴 – 31가지 중독이야기

1. 정서·심리중독
2. 행위·습관중독
3. 물질 중독
4. 관계·심리적 의존중독
5. 정보·콘텐츠 중독
6. 신종 디지털 중독

1. 정서·심리중독(Emotional & Psychological Addictions)

우리는 '중독'이라고 하면 보통 눈에 보이는 것들을 떠올린다. 술, 마약, 도박, 스마트폰처럼 겉으로 쉽게 드러나는 것들 말이다. 하지만 어떤 중독은 훨씬 더 은밀하고, 조용히 마음속을 잠식한다. 겉보기에는 아무렇지 않아 보여도, 자신을 옭아매고 갉아먹는 중독. 바로 정서·심리중독이다.

끊임없이 자신을 검열하고, 부족한 자신을 채찍질하는 완벽중독. 해야 할 일을 알면서도 끝없이 미루고, 그 대가를 고스란히 감당하는 미루기 중독. 어떤 것도 확신하지 못해 늘 불안에 휩싸이는 걱정중독. 생각이 꼬리를 물고 이어지며 좀처럼 멈추지 못하는 생각중독. 옳은 일을 하고 싶다는 신념이 강한 분노로 변해버리는 정의중독. 이런 중독들은 우리를 망가뜨리기 위해 존재하는 것이 아니다. 오히려, 우리를 보호하려는 방식으로 시작되었을지도 모른다.

완벽해지려 했던 건 부족한 자신을 감추기 위해서였고, 미루는 습관은 실패에 대한 두려움 때문이었다. 걱정을 멈추지 못했던 건 최악의 상황을 대비하려는 마음에서 비롯되었고, 끊임없이 생각을 반복했던 건 나름의 해답을 찾기 위해서였다. 정의감에 불타올랐던 것도, 어쩌면 그동안 외면당했던 상처 때문이었을지 모른다.

그러나 보호하려던 마음이 점점 우리를 지배하기 시작하면, 그것은 중독이 된다. 미루는 습관이 쌓여 자책이 되고, 걱정이 삶을 집어삼키며, 생각이 너무 많아 아무것도 할 수 없게 된다. 정의를 향한 열정이 결국 분노로 바뀌어 사람들과의 관계를 망가뜨린다. 그렇게 우리는 자기 자신에게 가장 가혹한 존재가 되어간다.

중독은 단순히 '끊어야 할 것'이 아니다. 우리가 왜 그 중독에 기대고 있는지를 먼저 들여다보는 것이 더 중요하다. 어쩌면 우리는 너무 오랫동안 자신을 몰아붙이며 살았는지도 모른다. 이제는 나 자신에게 한 번쯤 이렇게 말해볼 차례다.

"괜찮아. 정말로, 괜찮아도 돼."

이제 정서·심리중독을 하나씩 살펴보려 한다. 우리는 왜 완벽을 추구하는가? 왜 미루는가? 왜 걱정과 생각의 늪에서 벗어나지 못하는가? 그리고, 어떻게 하면 이 중독을 내려놓고 더 가벼운 마음으로 살아갈 수 있을까? 그 해답을 함께 찾아가 보자.

1) 완벽중독: 끝없는 자기검열의 늪

이주연

"돌다리도 두드려보고 건넌다."

신중함은 분명 좋은 미덕이다. 철저한 준비와 세심한 태도는 신뢰를 준다. 하지만 신중함이 지나치면, 돌다리를 두드리다 결국 건너지 못하는 상황이 벌어질 수도 있다. 어떤 일을 시작하기도 전에 지나친 걱정과 부담감에 사로잡혀 지연되거나, 결과에 만족하지 못하고 끊임없이 자신을 의심하며 전전긍긍할 수도 있다. 때로는 완벽하게 해내지 못할 것 같다는 불안감에 아예 시도조차 하지 않고 포기하기도 한다. 이들은 완벽주의에 대한 환상을 품고 살아간다. 완벽해야만 행복할 수 있다고 믿고, 조금이라도 어긋나면 모든 것이 무너질까 봐 두려워한다. 그러나 이 집착에 빠지면 치러야 할 대가는 크다. 끊임없는 자기검열 속에서 불안과 스트레스에 시달리다가 결국 소진되거나 극심한 우울감에 빠지기도 한다. 그럼에도 불구하고, 완벽을 향한 끝없는 사투를 멈추지 못한다. 다른 사람들은 별 어려움 없이 완벽한 삶을 살아가는 것처럼 보이기 때문이다.

'모든 사람에게 인정받아야 해.'
'뛰어나게 잘해야 해.'
'단 하나의 실수도 용납할 수 없어.'
'완벽하지 않으면 난 실패자야.'

완벽주의는 다양한 방식으로 이들을 괴롭힌다. 하지만 그 근본에는 '나는 부족한 존재이며, 그렇기에 더 노력해야만 인정받을 수 있다.'는 신념이 자리 잡고 있다. "완벽한 발표였어.", "오늘은 스타일이 완벽한데", "넌 정말 완벽해." 같은 말을 들으면 기분이 좋아진다. 완벽함을 추구하는 것은 어쩌면 당연한 욕구일지 모른다. 하지만 목표가 지나치게 높으면 실패할 확률도 커지고, 결국 자신을 비난하게 된다. 이로 인해 우울감과 자괴감이 쌓여 악순환에 빠질 수 있다. 설령 목표를 성취한다 해도 '내가 목표를 너무 낮게 잡은 걸까?'라며 자신의 성취를 인정하지 못한다.

'완벽함은 이룰 수 없지만, 완벽을 추구하면 탁월함을 얻을 수 있다.'
−빈스 롬바디(Vincent Lombardi, 전 미국 내셔널 풋볼리그 총재)

완벽함을 추구하는 것 자체가 문제는 아니다. 문제는 그 안에 숨어 있는 목소리다. '실수하면 인정받을 수 없어.', '모두에게 완벽해 보여야 안전해.'라고 속삭이는 내면의 불안이 과도한 목표를 세우게 만들고, 작은 실수조차 용납하지 못하게 만든다. 이 목소리에 끌려가다 보면 목표를 이루지 못했을 때 극심한 좌절에 빠지고, 결국 스트레스와 압박을 견디지 못하는 상태에 이른다. 이 목소리는 끊임없이 더 잘하라고, 더 완벽해지라고 재촉하지만, 그 말에 휘둘리지 않고 자기 자신을 존중하며 유연함을 지킬 필요가 있다. 그럴 때 비로소 완벽함은 강박이 아닌 건강한 경쟁력이 된다. '나는 왜 그렇게까지 완벽하려 했을까.', '그 기대는 누구의 것이었을까.'를 스스로 묻는다면, 남들의 시선과 나의 진짜 목표 사이에서 균형을 찾아갈 수 있다.

"완벽함을 추구하다 보면, 좋은 것을 놓칠 수 있다.
—윈스턴 처칠(Winston Churchill)

> **사례 | 조금만 더, 조금만 더 완벽하게**
>
> 30대 중반의 B 씨는 항상 철저하고 완벽한 사람으로 평가받아 왔다. 회사에서도 맡은 일은 실수 없이 해내야 직성이 풀리고, 발표 자료 하나를 만들 때도 밤을 새워 수정에 수정을 거듭한다. 같은 팀 동료들이 "이 정도면 충분하지 않나요?"라고 말해도, B 씨는 만족하지 못한다. 작은 오타 하나도 용납할 수 없고, 실수라도 하면 머릿속에서 끊임없이 자책이 반복된다. 일상에서도 마찬가지다. 외출할 때마다 거울을 수십 번 확인하고, 옷차림이 완벽해야 밖에 나갈 수 있다. 집안 정리도 항상 깔끔해야 마음이 편하다. 하지만 어느 순간, 몸도 마음도 지쳐버렸다. 하루하루가 긴장과 불안의 연속이고, 아무리 완벽을 추구해도 뭔가 부족하다는 느낌이 든다.
> 어느 날, 친구가 말했다.
>
> "넌 왜 그렇게 힘들게 살아? 좀 적당히 해도 괜찮잖아."
>
> B 씨는 순간 당황했다. 아무리 노력해도 만족스럽지 않은 이 삶이, 정말 올바른 길인지 점점 확신이 서지 않았다.

심리학적 이해 | 높아지는 기준, 깊어지는 부담

B 씨는 '완벽함'을 미덕이라 여기며 살아왔다. 철저하고 꼼꼼한 태도로 높은 평가를 받았고, 그 과정에서 성취감도 느꼈다. 하지만 시간이 흐를수록 실수 없이 완벽한 결과를 내야 한다는 압박감이 커졌고,

이는 결국 몸과 마음을 지치게 만들었다. 이제는 완벽해야만 한다는 믿음이 정말 옳은지 고민하기 시작했다.

완벽중독의 핵심은 '높은 성취 기준'이다. 완벽해야만 사람들에게 인정받을 수 있다는 신념이 자리 잡고 있다. 이는 성장 과정에서 형성된 경우가 많다. 완벽을 강조하는 부모 아래에서 자란 아이는 '완벽하지 않으면 사랑받을 수 없다.'는 신념을 가질 가능성이 크다. 또한 학창 시절 교사나 또래의 평가에 민감했던 경험이 있다면, 자신을 증명하기 위해 더욱 완벽을 추구할 가능성이 크다. 사회적 분위기 역시 영향을 미친다. 현대 사회는 끊임없는 경쟁을 요구하고, 작은 실수조차 용납하지 않는 분위기는 완벽을 강화하는 요인으로 작용한다.

하지만 인간은 본래 불완전한 존재다. 모든 일을 완벽하게 해내는 것은 현실적으로 불가능하다. 오히려 완벽을 추구할수록 자신의 부족한 점에 더욱 집착하게 된다. 또한, 지나친 완벽주의는 대인관계에도 영향을 미친다. 완벽을 추구하는 사람들은 자신에게 엄격할 뿐 아니라, 타인에게도 높은 기준을 적용하려는 경향이 있다. 이는 주변 사람들에게 부담을 주고, 갈등의 원인이 될 수 있다. 완벽주의는 단순한 성향이 아니라, 우리 삶의 방식과 깊이 연관된 문제다. 따라서 이를 조절하는 과정은 단순하지 않다.

대안 | 실수가 있어야 쉴 수 있다

'완벽'을 내려놓은 것은 포기가 아니다. 오히려 삶을 더욱 충만하게 채우는 과정이다. 때로는 '완벽'을 이루는 것보다 '충분히 좋은 상태'를 유지하는 것이 더 큰 만족을 준다. 하지만 말처럼 쉽지는 않다. 완벽주의는 단순한 습관이 아니라, 내면 깊숙이 자리한 신념과도 같아서 '이제부터 완벽을 내려놓겠다.'고 선언한다고 바로 바뀌는 것이 아니다. 따라서 이를 깨뜨리려면 구체적인 실천이 필요하다.

첫 번째 방법은 '일부러 불완전하게 마무리하는 연습'이다. 예를 들어, 중요한 발표 자료를 만들 때 일부러 한두 개의 미세한 오류를 남겨둔다. 이때 중요한 것은 단순히 실수를 넘어, '완벽하지 않아도 부정적인 영향이 없을 수 있다.'는 경험을 몸으로 익히는 것이다. 이메일을 보낼 때 매끄럽지 않은 문장을 일부러 포함하거나, 회의 중 즉흥적으로 말해보는 연습을 하는 것도 좋은 방법이다. 예상보다 결과가 나쁘지 않음을 경험하다 보면, '완벽하지 않아도 충분하다.'는 감각이 자연스럽게 자리를 잡게 된다.

두 번째는 '작은 실패를 일부러 계획하는 것이다.' 예를 들어, 한 주 동안 일부러 '하루 치 운동을 빼먹기' 같은 사소한 실패를 설정해 본다. 중요한 것은 이 과정을 통해 '내가 목표를 이루지 못했지만, 건강이나 몸에 치명적인 문제가 생기지 않았다.'는 사실을 직접 경험하는 것이다. 완벽주의자는 목표를 이루지 못하면 자책하는 경향이 강한데, 이렇게 계획된 작은 실패를 경험하면 예상만큼 치명적이지 않다는 것을 깨닫게 된다. 이 과정이 반복되면 '성취하지 못한 나도 괜찮다.'는 인식이 차곡차곡 쌓인다.

세 번째는 '완벽하지 않은 타인의 모습을 관찰하는 것'이다. 우리는 자신에게는 가혹하지만, 타인의 작은 실수에는 관대하다. 주변을 둘러보면 실수를 해도 여전히 성공적으로 살아가는 사람들이 많다. 이들을 관찰하고 그들의 태도를 배워보는 것이다. 어떤 사람은 발표 중 말을 더듬어도 여유롭게 웃으며 넘어가고, 어떤 사람은 메일에서 오타가 나도 대수롭지 않게 생각한다. 그들은 완벽하지 않지만, 충분히 괜찮은 삶을 살고 있다. 이들을 관찰하며 '나도 저렇게 살아도 되는구나.'라고 생각하며 허용의 범위를 넓혀보자.

마지막으로, 삶에서 '완벽이 아니라 즐거움을 기준으로 선택하는 연습'을 해보자. 완벽주의자는 주어진 일을 어떻게 하면 더 잘할 수 있는지 고민하지만, 정작 그것이 자신을 행복하게 만드는지는 따지지 않는다. '이걸 하면 내가 즐거울까?' 혹은 '이걸 완벽하게 하는 것이 의미 있을까?' 라고 이제는 질문을 바꿔보자. 완벽을 추구하며 스트레스를 받기보다, 대충해도 즐길 수 있는 길을 찾아가는 것이 삶의 균형을 잡는 첫걸음이 될 수 있다.

완벽을 내려놓는다는 것은 결국 '삶을 내 방식대로 살아가도 괜찮다.'는 허락이다. 삶은 한 번뿐이고, 그 삶을 온전히 누릴 수 있는 사람은 오직 나 자신뿐이다.

2) 미루기중독: '나중에'라는 달콤한 유혹

'그냥 드라마 보고 내일 할까?'
'20분이니까 40분에 시작하자!'
'아직 부족한데…… 나중에 할까?'

해야 할 일이 눈앞에 있지만, 고민만 할 뿐이다. 일을 뒤로한 채 스마트폰을 집어 든다. '조금만 더 쉬고 시작해야지.'라고 자신을 달래지만, 어느새 시간이 흘러가 버리고 결국 자책감이 밀려온다. 미루기는 누구나 경험하지만, 습관이 되면 삶 전반을 잠식하는 '미루기 중독'으로 이어진다. 마감이 다가올수록 압박감과 스트레스가 커지는데도 이들은 왜 중요한 일을 계속 미루는 걸까?

미루기는 게으름과는 다르다. 미루는 사람들은 흔히 '의지가 약하다.', '게으르다.'라는 꼬리표가 붙지만, 사실 미루기의 본질은 심리적 저항감에서 비롯된다. '잘할 수 있을까?'라는 불안감, '완벽하게 해야 하는데 준비가 부족해.'라는 부담감, '너무 방대해서 어디서부터 시작해야 할지 모르겠다.'는 막막함이 미루기를 부른다.

처음에는 일을 미루는 것이 해방감을 준다. 일을 미루는 순간에는 잠시 자유를 느낄 수 있기 때문이다. 그러나 시간이 지날수록 압박감이 쌓이며 불안감이 커진다. 결국 마감 직전에 벼락치기로 일을 마치게 된다. 급하게 처리한 결과물이 만족스럽지 않으면 '나는 왜 또 미뤘지?'라며 자책한다. 이 과정이 반복되면 자기 신뢰가 떨어지고, 점점 더 일을 시작하는 것이 두려워진다. '나는 늘 미뤄.'라는 부정적인 자기 인식이 강해지면서, 결국 자존감도 낮아지고 더 쉽게 미루는 악순환에 빠진다.

또한, 미루기는 기회의 상실을 가져온다. '조금 더 준비된 후에 해야겠다.'는 생각에 도전의 순간을 놓치게 되고, 결국 중요한 기회를 잃어버릴 가능성이 커진다.

미루기를 지속하다 보면, 시간과 에너지의 낭비로 이어진다. 미루는 동안 머릿속에는 해야 할 일이 계속 남아 있어 제대로 쉬지도 못한다. 일을 미루면서 느끼는 불안감과 압박감도 정신적 에너지를 소모하기 때문에, 결과적으로 일을 할 때보다 더 큰 피로를 유발할 수 있다.

이처럼 미루기는 보이지 않는 우리의 삶을 조금씩 갉아먹는다. 미루는 순간에는 마치 자유를 얻는 듯하지만, 그 대가는 예상보다 훨씬 크고 깊다.

> **사례 | 내일부터 해야지**
>
> 29살 직장인 C 씨는 항상 계획이 완벽하다. 해야 할 일은 꼼꼼하게 리스트를 만들고, 일정도 철저히 세운다. 하지만 막상 실행해야 할 순간이 오면, 별거 아닌 일에도 시간을 보내며 미루기 시작한다. 책상 정리를 먼저 하거나, 커피를 한 잔 마시고 시작하겠다고 다짐한다. 그러다 보면 어느새 시간이 훌쩍 지나가 있다. 기한이 다가오면 그제야 초조해진다. 결국 마감 직전, 몰아치는 압박감 속에서 허겁지겁 일을 끝낸다. 결과물이 나쁘진 않지만, 늘 '좀 더 일찍 시작했으면 더 잘할 수 있었을 텐데'라는 후회를 남긴다. C 씨 자신도 답답했다. 미루고 싶지 않은데 왜 매번 이럴까? 자책하면서도 다음에도 같은 패턴을 반복했다. 그러던 어느 날, 선배가 조언했다.
>
> "네가 게을러서가 아니야. 혹시 너무 부담되니까 미루는 거 아닐까?"

심리학적 이해 | 미루는 뇌, 행동하지 않는 마음

　C 씨는 계획을 철저히 세우지만, 막상 실행해야 할 순간이 오면 책상을 정리하거나 커피를 마시며 시간을 보낸다. 결국 마감 직전에 허겁지겁 일을 끝내고, '조금만 더 일찍 시작했더라면……' 하고 후회를 반복한다. 이런 태도는 단순한 나태함이 아니라, 감정을 회피하려는 심리적 방어기제에서 비롯된다.

미루기는 불편한 감정을 회피하려는 전략이다
　미루기는 해야 할 일이 주는 심리적 부담을 피하려는 무의식적인 반응이다. 중요한 일을 앞두고 '잘해야 한다.'는 압박이 커질수록 긴장과 불안도 함께 증가한다. 그러면 뇌는 불쾌한 감정을 줄이기 위해 도망칠 방법을 찾고, 이때 등장하는 것이 바로 미루기다. C 씨가 일을 시작하기 전에 책상을 정리하거나 커피를 마시는 행동도 단순한 시간 끌기가 아니다. 이는 불안과 부담에서 벗어나려는 심리적 방어기제다. 하지만 이런 순간적인 안도감은 결국 더 큰 스트레스와 자책감으로 돌아온다. 미루기를 반복할수록 '미루면 잠시나마 불안을 줄일 수 있다.'는 심리적 학습이 이루어지고, 이는 지속적인 악순환을 만든다.

미루기는 완벽주의에서 시작된다
　완벽주의 성향이 강할수록 오히려 미루는 경향도 커진다. '완벽한 결과'를 내야 한다는 부담감이 커서, 완벽한 준비가 될 때까지 일을 미루게 된다. 하지만 그런 이상적인 순간은 오지 않는다. 예를 들어, 중요한 보고서를 작성해야 할 때 '나는 이걸 정말 잘해야 해.'라는 압박을 받으면, 막상 시작하려고 해도 완벽한 문장이 떠오르지 않는다. 그러다 보니 '내일 더 좋은 컨디션으로 해야겠다.'며 일을 미루게 된다.

감정을 조절하지 못하는 뇌의 한계

미루기 행동은 단순히 의지의 부족 때문이 아니라, 감정을 조절하는 뇌의 구조와 관련이 깊다. 특히 감정을 즉각적으로 처리하려는 '감정 중심 시스템(변연계)'과 계획을 세우고 행동을 조절하는 '이성 중심 시스템(전전두엽)' 사이의 균형이 깨질 때 미루기 행동이 잘 나타난다. 해야 할 일이 불러오는 부담감이나 불안 같은 감정은 뇌의 변연계를 자극하고, 이 감정이 커질수록 뇌는 즉각적인 안정을 추구하려 한다. 그러면 계획을 세우고 일을 추진해야 할 전전두엽의 기능이 약해지며, 결국 감정에서 도망칠 수 있는 방법을 무의식적으로 찾게 된다. 그 결과 나타나는 대표적인 행동이 바로 미루기다. 즉, 미루기는 감정을 조절하지 못한 뇌가 순간적으로 선택한 '자기 진정'의 방식이다. 아이스크림을 먹거나, 유튜브를 보거나, 갑자기 청소를 시작하는 것도 모두 뇌가 불편한 감정을 줄이기 위해 만든 회피 전략이다. 이런 행동은 일시적인 편안함을 주지만, 문제를 해결하지 못하기 때문에 결국 더 큰 스트레스로 이어진다.

대안 | 실행력을 높이는 미루기 탈출법

미루기는 마치 눈덩이와 같다. 처음에는 작게 시작하지만, 시간이 지나면 점점 커져서 결국 자신을 짓누른다. 그러다 보면 '나는 왜 이럴까?'라는 자책이 쌓이고, 어느 순간 아무것도 하고 싶지 않은 상태가 된다. 미루기는 단순히 '더 노력해야지.'라는 다짐만으로 바뀌지 않는다. 대신, 미루기를 일으키는 감정을 이해하고, 현실적인 변화를 만들어야 한다.

해야 할 일과 '나'를 연결하기

해야 할 일들이 눈앞에 쌓여 있을 때, 그 목록을 하나하나 들여다보며 질문하는 것이다. 단순히 '해야 하니까'라는 답변이 아니라, 정말로 내 삶과 연결된 이유를 찾아보는 것이다. 미루기를 반복하는 이유 중 하나는, 해야 할 일이 마치 나와 별개인 것처럼 느껴지기 때문이다. 하지만 '이 일을 끝냈을 때 나는 어떤 사람이 될까?'라는 관점으로 접근하면, 해야 할 일과 나 자신이 더 강하게 연결되면서 실행력이 높아진다.

미루기를 위한 '의식' 만들기

사람들은 흔히 일을 시작할 때 '완벽한 순간'을 기다린다. 하지만 그런 순간은 오지 않는다. 그래서 미루기를 위한 작은 '의식'을 만들어 보는 것이 좋다. 이를테면, '작업 전 5분간 좋아하는 음악 듣기', '책상 정리 후 초 하나 켜기', '핸드폰을 특정 위치에 올려 놓고 시작하기'는 신호를 몸과 마음에 익숙하게 만드는 것이다. 그러면 더 이상 '언제 시작할까?'를 고민하지 않고, 자연스럽게 일을 시작할 수 있다.

'완벽한 첫걸음'이 아니라 '허술한 첫 시도'

미루기를 부르는 가장 강력한 감정 중 하나는 '불안'이다. '잘해야 하는데', '제대로 해야 하는데'라는 부담감 때문에 시작 자체를 미루게 된다. 그래서 미루기 탈출을 위한 좋은 방법은 일단 허술하게라도 시작하는 것이다. 보고서를 써야 한다면? 문장이 엉망이라도 좋으니 일단 몇 줄이라도 적어본다. 운동을 해야 한다면? 30분을 뛰는 게 아니라, 일단 운동복만 입고 거울 앞에 서본다. 책을 읽어야 한다면? 책 한 권을 읽겠다는 목표 대신, 첫 페이지를 소리 내어 읽어보는 것이다.

'나중에 할 일'을 '지금 당장 할 일'로 바꾸기

미루기를 줄이기 위해서는 일을 작은 단위로 나누는 것이 중요하다. 하지만 단순히 계획을 세우는 것만으로는 충분하지 않다. 여기서 핵심은 '미래의 나'에게 일을 미루지 않는 것이다. 사람들은 '미래의 나'가 현재보다 더 부지런하고, 더 의욕이 넘칠 것이라고 착각한다. 이 문제를 해결하려면, '내일부터 운동할 거야.'라고 생각하는 대신에 지금 운동복을 꺼내 놓는 것이다. 이것만으로도 실행의 문턱이 낮아질 수 있다.

'내 편'을 만들어 실행력을 높이기

혼자 계획을 세우고 실행하려고 하면 미루기가 더 쉬워진다. 하지만 주변에 '내 편'을 만들면 실행력이 높아진다. 친구, 동료, 가족에게

"내가 이걸 하겠다."라고 이야기하는 것만으로도 미루는 행동을 줄일 수 있다. 공부를 해야 한다면 스터디 모임을 만들고, 운동을 해야 한다면 친구와 함께 목표를 공유하는 것이다. 만약 주변 사람들과 직접 공유하는 것이 부담스럽다면, SNS나 다이어리에 '오늘 한 일'을 기록하는 방법도 있다. 중요한 것은, 이 일을 오늘 미루면 그것이 마음속에 부담으로 남아 지속적으로 스트레스를 유발할 수 있다는 점이다. 하지만 조금씩이라도 실행하면, '나는 할 수 있는 사람이야.'라는 자기 신뢰가 쌓인다.

3) 생각중독

최꽃닢

머릿속을 떠나지 않는 소음

어떤 생각은 도미노처럼, 하나가 떠오르면 그 뒤를 따라 줄줄이 이어진다. 처음에는 사소한 걱정이었지만, 어느새 그 생각이 삶 전체를 삼켜버린다. 마치 머릿속에서 재생 버튼이 눌린 것처럼, 같은 장면과 말, 감정이 반복되며 점점 현실감마저 흐려진다.

'왜 그때 그렇게 말했을까?', '혹시 이상하게 보이지는 않았을까?', '다음에도 이런 일이 생기면 어쩌지?'

끊임없이 되감기 되는 생각의 고리는 결국 자신을 탓하는 방향으로 이어지고, 불안과 후회의 감정 속에 잠긴다.

반복적으로 같은 생각에 사로잡히는 데는 나름의 이유가 있다. 생각 중독은 '생각이 많아서' 생기는 문제가 아니라, '지금 이 상태를 벗어나기 위한 노력'이라는 심리적 기제가 숨어 있다. 머릿속은 말한다.

'이 생각을 계속하면 뭔가 해결책이 떠오를지도 몰라.' '좀 더 정확히 기억해 내면 실수를 되풀이하지 않을 수 있어.' '상대의 의도를 끝까지 파악해야 안전해.'

이처럼 생각은 '지금 이대로는 안 된다.'는 전제를 깔고 끊임없이 다음 단계로 몰아간다. 문제는, 그렇게 애쓰는 동안 실제로는 아무것도 해결되지 않는다는 점이다. 생각은 마치 해결책을 찾고 있는 듯 보이지만, 실은 불확실한 미래와 이미 지나간 과거 사이에서 맴돌며 현실에서 나를 분리시켜 버린다. 특히 통제할 수 없는 것을 통제하려 할 때 생각은 더욱 집요해진다. 이미 끝난 대화를 계속 복기하거나, 타인의 반응을 과도하게 해석하고, 아직 일어나지 않은 상황까지 미리 걱정하는 것도 같은 맥락이다. 무언가를 놓치지 않으려는 마음, 완벽해야 한다는 압박감은 멈추지 않는 생각의 원동력이 되기도 한다. 그러다 보면 어느 순간, 생각이 나를 끌고 가는 것이 아니라 내가 생각에 끌려가는 상태가 된다.

이처럼 생각중독은 눈에 보이지 않지만 분명한 에너지를 소모한다. 집중력은 흩어지고, 해야 할 일 앞에서도 결정을 내리기 어려워진다. 머릿속이 복잡할수록 감정도 예민해지고, 타인의 말 한마디에도 쉽게 상처받는다. 잠들기 전까지도 그날의 대화를 되새기며 잠을 설치고, 반복되는 피로에 몸과 마음이 동시에 지쳐간다. 관계는 더 예민해지고, 일상은 점점 느려진다.

하지만 생각 그 자체가 반드시 나쁜 것은 아니다. 생각은 우리를 준비시키고, 위협으로부터 보호하려는 기능도 한다. 다만, 중요한 건 그 생각이 나를 보호하고 있는지, 아니면 지치게 만들고 있는지를 분별하는 일이다. 같은 상황에서도 어떤 사람은 '아직 절반이나 남았네.'라고 생각하고, 어떤 사람은 '이제 절반밖에 안 남았어.'라고 불안해한다. 결국 문제는 생각의 양이 아니라, 그 생각을 바라보는 나의 태도다.

그러므로 반복되는 생각에 휘말릴수록 오히려 잠시 멈춰 서보자.

'지금 이 생각은 나를 도와주고 있을까?', '이 생각이 나를 어디로 데려가고 있지?'라는 물음을 통해, 이 생각이 내 안에서 어떤 역할을 하고 있는지 실마리를 찾아본다면, 조금은 내려놓고 흘려보낼 수 있는 여유도 생길 것이다.

심리학적 이해 | 생각의 미로에서 길을 잃다

E 씨처럼 끊임없이 머릿속이 시끄러운 사람들은 대개 그 생각을 멈추고 싶어 하지만, 그러면 그럴수록 생각은 더 커지고 깊어진다. 생각이 많아지는 이유는 단순히 '걱정이 많아서'가 아니다. 불안을 줄이기 위한 본능적인 반응이다. 사람의 뇌는 위험을 예측하고 대비하는 역할을 한다. 문제를 미리 파악하고 대비할수록 생존 확률이 높아지기 때문이다. 하지만 이 기능이 과도하게 활성화되면, 현실에서 해결할 수 없는 문제까지 끊임없이 분석하고 대비하려 하면서 생각이 멈추지 않는다.

생각중독은 바꿀 수 없는 현실을 바꾸려 하거나, 아직 일어나지 않은 미래를 통제하려는 마음에서 비롯된다. 이미 지나간 실수를 반복해서 곱씹거나, 아직 일어나지 않은 상황을 걱정하면서, '무언가 잘못될지도 모른다.'는 불안을 증폭시킨다. 이는 통제할 수 없음에 대한 두려움, 실패에 대한 걱정, 타인의 평가에 대한 불안과 맞닿아 있다.

E 씨가 출근길에 어제 했던 말을 계속 떠올리고, 회의 중에도 사람들의 반응을 신경 쓰고, 밤에는 내일을 걱정하는 이유도 결국 안전함을 확보하려는 본능적인 시도다. 하지만 이런 방식은 현실을 더 나아지게 만들기는커녕, 오히려 현재를 놓치게 만든다. 생각이 많아질수록 실제로 해결해야 할 문제는 뒤로 밀리고, 불안과 스트레스만 커진다.

문제는 생각이 많다고 해서 해결책이 나오는 것이 아니라는 점이다. 생각이 많아질수록 오히려 결정을 내리기 어려워지고, 에너지만 소모될 뿐이다. 해결되지 않는 문제를 계속해서 떠올리면서 피로가 쌓이고, 정작 중요한 순간에는 집중력이 떨어진다. 또한, 생각중독은 현재에 대한 몰입을 방해한다. 과거의 실수와 후회에 사로잡히거나, 아직 일어나지 않은 미래를 걱정하는 동안 '지금 이 순간'을 경험하지 못하게 된다. 친구와의 대화 중에도 머릿속은 다른 생각들로 가득 차 있고, 일을 하면서도 끝나지 않은 고민에 사로잡혀 집중하지 못한다. 결국, 늘 피곤하고 무언가를 놓치고 있다는 느낌에 시달리게 된다.

생각중독은 마치 끝없는 미로 속을 걷는 것과 같다. 처음에는 답을 찾기 위해 고민하지만, 어느 순간부터는 고민하는 것 자체가 습관이 되어버린다. 그리고 그 미로 속에서 빠져나오지 못한 채, 같은 길을 끝없이 반복해서 돌고 있는 자신을 발견하게 된다.

대안 | 생각이 가벼워지면 마음도 가벼워진다

생각이 많을수록 문제는 점점 커지고, 감정은 불안과 걱정 속으로 빠져든다. 멈추려고 해도 쉽지 않다. 오히려 '생각을 멈춰야 해.'라는 생각조차 또 다른 부담이 되어 머릿속을 더 어지럽게 만든다. 하지만 해결책은 단순히 '생각을 그만둬야 한다.'라는 억압이 아니다.

가장 먼저, '통제할 수 없는 것'과 '통제할 수 있는 것'을 구분해야 한다. 과거의 실수, 타인의 반응, 아직 일어나지 않은 미래에 대한 고민은 내가 통제할 수 없는 영역이다. 반면, 지금 이 순간 내가 선택할 수 있는 행동은 분명 존재한다. 바꿀 수 없는 것을 바꾸려 애쓰기보다, 내가 할 수 있는 것에 초점을 맞추는 것이 중요하다.

또한, 머릿속에 떠오른 생각을 나 자신이라고 믿지 않는 태도가 필요하다. 생각이 많아질수록 우리는 생각이 곧 '나'라고 착각하게 된다.

하지만 내 머릿속을 스쳐 지나가는 모든 생각이 진실이거나 중요한 것은 아니다. '나는 실패할 거야.', '사람들이 나를 이상하게 볼 거야.' 이런 생각들이 떠오른다고 해서, 그것이 반드시 사실이라는 법은 없다. 중요한 것은 그 생각을 있는 그대로 바라보는 것이다. 마치 창밖을 흐르는 구름을 바라보듯, 생각이 떠오르는 것을 알아차리되 휘둘리지 않는 태도를 가져야 한다.

그리고 생각을 정리하는 습관을 길러야 한다. 머릿속이 복잡할수록 생각이 생각을 물고 늘어진다. 이럴 때는 가만히 앉아 종이에 생각을 적는 것이 도움이 된다. 지금 떠오르는 걱정과 고민을 적어 보면, 내가 실제로 해결할 수 있는 문제인지, 아니면 단순히 불안이 만들어 낸 생각인지 분명해진다. 생각을 눈으로 확인하는 순간, 머릿속에서 무겁게 맴돌던 생각들이 한결 가벼워진다.

행동이 생각을 줄인다. 생각중독에 빠진 사람들은 대부분 머릿속에서 해결책을 찾으려 하지만, 정작 필요한 것은 행동일 때가 많다. '이 고민을 어떻게 해결할까?' 고민을 계속하기보다, '지금 내가 할 수 있는 일이 무엇일까?'를 자문하는 것이 더 나은 방향이 될 수 있다. 생각이 많아질수록 행동이 줄어들고, 행동이 줄어들수록 변화도 멈춘다. 생각을 멈추려 애쓰기보다, 작더라도 지금 할 수 있는 행동을 찾아보자.

마음 챙김을 연습해 보는 것도 좋은 방법이다. 마음 챙김이란 지금 이 순간에 집중하며, 내 마음과 몸에서 일어나는 감정이나 생각을 있는 그대로 알아차리는 것이다. 판단하거나 억누르려 하지 않고, 그저 '지금 여기'에 머무는 연습이라고 생각하면 된다. 머릿속이 지나치게 복잡할 때는 과거의 후회나 미래의 불안을 내려놓고, 현재에 집중하는 것이 필요하다. 깊게 숨을 들이쉬고 내쉬면서 지금 이 순간의 감정과 몸의 감각을 조용히 들여다보자. 그렇게 함으로써, 생각의 소용돌이에서 한 발짝 물러나 나 자신을 바라볼 수 있다.

결국, 생각이 많다고 해서 답이 나오는 것은 아니다. 때로는 생각을 멈추는 것이 아니라, 그 생각에서 한 걸음 물러서 바라보는 것이 더 나은 방법일지도 모른다. 그리고 가장 중요한 것은 생각을 줄이는 것이 아니라, 생각에 휘둘리지 않는 힘을 기르는 것이다.

4) 걱정중독

걱정이 많은 나, 이대로 괜찮을까?

아침에 눈을 뜨는 순간부터 머릿속이 바쁘게 움직인다. '오늘 실수하면 어쩌지?', '그때 한 말이 혹시 오해를 샀을까?', '이 일이 잘못되면 어떻게 하지?'

하루 종일 걱정이 꼬리를 물고 이어진다. 한 가지 걱정을 해결하면 또 다른 걱정이 기다리고 있고, 그렇게 하루의 시작과 끝이 온통 불안과 걱정으로 가득 차 있다. 걱정은 원래 위험을 피하고 문제를 대비하기 위한 본능적인 감정이다. 적당한 걱정은 우리를 더 신중하게 만들고, 중요한 일을 준비하도록 돕는다. 하지만 걱정이 지나치면 이야기가 달라진다. 필요 이상의 걱정은 마치 과열된 엔진처럼 우리를 지치게 만들고, 해결할 수도 없는 문제를 붙잡고 소모적인 생각을 반복하게 만든다.

걱정중독과 생각중독은 어떻게 다를까?

생각중독은 끊임없이 머릿속에서 생각이 이어지면서, 그 생각 자체에 빠지는 것이다. 끝없는 분석과 의심, 복잡한 시뮬레이션이 멈추지 않으면서도, 정작 결론을 내리지 못하고 계속해서 같은 문제를 떠올린다. 반면 걱정중독은 주로 불안을 중심으로 한다. 걱정중독은 머릿속에서 끊임없이 최악의 시나리오를 상상하는 데 익숙해지는 것이다. 아직 벌어지지 않은 상황을 앞당겨 체험하듯 걱정하고, 감정적으로는 이미 그 일이 일어난 것처럼 반응한다. 그래서 현실보다 상상 속의 위험에 더 자주, 더 깊이 시달리게 된다.

걱정하는 내가 문제일까, 아니면 걱정을 놓지 못하는 마음이 문제일까?

걱정중독에 빠진 사람들은 걱정하지 않으면 오히려 불안해진다. 걱정이 습관이 되어버렸기 때문이다.

'지금은 괜찮지만, 분명 뭔가 안 좋은 일이 생길 거야.', '좋은 일이 있으면 반드시 나쁜 일이 따라오기 마련이지.'

마치 걱정을 하지 않으면 무언가 큰일이 벌어질 것 같은 기분이 든다. 그래서 걱정을 놓지 못한다. 하지만 이건 마치 '비 오는 날에 대비해 우산을 항상 들고 다녀야 한다.'라는 생각과 같다. 실제로 비가 오지 않을 수도 있는데, 걱정만으로 늘 무거운 짐을 짊어지고 다니는 셈이다.

걱정을 키우는 건 우리 마음속의 렌즈다

같은 상황을 놓고도 어떤 사람은 '괜찮을 거야.'라고 생각하고, 어떤 사람은 '큰일이 날 수도 있어.'라고 생각한다. 걱정이 많은 사람들은 불안한 가능성에 초점을 맞춘다. 마치 망원경으로 어두운 곳만 확대해서 보는 것처럼, 걱정할 만한 요소들만 크게 보인다. 이렇게 걱정에 몰입하면 몸도 반응한다. 심장이 두근거리고, 손발이 차가워지거나 소화가 잘되지 않는다. 머릿속에서는 끊임없이 '만약'이라는 가정이 반복된다. '만약 일이 잘못되면?' '만약 사람들이 날 싫어하면?' '만약 이번에도 실패하면?' 그러다 보면 현재를 즐기는 것이 아니라, 오지 않은 미래를 두려워하는 데 온 힘을 다한다.

> **사례 | 만약에 이런 일이 생기면 어쩌지?**
>
> 32살 D 씨는 늘 걱정이 많다. 출근할 때는 '혹시 차가 막혀서 늦으면 어쩌지?'라는 생각에 몇 시간 전부터 긴장하고, 중요한 회의 전날에는 밤새 시뮬레이션을 돌리느라 잠을 제대로 이루지 못한다. 친구와 약속을 잡아도 '혹시 비가 오면 어떡하지? 늦으면 미안할 텐데'라며 끊임없이 걱정한다. 가족들이 "그렇게까지 걱정할 필요 없어."라고 말해도 D 씨는 멈출 수 없다. 걱정을 하지 않으면 뭔가 중요한 것을 놓칠 것 같고, 혹시라도 최악의 상황이 닥쳤을 때 준비가 안 되어 있으면 안 될 것 같기 때문이다. 하지만 문제는, 아무리 걱정해도 일이 더 잘 풀리는 건 아니라는 사실이다. 그러던 어느 날, 동료가 말했다.
>
> "넌 항상 걱정하는데, 결국 네가 걱정했던 일들이 진짜로 일어난 적이 있어?"
>
> D 씨는 순간 머릿속이 멍해졌다. 지금까지 수도 없이 걱정했지만, 정작 그 일이 실제로 일어난 경우는 거의 없었다. 그런데도 자신은 여전히 걱정 속에 사느라 힘들기만 하다.

심리학적 이해 | 걱정이 쌓이면 불안이 자란다

D 씨는 늘 걱정을 안고 산다. 혹시라도 예상치 못한 일이 벌어질까 봐, 최악의 상황이 닥쳤을 때 준비가 안 되어 있으면 안 될 것 같아서, 걱정을 멈추지 못한다. 하지만 정작 자신이 걱정했던 일들은 거의 일어나지 않았다. 걱정을 하지 않으면 불안하고, 걱정을 해도 속이 편해지지는 않는다. 결국, 걱정 속에서 살다 보면 걱정할 일이 없어도 불안을 만들어 내게 된다.

걱정중독은 '생각이 많은 성격'이 아니다. 이는 불확실한 미래에 대한 두려움에서 비롯된다. 우리는 미래를 알 수 없고, 모든 일을 완벽하게 통제할 수도 없다. 하지만 걱정이 많은 사람들은 이 불확실성을 견디기 어려워한다. '혹시 문제가 생기면?' '만약 일이 잘못되면?' 같은 생각이 끊임없이 떠오른다. 그러다 보면 현재의 문제를 해결하는 것이 아니라, 아직 일어나지 않은 문제를 대비하느라 에너지를 소모하게 된다.

걱정이 깊어지는 또 하나의 이유는 걱정이 나를 보호해 줄 것이라는 착각 때문이다. '미리 걱정하면 대비할 수 있다.'는 믿음이 강하다. 걱정이 습관이 되면, 삶을 살아가는 게 아니라 끊임없이 대비하는 삶을 살게 된다. 지금 이 순간을 누리지 못한 채, 아직 오지 않은 미래를 통제하려 애쓰며 현재를 잃어버린다. D 씨처럼 머릿속에서 끝없는 시뮬레이션을 돌리느라 정작 중요한 순간에는 지쳐 있거나, 막상 일이 닥쳤을 때 오히려 더 불안해지는 경우가 많다.

걱정중독은 결국 불안을 통제하려는 시도다. 걱정하면 마치 내가 상황을 통제할 수 있을 것 같고, 준비가 되어 있는 것처럼 느껴진다.

하지만 사실 걱정한다고 해서 미래가 바뀌지는 않는다. 오히려 걱정이 많을수록 현재를 더 불안하게 살게 되고, 실제로 대처해야 할 순간에는 더 취약해진다.

불안을 조절하기 위해 걱정을 반복하는 현상은 심리학에서 '인지적 회피'로 설명된다. 불확실성과 마주하는 불편한 감정을 피하기 위해 사람들은 걱정을 통해 '생각 속 통제'를 시도한다. 마치 대비하고 있다는 느낌으로 자신을 안심시키는 것이다. 그러나 이런 방식은 감정을 해소하기보다 오히려 걱정하는 사고 패턴을 강화한다. 반복적인 걱정은 불안의 근원을 해결하지 못한 채 머릿속에서만 맴돌게 만들고, 결국 걱정이 불안에 대한 반사적 반응으로 굳어지게 된다. 그렇게 걱정은 불안을 줄이기 위한 시도이면서 동시에 불안을 지속시키는 주된 원인이 되기도 한다.

대안 | 걱정 없는 삶은 없다, 하지만 걱정에 휘둘릴 필요도 없다

걱정을 줄이고 싶다면, 가장 먼저 해야 할 일은 걱정과 너무 가까워지지 않는 것이다. 걱정은 마치 길에서 우연히 만난 낯선 사람 같다. 그가 내게 말을 걸 수도 있고, 어떤 이야기를 늘어놓을 수도 있다. 하지만 내가 반드시 그의 말을 다 들어줘야 하는 것은 아니다. 걱정도 마찬가지다. 머릿속에 떠오르는 모든 걱정을 진지하게 받아들이고 끝까지 따라갈 필요는 없다. 그냥 스쳐 지나가게 둘 수도 있다. D 씨처럼 걱정이 많으면, 그 걱정을 분석하고 해결하려는 습관이 있다. 하지만 사실 걱정은 논리적으로 분석한다고 사라지는 것이 아니다. 오히려 걱정을 줄이는 가장 좋은 방법은, 걱정에 너무 집중하지 않는 것이다. 걱정을 없애려 할수록 오히려 걱정은 더 강하게 떠오른다. '지금부터 걱정을 하지 말아야지.'라고 다짐하는 순간, 더욱 강하게 머릿속을 차지한다. 그러니 걱정을 없애려 애쓰기보다는, 걱정과 조금 더 편안하게 공존하는 법을 익히는 것이 중요하다. 마치 방 안에 소음이 있을 때, 그 소음을 없애려 애쓰기보다는 그냥 배경 소음으로 두고 내 할 일을 하는 것처럼 말이다. 걱정이 떠오를 때마다, 그것이 내 하루를 삼키도록 내버려 두지 않고, '그래, 또 걱정이 찾아왔네. 하지만 내가 꼭 이 걱정에 휘둘릴 필요는 없지.' 하고 한 발짝 물러설 수 있어야 한다.

'걱정을 기록하는 것'도 좋은 방법이다. 걱정을 머릿속에서 계속 반복하다 보면 그 생각이 점점 커지고 무거워진다. 하지만 같은 걱정을 종이에 적어 보면 신기하게도, 그 생각이 머릿속에서 차지하는 공간이 줄어든다. '아, 내가 이런 걱정을 하고 있었구나.' 하고 객관적으로 바라볼 수 있게 된다. 그리고 또 하나 중요한 점은 적고 나면 그 걱정이 생각보다 별거 아닐 수도 있다. 막상 걱정을 기록하라고 하면, '이걸 적는다고 뭐가 달라질까?'라고 생각한다. 하지만 걱정이 머릿속에만 머물러 있을 때와 종이에 적혀 눈으로 확인될 때의 느낌은 전혀 다르다. 머릿속에서는 한없이 커 보이던 걱정이, 막상 적어 보면 허무할 정도로 간단한 경우가 많다. '이게 내가 그렇게까지 불안해했던 문제였다고?' 하고 스스로 놀랄 때도 있다.

걱정을 줄이려면, 생각보다 행동이 먼저다. 걱정은 생각하는 것만으로는 줄어들지 않는다. 걱정이 많을수록 행동이 줄어들고, 행동이 줄어들수록 걱정은 더 커진다. 걱정을 멈추기 위해서는 오히려 반대로, 행동을 먼저 해야 한다. 예를 들어, 발표를 앞두고 걱정이 많다면,

'잘해야 하는데, 잘못하면 어떡하지?'라고 생각하는 것보다, 지금 당장 연습해 보는 것이 더 효과적이다. 걱정은 머릿속에서 키우면 키울수록 더 무겁고 커지지만, 실제로 움직이고 행동하면 어느 순간 사라진다.

'이 일이 잘 안 풀리면 어쩌지?' → 일단 작은 부분부터 시작해 본다.
'내가 실수하면 어쩌지?' → 작은 실수를 해도 괜찮다는 연습해 본다.
'사람들이 나를 어떻게 생각할까?' → 다른 사람이 나를 어떻게 평가하는지보다, 내가 어떤 사람이 되고 싶은지를 먼저 고민해 본다.

행동하면 걱정할 시간이 줄어든다. 걱정이 많을 때일수록, 아주 작고 사소한 행동이라도 해보는 것이 생각보다 더 큰 변화를 만들어낸다. 꼭 무언가를 해결하려는 의지가 아니더라도, 걱정 속에만 머무르지 않겠다는 마음이 몸을 조금씩 움직이게 한다. 물론 행동조차 어려울 만큼 불안할 때도 있다. 그럴 땐 억지로 무언가를 하려 하기보다, 먼저 그 걱정을 적당한 거리에서 바라보는 것만으로도 충분하다. 걱정을 있는 그대로 인정하면서도, 그것에 빠져들지 않고 한 발짝 물러서 바라볼 수 있다면, 그 자체로도 걱정은 점점 힘을 잃게 된다.

걱정을 아예 하지 않는 사람이 되는 것은 불가능하다. 걱정은 원래 누구에게나 찾아오는 손님 같은 것이다. 중요한 것은, 그 손님이 내 집에 들어와 나를 괴롭히도록 둘 것인지, 아니면 그냥 현관 앞에서 가볍게 인사하고 보내줄 것인지에 달려 있다. 반드시 쫓아내야 한다고 애쓰지 않아도 괜찮다. 그저 내가 그 손님을 어떻게 맞이할지를 스스로 선택할 수 있다는 것, 그것만 기억해도 충분하다.

5) 정의중독(분노중독)

임려원

정의감에 가려진 상처

세상은 불공평하다. 악한 사람이 잘살고, 선한 사람이 상처받는다. 열심히 살아가는 사람들이 부당한 대우를 받고, 거짓이 진실을 가릴 때도 많다. 이런 세상을 보고 가만히 있을 수 있을까? 누군가는 외면하지만, 어떤 사람은 불의를 참지 못한다. 잘못된 것을 바로잡고, 진실을 말하고, 정의를 실현해야 한다고 믿는다. 처음에는 그것이 순수한 신념이었을 것이다. 그러나 시간이 지나면서 정의감은 점점 강한 감정이 되어 간다. 불공정한 세상을 마주할 때마다 분노가 끓어오르고, 침묵하는 사람들을 보며 답답함을 느낀다.

'왜 저들은 가만히 있을까?', '이렇게 부당한 일을 보고도 모른 척하다니, 정말 무책임하다.'

불의를 바로잡기 위해 싸우다 보면, 어느새 타인을 평가하고 비판하는 일이 익숙해진다.

"저 사람은 틀렸어."
"왜 이렇게 몰상식할까?"
"세상이 이렇게 된 건 저들 때문이야."

타인에게 날을 세우고, 그들의 말과 행동을 하나하나 분석하며 잘못된 점을 찾아내는 데 익숙해진다. 그러다 보면 자신도 모르게 늘 긴장 상태가 되고, 매 순간 누군가를 바로잡아야 한다는 강박 속에서 살아가게 된다. 정의를 지키기 위해 끊임없이 상대를 비판하고, 분노하고, 때로는 공격하기도 한다. 이 과정에서 놓치게 되는 중요한 사실이 있다. 정의를 지키는 자신도 결국 '사람'이라는 것이다. 완벽하게 옳은 사람도 없고, 절대적으로 그른 사람도 없다. 하지만 정의중독에 빠지면, 세상을 지나치게 단순하게 보게 된다. 나는 옳고, 상대는 틀렸다. 세상에는 정의로운 사람과 부정한 사람이 있을 뿐이다. 그리고 나는 반드시 정의로운 쪽에 서야 한다고 믿는다. 이 믿음이 점점 더 강해지면, 어느 순간 주변 사람들이 하나둘 떠나간다. 예전엔 나와 함께 분노하던 사람들이 어느새 조용해지고, 내가 하는 말에 피곤한 기색을 보인다. 대화는 사라지고, 논쟁만 남는다. SNS에서 끊임없이 비판하는 글을 올리고, 댓글 하나하나에 감정을 쏟아내지만, 정작 현실에서는 점점 더 외로워진다.

'내가 왜 이렇게까지 해야 할까?'

그러다 문득, 지쳐버린 자신을 발견한다. 불의를 향한 분노를 품고 달려왔지만, 그 과정에서 가장 힘들어진 사람은 바로 나 자신이었다. 마음은 항상 날카롭게 곤두서 있고, 부당한 일을 볼 때마다 숨이 막힐 듯한 답답함을 느낀다. 자신을 둘러싼 세상은 점점 더 불공평하게 보이고, 사람들은 변하지 않는 것처럼 느껴진다. 그렇다면, 이 모든 싸움이 과연 자신을 위한 것이었을까?

정의중독은 단순히 '옳고 그름'의 문제가 아니다. 그 안에는 강한 감정과 상처가 숨어 있다. 왜 어떤 사람은 불공정한 일에 더 크게 분노하는가? 왜 어떤 사람은 조금 더 유연하게 대처할 수 있는 반면에 어떤 사람은 이토록 분노를 참지 못하는가? 그 이유를 깊이 들여다보면, 어쩌면 자신 역시 과거에 부당한 대우를 받았던 경험이 있었을지도 모른다. 내가 옳았음에도 억울하게 비난받았던 기억, 노력했지만 보상받지 못했던 순간, 누군가의 권력 앞에서 무기력했던 경험들. 정의에 집착하게 된 것은, 어쩌면 과거에 겪었던 자신의 상처 때문일 수도 있다.

자신은 더 이상 그런 억울함을 경험하고 싶지 않았고, 다른 누군가가 자신처럼 고통받는 것도 원하지 않았다. 하지만 문제는, 그 싸움이 점점 자신을 지치게 만든다는 것이다. 대부분의 사람은 불공정한 일을 보면 화를 낼 수밖에 없다. 하지만 그 분노를 건강하게 조절하지 못하면, 오히려 내 삶을 갉아먹게 된다. 분노가 자신을 지배할 때, 나는 나를 위해 사는 것이 아니라, 분노를 위해 살게 된다. 정의중독에서 벗어나려면, 먼저 자신의 감정을 이해하는 것이 필요하다.

'나는 지금 정의를 실현하려는 것인가, 아니면 분노를 배출하고 있는 것인가?'

'나는 상대를 비판하려는 것인가, 아니면 대화하고 싶은 것인가?'

'나는 이 싸움을 통해 세상을 바꾸려는 것인가, 아니면 내 상처를 대신 치유 받고자 하는 것인가?'

이 질문을 자신에게 던져보면, 지금까지 보지 못했던 감정들이 보이기 시작할 것이다. 그렇다면 정의를 포기해야 할까? 아니다. 정의감은 세상을 변화시키는 중요한 힘이다. 다만, 나 자신을 불태우면서까지 싸울 필요는 없다. 정의를 위해 달리다 보면, 오히려 자신을 돌보는 것을 잊어버리기 쉽다. 세상을 바꾸고 싶다면, 먼저 나 자신을 돌보아야 한다. 우리는 더 건강한 방식으로 정의를 실현할 수 있다.

사람들은 모두 정의로운 세상을 꿈꾼다. 하지만 정의를 실현하는 과정에서 지쳐 쓰러지게 된다면, 그것이 정말 자신이 원하던 삶일까? 분노는 사람을 움직이게 하지만, 동시에 사람을 무너뜨릴 수도 있다. 정의를 지키기 위해 가장 먼저 해야 할 일은, 나 자신을 지키는 것이다. 불의를 보고 화를 낼 수 있다. 하지만 그 감정이 자신의 삶을 잠식하게 두지 않아야 한다. 불공정한 세상 속에서도, 나는 여전히 나 자신을 사랑하고 돌볼 수 있어야 한다. 그렇게 할 때, 사람들은 더 오랫동안 정의로운 길을 걸어갈 수 있다. 이제는 조금 다른 방법으로 정의를 실천해 보자. 마음의 여유를 가지고, 대화의 문을 열고, 나 자신을 지켜나갈 때, 우리는 더 멀리, 더 오래 나아갈 수 있다.

> **사례 | 나는 틀리지 않았다.**
>
> 30대 후반의 A 씨는 직장에서 '올바른 것'을 위해 누구보다 열정적으로 싸운다. 회의에서 비효율적인 결정을 보면 그냥 넘어가지 못하고, 동료들이 대충 일하는 모습을 보면 지적하지 않고는 견딜 수 없다. 그는 언제나 조직의 투명성과 공정을 강조하고, 불합리한 일이 있으면 반드시 문제를 제기한다. 상사의 실수도 지적하는 데 주저함이 없고, 동료들에게도 원칙을 지킬 것을 강하게 요구한다. 그러다 보니 사람들과의 관계는 점점 어색해졌다. 처음엔 '맞는 말을 하는데 왜 다들 불편해하지?'라고 생각했다. 동료들은 그를 피해 다니고, 회의에서는 A 씨가 말을 시작하면 분위기가 싸해졌다. 어느 날, 그와 함께 일하던 후배가 조용히 말했다.
>
> "선배 말이 틀린 건 아니에요. 그런데…… 꼭 그렇게 날카롭게 말해야 할까요?"
>
> A 씨는 자신이 말하는 방식이 문제였을지도 모른다는 것을 어렴풋이는 이해가 갔다. 하지만 여전히 억울했다. '내가 틀린 게 아닌데, 왜 다들 날 피하는 거지? 왜 내가 오히려 불편한 사람이 되어야 하지?' 정의를 위해 싸워왔지만, 정작 A 씨는 혼자가 되어 있었다.

심리학적 이해 | 정의감이 분노로 변하는 순간

A 씨는 '옳은 것'을 지키려는 신념이 강했지만, 시간이 지나면서 정의감이 날카로운 비판으로 변했다. 자신이 옳다는 확신이 강해질수록 타인의 실수를 더욱 지적하게 되었고, 결국 주변과의 관계에서 벽이 생겼다.

정의중독의 핵심은 '나는 옳고, 상대는 틀렸다.'는 사고방식이다. 이것이 강해질수록 유연함이 사라지고, '잘못된 것을 바로잡자.'는 목적보다 '내가 틀리지 않았음을 증명해야 한다.'는 방향으로 흐른다. 이는 인지적 확증편향과 연결되어, 자신의 신념을 강화하는 정보만 선택적으로 받아들이고 반대 의견은 무시하는 경향을 보인다. 또한 정의중독은 미해결된 개인적 상처와도 관련된다. 과거 부당한 대우를 받거나 의견이 무시당했던 경험이 있을 경우, 성인이 되어 '나는 틀리지 않아야 한다.'는 강한 신념을 가지게 된다. 결국, 본래의 목적보다 자신이 옳다는 것을 입증하는 것에 집착하게 된다. A 씨 역시 문제 해결보다 '내가 맞았어.'라는 것을 인정받고 싶었고 그 과정에서 점점 고립되었다. 정의감이 강할수록 세상을 변화시킬 수 있다고 믿지만, 감정을 조절하지 못하면 오히려 사람들과 멀어질 위험이 커진다.

대안 | 정의를 지키되, 관계도 지키는 방법

정의감이 강한 사람들은 이런 의문을 품는다.
"내가 틀린 게 아닌데, 왜 내가 불편해해야 하지?"
하지만 인간관계에서 중요한 것은 단순한 옳고 그름이 아니다. 때로는 '어떻게 말하느냐'가 '무엇을 말하느냐'만큼 중요하다.

감정을 먼저 조절한다
말하기 전, 잠시 숨을 고르고 생각해 보자. '이 말을 듣는 상대는 어떻게 느낄까?' 때로는 단어 하나, 말투 하나가 상대의 마음을 닫아버리기도 하고, 반대로 같은 말이라도 다정한 어조로 전하면 더 잘 전달될 수 있다.

유연한 사고방식을 가진다

세상은 흑과 백으로 나뉘지 않는다. 그렇다면 '이 사람이 이렇게 생각하는 이유는 뭘까?' 하고 한 번쯤 궁금해 하는 것도 좋다. 상대의 입장에서 보면 내가 보지 못했던 또 다른 진실이 보일지도 모른다.

비판보다 협력적인 태도를 유지한다

"이건 틀렸어요."라고 단호하게 말하면 상대는 방어적으로 반응할 가능성이 크다. 하지만 "이렇게 하면 더 나아질 것 같아요." 하는 제안을 하게 되면, 상대도 열린 마음으로 받아들일 확률이 높아진다. 대화의 목적이 상대를 이기는 것이 아니라 함께 더 좋은 방향으로 나아가는 것이라면, 비판보다는 해결책을 함께 고민하는 태도가 필요하다.

자신의 신념을 돌아본다

나는 언제부터 이렇게 '옳음'에 집착하게 되었을까? 혹시 과거의 상처 때문은 아닐까? 정의감이 중요하지만, 때로는 내 안의 불안이나 인정받고 싶은 마음이 강한 신념으로 굳어지기도 한다. 가끔은 자신에게 물어볼 필요가 있다. '내가 정말 원하는 것은 무엇일까?' 단순히 옳다는 것을 입증하는 것이 아니라, 더 나은 관계와 더 건강한 세상을 만드는 것이 목표라면, 방법도 조금 달라질 수 있다.

옳음을 추구하는 길 위에서 누군가와 등을 돌리게 된다면, 한 번쯤 멈춰 서서 되돌아볼 필요가 있다. 정의를 지키는 것도 중요하지만, 그 과정에서 내 곁의 소중한 사람들을 잃고 있지는 않은지 살펴보는 것. 그것이야말로 진정한 정의로운 삶이 아닐까?

2. 행위·습관중독(Behavioral & Habitual Addictions)

누구나 삶을 더 나아지게 만들고 싶어 한다. 더 열심히 일하고, 더 성취하고, 더 나은 모습을 만들어 가길 원한다. 하지만 그 노력과 열정이 어느 순간 집착이 되고, 그것 없이는 불안해지는 순간이 찾아온다. 처음에는 좋은 습관이라고 생각했다. 목표를 세우고, 성취감을 느끼고, 바쁘게 하루를 보내며 열심히 살아가는 것이 당연하다고 믿었다. 하지만 그 모든 것이 너무 지나치면, 우리는 삶을 살아가는 것이 아니라 삶에 끌려다니게 된다.

끊임없이 일을 하며 자신을 혹사시키는 사람, 바쁘지 않으면 불안해지는 사람, 성공과 성취 없이는 존재 가치를 느끼지 못하는 사람. 처음에는 더 나은 삶을 위해 시작했지만, 결국 쉼 없이 달리다가 길을 잃고 만다. 마치 마라톤을 뛰고 있지만, 결승선은 보이지 않고 계속해서 앞만 보고 달려야 하는 기분.

어떤 사람은 현실이 지겨워 게임 속 가상 세계에 갇히고, 어떤 사람은 스마트폰과 SNS 속에서 인정받기 위해 끝없이 사진을 올리고 '좋아요'를 기다린다. 누군가는 행운을 쫓아 도박을 하고, 누군가는 쇼핑을 하며 공허함을 채우려 한다. 또 다른 누군가는 운동으로, 성형으로 자신의 불안을 감추려 한다. 몸이 더 건강해지면, 더 아름다워지면, 더 완벽해지면 모든 것이 괜찮아질 거라 믿는다. 하지만 그러면 그럴수록 만족은 멀어지고, 더 극단적인 방식으로 자신을 몰아붙이게 된다.

이것은 단순한 습관이 아니다. 어쩌면 우리 삶을 지탱해 온 무언가일지도 모른다. 일과 성취를 통해 인정받고 싶었고, 게임과 SNS 속에서 소속감을 느꼈으며, 쇼핑과 도박으로 지친 마음을 위로받으려 했다. 그것을 통해 살아가는 이유를 찾았고, 잠시나마 불안을 잊을 수 있었다. 하지만 그 순간이 지나고 나면, 남는 것은 더 큰 공허함뿐이다.

이제는 한 번쯤 돌아볼 때다. 내가 지금 채우려는 것이 정말 부족한 것일까? 아니면, 사실은 아무리 채워도 만족할 수 없는 것을 붙잡고 있는 걸까? 중독을 끊어내려 애쓰는 것보다 더 중요한 건, 그 중독이 나에게 무엇을 말하려는지 들어보는 일이다.

이제 하나씩 들여다보려 한다. 우리가 왜 이렇게까지 바쁘게 살아가는지, 왜 목표를 이루어도 만족하지 못하는지, 왜 현실보다 가상의 세계가 더 편안한지. 그리고 그 모든 것에서 벗어나 진짜 나를 찾을 방법은 무엇인지. 이 이야기가 단순한 중독의 문제가 아니라, 우리가 스스로에게 던져야 할 질문이 되길 바란다.

1) 일중독

최은비

쉼 없이 달리다 길을 잃다

우리는 삶을 살아가는 동안 종종 길을 잃는다. 하지만 많은 사람들이 깨닫지 못하는 것은, 길을 잃는 그 과정이 '쉼 없이 달리는 순간 속에서 시작된다.'는 사실이다. 성공을 향해 질주하는 동안 우리는 어느새 스스로가 달리는 이유조차 잊어버린다. 일중독(workaholism)은 단순히 열심히 일하는 것과는 다르다. 그것은 일에 대한 과도한 집착, 업무와 성취에 대한 비합리적 불안감, 쉬는 것에 대한 죄책감, 그리고 성과로 자신의 가치를 증명하려는 강박적인 심리 상태를 포함한다.

일중독에 빠진 사람들은 끊임없이 일해야 한다는 강박을 느낀다. 업무가 끝나도 머릿속에서는 다음 할 일을 정리하고, 주말이나 휴가 중에도 일을 놓지 못한다. 스마트폰으로 이메일을 확인하고, 업무 관련 전화를 받으며, 휴식을 취할 때조차 일의 연장 선상에서 시간을 보낸다. 일중독은 '업무에 대한 몰입' 상태와 다르다. 휴식을 취할 때면 마치 무언가를 잘못하고 있다는 느낌과 죄책감이 따라온다. '이렇게 쉬어도 되는 걸까?', '나만 뒤처지는 건 아닐까?'라는 불안감이 그들을 다시 일로 몰아넣는다.

현대 사회는 성과 중심의 가치를 중시하고, 이런 사회의 가치를 따라가려는 사람들은 끊임없이 성과를 내야 한다는 압박에 시달리며 일중독에 빠지게 된다. 사회가 요구하는 가시적 성과를 내는 사람은 인정받고, 승진하고, 경제적 보상을 받는다. 반대로 개인적 쉼의 가치를 추구하거나, 성과주의라는 사회적 풍조에 따라가지 않는 사람은 나태하거나 경쟁에서 밀려나는 것처럼 보이기도 한다. 이런 환경에서 일중독은 개인의 행동 특성이 아니라 사회적으로 강화되는 중독 패턴이 된다. 일에 몰두하는 것이 미덕으로 여겨지고, 바쁘다는 것이 곧 유능함의 상징이 되어버린 것이다. 결국, 그 대가는 건강 문제, 인간관계 단절, 그리고 극심한 번아웃으로 돌아온다. 신체적으로는 만성 피로, 수면 부족, 면역력 저하 같은 문제들이 나타나며, 정신적으로는 우울감과 불안의 증가, 삶의 의미 상실과 같은 문제들을 양산한다. 가족과 친구와의 관계도 소원해지고, 일 이외의 영역에서는 공허함을 느끼게 된다. 쉼 없이 달리고 또 달리다 어느새 길을 잃고, 문득 뒤돌아보면 자신이 어디로 가고 있었는지조차 알 수 없게 되는 것이다.

사례 | 쉬면 불안한 사람

38살 직장인 F 씨는 회사에서 인정받는 유능한 직원이다. 매일 아침 가장 먼저 출근해, 밤늦게까지 일하는 것이 당연한 일상이 되었다. 상사에게는 성실한 직원으로, 동료들에게는 늘 바쁜 사람으로 불렸다. 주말에도 노트북을 열고 업무를 확인했고, 휴가를 가도 이메일을 체크하지 않으면 불안했다. 오히려 아무것도 하지 않는 시간이 더 초조했다. '이 시간에 보고서를 더 완성할 수 있었는데……'라는 생각이 끊임없이 들었다. 그렇게 몇 년을 달려오던 어느 날, 몸이 이상하다는 걸 느꼈다. 두통과 어깨 통증은 기본이었고, 가슴이 답답하고 숨쉬기 어려운 날이 많아졌다. 병원을 찾아갔지만 검사 결과는 별다른 이상이 없었다. 의사는 스트레스와 과로가 원인일 수 있다며 휴식을 권했다. 하지만 F 씨는 '지금 이 시기에 내가 빠지면 안 되는데'라며 다시 출근했다. 그러던 어느 날, 오랜만에 친구를 만났을 때 친구가 말했다.

"너 요즘 회사 말고는 아무 얘기도 안 하는 거 알아?"

순간 F 씨는 말문이 막혔다. 문득 떠올려 보니, 가족과도 제대로 대화를 나눈 기억이 없었다. 일을 하지 않는 순간에는 오히려 공허함이 밀려왔다. 그렇게 달려온 길 끝에, 그는 자신이 어디로 가고 있는지도 모른 채 지쳐 있었다.

심리학적 이해 | 일에 중독되는 이유

F 씨처럼 일이 전부가 되어버린 사람들은 종종 자신이 일에 중독되었다는 사실을 인지하지 못한다. 단순히 자신을 성실한 직장인, 책임감 있는 사람이라고 생각하지만, 사실 그 이면에는 강박적인 불안이 자리하고 있다. 현대 사회에서 '일을 많이 하는 것'은 미덕처럼 여겨지지만, 문제는 그것이 개인의 삶에 어떤 영향을 미치는가이다.

일 중독자의 가장 큰 특징은 일이 단순한 노동이 아니라 존재 가치를 증명하는 수단이 된다는 점이다. 심리학자 Clark, Smith, Haynes가 개발한 다차원 일중독 척도(Multidimensional Workaholism Scale, MWS)에 따르면, 일중독은 네 가지 차원으로 설명된다.

동기	내적 압박에 의해 일을 계속해야 한다는 강박을 느낀다
인지	일을 하지 않을 때도 끊임없이 일에 대해 생각한다
행동	부정적인 결과에도 불구하고 과중한 업무를 지속한다
정서	일을 하지 않을 때 불안, 죄책감, 좌절감을 경험한다

이 네 가지 차원에 대한 설명이 자신의 상태와 부합한다면 일중독을 의심해 볼 필요가 있다.

일중독은 단순한 성실함이 아니라 불안에서 비롯된 강박적 패턴이다. 문제는 이 패턴이 본인뿐만 아니라 주변 사람들에게도 영향을 미친다는 점이다. 가족과의 관계가 소원해지고, 대인관계에서 소외되며, 지속적 건강 악화를 경험하지만, 정작 본인은 이를 알아차리지 못하는 경우가 많다. 처음에는 단순한 업무 과중으로 시작되었을지도 모르나, 시간이 지나면서 일 이외의 삶이 공허해지고, 삶의 의미가 오직 성취와 성과로만 정의되는 것을 경험하게 된다. 결국 일을 하면서 살아가는 것이 아니라, 일을 하기 위해 살게 되는 것이다.

이러한 강박적 패턴에서 벗어나기 위해서는 단순히 '쉬라'는 조언이 아니라, 일 외의 가치와 의미를 찾아가는 과정이 필요하다. 우리는 일이 아니라도 충분히 의미 있는 존재이며, 그 가치는 성과로 증명되는 것이 아니라는 사실을 인식해야 한다. 그렇지 않다면, 우리는 앞으로도 계속해서 쉼 없이 달리기만 할 것이고, 결국 어디로 가고 있는지도 모른 채 길을 잃고 말 것이다.

대안 | 일과 삶의 균형을 되찾는 법

어느 날 한 중년의 남자가 상담실에 찾아왔다. 그는 성공한 사람이었고 누구보다 열심히 일하는 존경받는 사람이었다. 하지만 그의 얼굴에는 피곤함이 가득했고, 그의 말에는 지친 한숨이 묻어 있었다. 그는 말했다.

"이제는 뭘 위해 사는지 모르겠어요."

일과 성취에 대한 기쁨과 열정은 사라지고, 도리어 일이 그를 집어삼킨 것이다. 삶이 모래처럼 손가락 사이로 빠져나가는 걸 느끼면서도, 그것을 멈출 수 없다는 사실이 그를 더 힘들게 만들었다. 그는 덧붙였다.

"그런데 저는 멈추는 게 더 무서워요. 만약 멈추면, 아무것도 아닌 사람이 될까 봐요."

일중독자들은 일하지 않는 자신이 무가치하다고 느끼는 경우가 많다. 그러므로 일중독자의 삶의 방향과 패턴을 바꾸는 것은 단순히 '생활 습관의 변화'가 아니라, '정체성의 변화'를 필요로 한다. 그렇다면 어떻게 이 악순환에서 벗어날 수 있을까?

쉼도 능력이다

'쉼'을 삶에서 의미 있는 능력과 가치로 인정하려면, 일을 삶의 전부가 아닌 삶의 일부로 바라보는 시각이 필요하다. 산소가 우리 삶에 필수적이지만, 그렇다고 산소만으로 살아갈 수는 없는 것처럼, 일도 우리 삶을 지탱하는 중요한 요소지만 삶의 전부일 수는 없다. 일을 내려놓는다고 해서 우리가 사라지거나 무가치한 존재로 여겨질 것이라는 불안을 내려 놓아보자. '쉼'을 중요하고 의미 있는 능력으로 인정하고, '일 없이도 여전히 자신이 가치 있다는 것'을 검증 해보자. 처음에는 하루에 단 10분이라도 좋다. 아무것도 하지 않는 시간을 만들어 보는 것이다. 창밖을 바라보거나, 커피를 천천히 마시거나, 아무 생각 없이 음악을 들어보는 것. 처음에는 불편하고 조급할 수도 있다. 하지만 점차 그 시간이 익숙해지면 '일을 하지 않아도 내 존재가 무가치해지지 않는다는 것'을 확인할 수 있게 된다. 그리고 우리는 깨닫게 된다. 일을 하지 않는다고 해서 내 삶이 무너지지는 않는다는 사실을.

증명하지 않아도 나는 '나'다

삶에서 일 외의 의미를 찾아보는 것도 중요하다. 우리는 일하는 사람이기 전에, 누군가의 가족이고, 친구이고, 가치 있는 관계를 맺고 있는 중요한 존재다. 오랫동안 잊고 지냈던 소중한 사람들과 시간을 보내고, 잊고 있던 취미를 되찾고, 일 외에도 우리를 행복하게 만드는 것들을 발견하는 과정이 필요하다. 우리는 일로 증명되는 존재가 아니라, 존재 자체로 소중한 사람들이다. 그러니 이제는 불안에 쫓겨 달리는 것이 아니라, 자신이 원하는 길을 선택하며 걸어갈 때다. 쉼 없이 달리던 발걸음을 잠시 멈추면, 그동안 간과했던 소중한 가치들이 보이게 될 것이다.

2) 바쁨중독

멈추는 것이 두려운 사람들

어떤 사람들은 단 하루도 여유롭게 보내지 못한다. 일어나자마자 빼곡한 스케줄을 확인하고, 일정을 소화하며, 끝없이 무언가를 한다. 업무 외에도 운동, 독서, 모임, SNS 활동까지 쉬지 않고 이어지는 그들의 하루는 쉴 틈 없이 움직이도록 프로그래밍된 것처럼 바쁘게 흘러간다. 바쁨 자체가 목표가 되어버린 사람들, 우리는 이들을 '바쁨중독자'라고 부른다.

바쁨중독과 일중독: 닮은 듯 다른 두 중독

바쁨중독과 일중독은 얼핏 비슷해 보이지만, 그 내면을 들여다보면 중요한 차이가 있다. 두 중독 모두 바쁜 상태를 유지하려는 강한 욕구를 가지고 있지만, 그 동기와 방식이 다르다.

일중독자는 주로 '일'이라는 특정 활동에 과몰입하며, 이를 통해 성취와 완벽함을 추구하고 자기 가치를 입증하려 한다. 반면, 바쁨중독자는 특정한 성취보다 '바쁜 상태 자체'를 유지하는 것에 집중한다. 이들에게 중요한 것은 특정한 목표를 이루는 것이 아니라, 자신의 일정이 가득 차 있고 생산적인 사람처럼 보이는 것이다. 바쁘다는 사실 자체가 그들에게는 안정감을 주고, 자신의 존재 가치를 증명하는 역할을 한다. 그래서 일중독자가 주로 일과 성과 중심적인 삶을 산다면, 바쁨중독자는 다양한 활동을 병행하며 바쁜 상태를 유지하는 데 집중한다.

바쁨중독자들은 일뿐만 아니라 운동, 취미, 인간관계 등 모든 영역에서 바쁨을 유지하려 한다. SNS에 자신의 바쁜 일상을 공유하고, 새로운 일정과 활동을 계획하며 끊임없이 자신을 소비한다. 마치 쉬는 것이 곧 무기력함을 의미하는 것처럼, 여유로운 시간을 갖는 것에 강한 불안감을 느낀다. 이 차이를 보다 명확하게 정리하면 다음과 같다.

〈 일중독과 바쁨중독의 비교 〉

구분	일중독	바쁨중독
핵심 특성	일에 대한 과몰입과 집착	바쁜 상태를 유지하는 것
활동의 영역 및 초점	일	생활 전반의 다양한 활동
중독의 기능	일을 통한 성취, 완벽함의 추구 등을 통한 자기 증명	바쁜 상태를 자신과 타인에게 보여줌으로 자기 증명
주요 심리	불안, 성취욕, 유능감	불안, 가치 증명, 사회적 기대 부응
주요 스트레스원	일 및 성취와 관련	시간적 압박과 관련
좌절되었을 때의 정서	좌절감, 무력감, 자기비난	공허함, 부정적 평가에 대한 두려움
부정적 영향	번아웃, 피로, 관계 단절, 여가 시간에도 일 중심적 생활	번아웃, 비효율적 시간 사용, 시간에 대한 강박과 불안증

> **사례 | 할 일이 많아서 생각할 시간이 없어**
>
> 36살 직장인 G 씨는 하루가 어떻게 지나가는지도 모른다. 아침 6시에 일어나 헬스장에 다녀온 뒤 출근하고, 업무가 끝나면 자기계발을 위해 영어 학원을 간다. 주말에도 가만히 있지 않는다. 친목 모임, 세미나, 취미 클래스까지 스케줄이 꽉 차 있다. 사람들은 그를 보며 "정말 부지런하다."라고 말한다. 하지만 정작 G 씨는 피곤함을 느끼면서도 쉬는 것이 불안했다. 아무 일정도 없는 날이면 머릿속이 복잡해지고, '이렇게 시간을 보내도 괜찮은 걸까?'라는 생각이 떠올랐다. 그러던 어느 날, 친구가 말했다.
>
> "너는 왜 맨날 그렇게 바빠? 너를 보면 숨이 막힐 지경이야. 좀 쉬어!"
>
> G 씨는 아무것도 안 하면 불안하다. 하지만 끊임없이 바쁘게 움직여도 정작 만족감은 크지 않았다.

심리학적 이해 | 왜 우리는 스스로를 끝없이 바쁘게 만드는가?

G 씨처럼 자신을 끊임없이 바쁜 상태에 놓이게 만드는 사람들은 단순히 '시간을 효율적으로 활용하고 싶어서' 그렇게 사는 것이 아니다. 그 이면에는 복잡한 심리적 기제가 작용하고 있다. 우리는 흔히 '열심히 사는 것'과 '바쁘게 사는 것'을 혼동하지만, 바쁨중독에 빠진 사람들은 열심히 사는 것이 아니라 불안을 회피하려는 본능적인 방어기제로 바쁜 상태를 유지하려 한다.

G 씨는 주말에도 아무 일정 없이 가만히 있으면 불안해졌다. 이는 바쁨중독자들의 가장 대표적인 심리적 특징이다. 바쁨이 곧 자기 존재의 증명이 되기 때문에, 일정이 비어버리면 자신이 쓸모없거나 무가치

한 사람이 된 것 같은 느낌이 든다. '나는 이렇게 바쁘게 살아가고 있으니, 가치 있는 사람이다'라는 확신을 갖기 위해 끊임없이 새로운 스케줄을 채우는 것이다. 바쁜 일정이 없으면 오히려 불안하고 초조한 이유는 그들의 마음 깊은 곳에 '나는 충분히 유능한가?', '나는 괜찮은 사람인가?'라는 근본적인 불안이 있기 때문이다.

이러한 심리는 자기효능감과 관련이 깊다. 심리학자 Schaufeli와 Taris는 '바쁨중독자들의 경우, 일정이 빼곡할수록 자신이 더 유능하다고 느끼는 경향이 있다.'라고 설명한다. 하지만 이 유능감은 실제 능력이나 성취와는 무관하다. 그저 '내가 쉬지 않고 뭔가를 하고 있다.'는 사실만으로도 일시적인 안도감을 얻는 것이다. 하지만 이런 방식으로 자기 가치를 증명하려 하면, 바쁨이 유지될 때만 안정감을 느끼고 조금이라도 쉬는 순간에는 무력감과 죄책감을 느낄 수밖에 없다. 이들은 아무 일정 없는 날에 '이렇게 시간을 보내도 괜찮을까?'라는 생각을 한다.

바쁨중독은 회피적 대처 전략의 한 형태이기도 하다. 바쁘게 살아가는 사람 중에는 사실 자기 내면의 불안을 마주하는 것이 두려운 사람들이 많다. 평가에 대한 두려움. 존재가 무의미하거나 무가치하다는 느낌, 공허함, 정체되거나 도태된 느낌, 비교에서 하위를 차지할지도 모른다는 두려움...... 그들은 가만히 있는 순간 이러한 불안과 마주해야 하기 때문에, 자신을 바쁜 상태 속으로 몰아넣는다. 현실의 문제를 직면하는 대신, 일정과 활동 속으로 도망치는 것이다. 하지만 문제는 이렇게 바쁘게 산다고 해서 그 불안이 해결되지 않는다는 점이다. 바쁨을 유지하는 동안에는 불안을 느끼지 않을 수 있지만, 일정이 줄어들거나 예기치 않게 비는 시간이 생길 때면 불안은 다시 밀려온다.

G 씨처럼 스케줄을 빼곡히 채우는 사람들은 대부분 이런 심리적 패턴을 반복한다. 일정이 가득 차 있으면 안심이 되고, 여유가 생기면 불안이 찾아온다. 자신을 불안에서 보호하려는 나름의 생존 전략을 펼치고 있는 것이다. 하지만 이 전략은 단기적 효과는 있을지 몰라도, 장기적으로는 극심한 피로, 정서적 소진, 관계 단절로 이어질 가능성이 높다.

대안 | 속도가 아니라 방향이 중요하다

바쁨중독에서 벗어나기 위해 가장 먼저 해야 할 일은 단순히 일정을 줄이는 것이 아니다. 이제는 '나'를 다시 찾는 시간이 필요하다. 바쁜 일정을 멈추는 것이 두려운가? 그렇다면 더더욱 가만히 멈춰볼 필요가 있다. 처음엔 낯설고 불안할 수 있다. 하지만 그 불안의 뿌리가 어디에서 비롯되었는지를 따라가다 보면, 우리는 결국 과거의 어느 지점에서 생긴 상처와 만나게 된다.

내 삶에 필요한 'ON/OFF' 스위치

우리의 삶에는 'ON/OFF' 스위치가 필요하다. 그런데 바쁨중독에 빠진 사람들은 늘 'ON' 상태를 유지한다. 이들은 퇴근 후에도 외국어 학원을 가고, 여가생활을 하면서도 SNS에 올릴 사진을 편집하고 댓글에 응답하느라 스트레스를 받는다. 인간관계와 모임에 지치면서도 계속 그 공간에 나가서 기능한다. 일상의 모든 영역에서 바쁘게 생활하다 보니 일과 쉼의 경계가 모호해진 것이다. 이 패턴에서 벗어나기 위해서는 의식적으로 'OFF' 상태를 연습해야 한다. 스케줄러에 '의식적으로' 빈 칸을 넣어보자. '의무적으로' 하루에 1시간 이상 비어있는 시간을 만드는 이 행동이 바쁨중독에서 벗어나는 훌륭한 출발점이 될 것이다.

진짜 휴식을 갖는 연습

바쁨 중독자들에게 가장 어려운 것 중 하나는 '진짜 휴식'을 갖는 것이다. 온전히 자신만을 위한 시간을 만들고, 그 순간을 방해받지 않는 연습이 필요하다. 무엇을 하든, 그것이 또 다른 '해야 할 일'이 아니라, 자신을 위한 시간이 되어야 한다. 바쁜 스케줄을 소화하며 얻은 가짜 만족감이 아닌, 나에게 진짜 의미 있는 것이 무엇인지 고민하는 연습이 필요하다. 쉬운 방법 중 하나는 하루를 마무리하며 '오늘 자신에게 의미 있었던 순간'을 떠올려 보는 것이다. 처음에는 아무것도 떠오르지 않을 수도 있다. 하지만 이 연습을 계속하다 보면, 점점 '자신이 정말 소중하게 여기는 것'이 무엇인지 알게 된다. 그리고 그것이 우리 삶에서 우선순위가 되도록 의식적으로 노력해야 한다.

평가를 멈추고, 나 자신을 사랑하는 연습

우리는 지금껏 '타인이 인정해 주는 나'가 되기 위해 바쁘게 살아왔다. 하지만 그럴듯하게 보여지는 삶을 멈춘다고 해서 자신의 가치가 사라지는 것은 아님을 기억하자. 하루를 '얼마나 바쁘게 살았느냐'가 아니라, '얼마나 충실하게 나를 사랑했느냐'로 평가해 보자. 평가의 기준이 남에서 나로 바뀌면, 보여주기식 스케줄을 가득 채우는 대신 하루에 단 한 가지 '나를 위한 일'을 계획할 수 있을 것이다. 그것이 산책이든, 좋아하는 책 한 페이지를 읽는 것이든, 의미 있는 대화를 나누는 것이든 상관없다. 어쩌면 나를 위한 행동을 찾는 것부터 어려울지도 모른다. 중요한 것은, 그것이 '해야 할 일'이 아니라 '하고 싶은 일'이 되어야 한다는 점이다. 우리는 누구에게 인정받기 위해 사는 것이 아니라, 우리 스스로 만족하는 삶을 살기 위해 존재한다. 바쁨이 아닌 '행복해지는 시간'을 만나는 경험을 만들어 보자. 당신은 바쁘지 않고도, 충분히 괜찮은 사람이다.

3) 성취중독

백소라

끝없는 목표와 공허함

'조금만 더 하면 돼.', '이 정도로 만족할 수는 없잖아.', '더 높은 목표를 세워야 해.'

이런 말들이 익숙하게 들린다면, 당신도 모르게 성취중독의 함정에 빠져 있을지도 모른다. 목표를 이루는 것은 분명 멋진 일이다. 노력 끝에 성취를 맛볼 때의 짜릿함, 그 순간의 성취감은 사람을 살아있다고 느끼게 한다. 그러나 그 성취감은 오래가지 않는다. 목표를 이룬 기쁨은 잠깐이고, 새로운 목표가 달려온다. '이제 다음은 뭘 해야 하지?'라는 질문이 습관처럼 따라온다. 만족감보다 허전함이 더 크게 밀려온다면, 그것은 단순한 성취가 아니라 '성취중독'일 가능성이 크다.

성취중독은 단순히 열심히 사는 것과는 다르다. 열심히 사는 삶은 노력과 성장의 과정에서 의미를 찾지만, 성취중독은 오직 결과만을 좇는다. 목표를 이루지 못하면 가치 없는 존재가 된 것 같은 느낌, 다른 사람보다 뒤처지면 불안하고 초조해지는 감정, 자신을 혹독하게 몰아붙이며, 결국에는 탈진하거나 공허함에 빠지게 된다.

⟨성취중독, 일중독, 바쁨중독의 차이점⟩

성취중독	일중독	바쁨중독
목표를 이루는 것 자체에 중독된 상태로, 끊임없이 더 높은 성과를 내야 한다는 압박	일 자체에 집착하며, 성공보다는 지속적으로 일하는 과정에 몰입하는 경향	끊임없이 바쁘게 움직이며, 여유 시간이 생기면 불안감을 느낌

왜 이렇게 쉬지 않고 달려가야만 한다고 느낄까? 남들에게 인정받기 위해, 비교 대상보다 앞서기 위해, 사랑받기 위해서만 성취를 추구한다면 그것은 건강한 동기가 아니다. 나의 행복보다 타인의 평가가 중요한 삶, 자신의 만족보다 남들의 박수가 먼저인 삶은 결국 내면 고갈의 지름길이다. 심지어 외적 동기가 아닌 순수한 내적 동기에서 기인한 것이라 주장하더라도, 자신을 지나치게 몰아가며 불안정한 심리 상태에 있다면 성취중독의 위험에 처해있지는 않은지, '무엇을 위한 달리기'인지 한 번쯤은 돌아볼 일이다.

성취중독은 눈에 보이지 않는다. 술이나 도박처럼 '중독'이라는 단어를 들었을 때 떠오르는 것들과 달리, 성취는 사회적으로 긍정적인 가치를 지닌다. 열심히 사는 사람, 도전하는 사람, 늘 성장하는 사람이라는 이미지는 사람들에게 인정받기 좋은 모습이다. 하지만 그 이면에는 쉬지 못하는 삶, 자기 자신을 몰아세우는 삶, 그리고 끝없는 허전함이 자리하고 있다. 목표를 달성하고도 만족하지 못하는 것, 끊임없이 더 높은 목표를 세우며 자기 자신을 착취하는 것, 그리고 그 과정에서 점점 더 불안해지는 것이 바로 성취중독의 악순환이다.

> **사례 | 다음 목표만 넘으면 괜찮아질까?**
>
> H 씨는 35살, 이제 막 대기업 임원 승진을 앞두고 있다. 대학 시절부터 목표를 세우고 이뤄내는 것이 그의 삶의 방식이었다. 성적은 항상 상위권이었고, 좋은 회사에 들어가 승진 코스를 밟아왔다. 사람들은 그를 보고 "정말 성공적인 인생을 살고 있네."라고 부러워했지만, 정작 H 씨는 만족한 적이 없다. 처음에는 '좋은 회사에 취직하면 행복할 거야.'라고 생각했다. 하지만 취업 후에는 승진이 목표가 되었고, 그 목표를 이루면 더 큰 목표를 세워 매진했다. 이제 임원 자리를 바라보면서도, 그는 벌써 다음 단계인 '업계에서 더 인정받기'와 '더 높은 연봉'을 고민하고 있다. 몸은 점점 지쳐갔지만 멈출 수 없었다. 쉬면 불안했다. '나는 어디까지 올라갈 수 있을까?'라는 생각이 머릿속을 떠나지 않았다. 하지만 가끔 한밤중에 퇴근해 텅 빈 집에 들어설 때면 문득 공허함이 밀려왔다.

심리학적 이해 | 성취의 끝에서 느껴지는 공허함

H 씨는 줄곧 목표를 이루며 살아왔지만, 정작 만족감을 느끼지 못했다. 목표를 하나 넘어서면 더 높은 목표가 기다리고 있었고, 잠시라도 멈추면 불안감이 밀려왔다. 성취중독이란 결국 이런 것이다. 쉬지 않고 달려가야만 하는 삶, 멈추면 무가치해지는 것 같은 불안감, 그리고 성취의 기쁨을 온전히 누리지 못한 채 계속해서 더 높은 곳을 바라보는 심리이다.

사람은 어릴 때부터 중요한 타인의 반응을 통해 자신을 인식한다. 아기가 처음 걸음을 뗐을 때, 가장 기뻐한 것은 아기 자신이 아니라 부모였다. 환하게 웃고 박수를 쳐주는 부모를 보며 아기는 자신의 행동이 가치 있다고 느낀다. 이런 경험이 반복되면, 사랑과 인정이 성취를 통해서만 얻어진다는 믿음이 형성될 수 있다. '잘해야 사랑받을 수 있다.', '성과를 내야 괜찮은 사람이 된다.' 이런 생각이 내면 깊숙이 자리 잡으면, 성취는 더 이상 선택이 아니라 존재의 증명이 되어버린다. 문제는 이런 사고방식이 성인이 되어서도 지속된다는 것이다. 성취를 통해 인정받는 경험이 반복될수록 '나는 성과로 평가받는다.'는 믿음은 더욱 굳어진다. 완벽주의 성향이 강하거나, 부모로부터 조건부 사랑을 받아온 사람일수록 이 공식은 더 강력하게 작동한다. 성취하지 않으면 존재 가치가 사라질 것 같은 두려움, 끊임없이 더 높은 목표를 세우게 만드는 불안감이 따라온다.

대안 | 성취보다 과정의 의미를 찾는 법

멈추는 법을 모르는 사람에게 "이제 그만 달려도 돼요."라고 말하면 어떤 반응이 돌아올까? 아마도 어리둥절한 표정으로 "왜요?"라고 되물을지도 모른다. 목표를 향해 달려가는 것이 당연한 삶이었고, 멈추면 무가치해지는 것 같았으니까. 하지만 이렇게 한번 물어보면 어떨까.

"그렇게 달려서, 정말 행복한가요?"

우리는 종종 성취가 행복을 보장해 줄 거라고 믿는다. 더 높은 연봉, 더 좋은 자리, 더 많은 인정. 하지만 목표를 이룰 때마다 행복이 쌓이기는커녕, 공허함이 더 커지는 경험을 한다. 그러니 이제는 방향을 바꿔야 한다. 목적지만 바라보는 대신, 그 길을 어떻게 걸을지에 집중해 보는 것이다. 우선, 자신의 삶을 한 걸음 떨어져서 바라보는 연습이 필요하다. 지금까지 달려온 길을 돌아보며 물어보자.

'왜 그렇게 애썼을까?', '내가 진짜 원하는 건 뭘까?'

어쩌면 남들의 기대를 채우기 위해, 혹은 '괜찮은 사람'으로 보이기 위해 목표를 향해 달렸던 것은 아닐까. 자신의 가치를 성취로 증명하지 않아도 괜찮다는 것을 받아들이는 것이 첫 번째 변화다.

그리고 삶의 속도를 조절하는 연습도 필요하다. 아무것도 하지 않는 시간이 불안하게 느껴진다면, 그 불안을 찬찬히 들여다보자. '이대로도 충분하다!'라고 자신을 다독이는 연습이 필요하다. 하루쯤은 일부러 아무런 계획도 세우지 않고, 흘러가는 시간을 있는 그대로 경험해 보는 것도 좋다. 그동안 놓쳐왔던 것들이 보일지도 모른다.

또한, 성취와 상관없이 나를 기쁘게 하는 일을 찾아보자. 결과나 평가 없이, 오직 '즐거움' 자체를 위해 하는 활동 말이다. 음악을 듣거나, 그림을 그리거나, 아무 목적 없이 산책을 해도 좋다. 그것이 삶을 조금 더 풍요롭게 만들어 줄 것이다. 그래도 불안하다면, 휴식마저 목표처럼 다뤄보자. 일정에 '쉼'과 '여유'를 넣고, 그것을 성취처럼 실천하는 것이다. 그리고 그 시간들이 내게 어떤 변화를 주는지 관찰해보자. 마음이 조금 더 가벼워지는 순간이 있다면, 그게 바로 변화의 시작이다.

무엇보다 중요한 것은, 지금, 이 순간 충분히 괜찮은 사람이라는 사실을 자신에게 끊임없이 말해주는 것이다. "오늘따라 여유로운 모습, 멋진데!" 하고 칭찬해 주는 것도 잊지 말자.

4) 게임중독

게임 속에선 주인공, 현실에선 조연

처음 게임을 시작할 때의 그 설렘을 기억하는가? 단순한 즐거움에서 시작한 게임이 점점 하루의 대부분을 차지하고, 현실보다 더 의미 있는 세계가 되어버린다면, 우리는 그 변화를 어떻게 바라봐야 할까?

게임은 몰입의 세계다. 현실에서는 한참을 노력해도 얻기 어려운 성취를 게임에서는 비교적 빠르고 쉽게 경험할 수 있다. 캐릭터가 성장하고, 레벨이 오르고, 새로운 능력을 얻는 과정은 마치 현실에서 목표를 이루는 것과 닮아있다. 하지만 현실에서는 노력한다고 해서 반드시 보상이 주어지는 것이 아니고, 때로는 불확실성과 실망을 감수해야 한다. 반면, 게임은 예측 가능한 세계다. 내가 쏟은 시간만큼 성과가 보장되고, 실패해도 다시 도전할 기회가 주어진다. 현실에서는 해결하기 어려운 감정이나 문제도 게임에서는 잠시 잊을 수 있다. 그래서 점점 더 게임이 편안한 공간이 되고, 현실보다 더 머물러 있고 싶은 곳이 되어버린다.

그러나 어느 순간 게임은 일상생활에서 '가장 중요한 그 어떤 것'이 될 위험이 있다. 하루의 대부분을 게임에 쓰고, 다른 중요한 일들을 미뤄두며, 생활의 균형이 무너진다면, 그것은 나를 위한 취미가 아닌 '중독'의 신호다. 처음에는 스트레스를 풀기 위해, 혹은 재미로 시작했지만, 이제는 게임을 하지 않으면 불안하고 초조해진다. 해야 할 일이 쌓여 있어도, 몸이 피곤해도, 중요한 약속이 있어도, 게임을 하고 있는 자신을 발견하게 된다. 친구나 가족과의 관계는 점점 멀어지고, 현실에서의 목표나 책임감은 희미해진다. 게임 속에서는 자신을 강하고 능력 있는 존재로 인식하지만, 현실에서는 점점 더 무력감을 느끼게 된다.

게임이 가진 가장 큰 문제는, 시간이 지날수록 현실에서 분리, 혹은 도피하고자 하는 욕구를 조절하지 못하게 될 수도 있다는 것이다. 그곳에서는 내가 바라는 이상적인 나의 모습이 되거나 성취감을 획득하기가 수월하다. 하지만 현실에서는 실패와 좌절을 더 많이 겪게 되고 생계, 학업, 가족 및 대인관계 등 해결해야 할 문제들이 끊임없이 생겨나 더 불편하고 복잡한 곳처럼 느껴질 수 있다.

게임을 좋아하는 것 자체가 잘못된 것은 아니다. 게임이 주는 즐거움을 부정할 필요도 없다. 다만, 현실보다 게임 속에서 더 편안함을 느낀다면, 왜 이곳에서 더 오래 머물고 싶은지, 현실에서 나를 힘들게 하는 것은 무엇인지 자문해 볼 필요가 있다. 게임은 충분히 즐길 수 있지만, 현실에서의 다양한 경험도 소중히 여길 수 있어야 한다. 게임 속에서 느꼈던 성취감과 만족, 안정감을 현실에서도 찾을 수 있다면, 게임은 도피처가 아니라 즐거운 취미가 될 수 있지 않을까?

> **사례 | 현실보다 게임 속에서 더 나은 내가 있다.**
>
> J 씨(27세)는 어릴 때부터 게임을 좋아했다. 처음엔 단순한 취미였다. 하지만 대학 졸업 후 취업이 잘되지 않고 현실이 점점 버거워지면서, 게임이 유일한 탈출구가 되었다. 게임 속에서는 모든 것이 명확했다. 적을 처치하면 점수를 얻고, 미션을 수행하면 보상이 따라왔다. 노력한 만큼 성장했고, 팀원들과 호흡이 잘 맞을 때면 현실에서 느낄 수 없는 성취감이 차올랐다. 반면, 현실에서는 취업 준비를 할수록 자신감이 떨어졌고, 어디서부터 다시 시작해야 할지도 막막했다. 점점 게임하는 시간이 길어졌다. 친구들과 연락이 뜸해졌고, 가족들이 "게임만 하지 말고 밖에 좀 나가라."라고 잔소리할 때마다 짜증이 났다. 현실에서 느끼는 무력감과 불안감은 게임을 할 때만큼은 사라졌다. 그러던 어느 날, J 씨는 모처럼 친구들과 만나기로 했다. 하지만 약속 당일, 그는 컴퓨터 앞에서 여전히 게임을 하고 있었다. 친구들과 만나는 것보다, 지금 이 게임 한 판이 더 중요하다고 생각했다.

심리학적 이해 | 가상 세계에서 찾은 확실한 나

J 씨는 게임에서 유능하고 강한 자신을 경험했다. 목표를 이루고, 인정받고, 명확한 역할을 수행하며 존재감을 느꼈다. 반면, 현실에서는 자신이 어디로 가야 할지 알 수 없었고, 무력함과 불확실성에 부딪혔다. 게임이 단순한 오락거리가 아니라, 점점 더 중요한 공간이 되어 버린 이유는 바로 여기에 있다. 게임은 단순한 재미를 넘어, 현실에서 채우지 못한 심리적 욕구를 충족시켜 주는 역할을 한다.

심리학적으로 볼 때, 인간은 예측 가능한 환경에서 안정감을 느낀다. 게임은 바로 이 안정감을 제공한다. 명확한 규칙이 있고, 노력하면 성과가 보장되며, 도전과 보상의 구조가 분명하다. 실패해도 다시 시도할 수 있고, 내가 어떻게 행동하느냐에 따라 결과가 달라진다. 하지만 현실은 그렇지 않다. 같은 노력을 해도 결과가 다르게 나타나고, 때로는 원치 않는 결과로 좌절을 겪어야 한다. 노력과 보상이 직접적으로 연결되지 않는 현실에서, 게임처럼 확실한 세계는 점점 더 매력적으로 다가온다.

또한, 게임은 자존감을 보호하는 역할을 하기도 한다. 게임 속에서는 내가 능력 있는 사람으로 존재할 수 있다. 팀원들에게 인정받고, 중요한 역할을 수행하며, 누군가에게 필요한 사람이 될 수 있다. 반면, 현실에서는 이런 경험을 하기가 쉽지 않다. 특히 취업 실패나 인간관계의 어려움처럼 반복된 좌절을 겪을 경우, 현실보다 게임 속에서 자신의 가치를 확인하는 것이 훨씬 쉬워진다. 게임 속에서는 내가 주인공이 될 수 있지만, 현실에서는 점점 더 뒤로 밀려나는 느낌이 들 수 있기 때문이다.

이런 과정이 반복되면, 게임은 단순한 취미가 아니라 심리적 안전망이 되어버린다. 게임을 하지 않을 때 현실이 더 버거워 보이고, 점점 더 현실에서의 역할을 회피하게 된다. 그러나 게임 속에서 아무리 많은 성취를 이루어도, 현실은 여전히 그 자리에 남아 있다. 해결되지 않은 불안과 무력감은 게임이 끝난 순간 다시 찾아오고, 현실로 돌아가는 것이 점점 더 두려워진다.

게임중독을 단순히 '게임을 지나치게 많이 하는 것'이라고 해석하면 중요한 본질을 놓치게 된다. 핵심은 '왜 게임 속에서만 나 자신이 괜찮다고 느껴지는가?'이다. 게임이 채워주는 감정적 욕구가 무엇인지 이해하는 것이 중요하다. 인정받고 싶은 마음, 성취하고 싶은 욕구, 무력함에서 벗어나고 싶은 갈망. 이 모든 것이 게임 속에서는 자연스럽게 충족될 수 있다. 그러나 현실에서도 이와 같은 만족을 경험할 수 있다면, 우리는 더 이상 가상 세계에 의존하지 않아도 될 것이다. 어쩌면 중요한 건 게임을 끊어내는 것이 아니라, 현실에서도 게임 속의 나처럼 도전하고 성장할 수 있는 방법을 찾는 것이라 할 수 있다.

대안 | 게임이 아닌 현실에서도 '레벨업' 할 수 있을까?

어떤 사람에게 "게임을 좀 줄여야 하지 않을까?"라고 말하면 아마 이런 반응이 돌아올 것이다.
"그럼, 뭐 하라고?"
현실에서는 게임만큼 몰입할 수 있는 것도, 확실한 보상을 주는 것도 없는데, 그냥 게임을 줄이라고 하면 답답할 수밖에 없다. 게임을 포기하는 게 아니라, 게임이 내 삶을 잠식하지 않도록 하는 방법을 찾아야 한다. 우선 게임 시간과 빈도에 관한 실천 가능한 규칙을 정하고 강력한 제재 방안을 마련, 주위의 도움을 받아 중독에서 벗어나려는 노력부터 해야 할 것이다. 한편, 본질적으로 게임 속에서 내가 얻고 있는 것이 무엇인지 헤아려 볼 필요가 있다.

우선, 현실에서도 도전하고 성취하는 경험이 필요하다. 게임에서는 스토리가 있고, 미션이 있고, 목표가 있다. 하지만 현실은 그런 구조가 명확하지 않다. 그래서 스스로 만들어야 한다. 거창한 목표가 아니어도 괜찮다. '이번 주말에 좋아하는 책 3장 읽기'처럼 실패할 확률이 낮은 것일수록 좋다. 중요한 건, 게임처럼 내가 직접 미션을 설정하고, 하나씩 클리어하면서 현실에서도 '레벨업' 하는 경험을 만드는 것이다.

또한, 현실에서도 나를 성장시키는 경험을 해보는 게 중요하다. 게임에서는 레벨을 올리기 위해 경험치를 쌓고, 새로운 스킬을 배운다. 현실에서도 마찬가지다. 늘 하던 일에서 벗어나 새로운 시도를 해보는 것이다. 요리, 운동, 악기 등 관심이 가는 것이면 무엇이든 좋다. 처음엔 낯설고 서툴겠지만, 게임에서도 처음에는 어려웠던 것처럼, 현실에서도 조금씩 능숙해지며 효능감을 느끼게 될 것이다. 이런 과정이 쌓이면 어느 순간 현실도 게임처럼 흥미로워질 수 있을 것이다. 무엇보다 중요한 건, 현실에서 '나를 인정해 줄 사람'을 다시 찾아야 한다는 점이다. 게임 속에서는 팀원들이 나를 필요로 하고, 내가 잘하면 칭찬해 준다. 현실에서도 그런 관계가 있으면 좋겠다. 친구들과 가벼운 만남을 가지거나, 새로운 모임에 나가는 등 자신에게 긍정적이고 지지적인 대인관계 경험을 할 기회를 주는 것이다. 결국 사람은 연결 속에서 더 큰 만족감을 느끼기 마련이므로, 인간관계를 통한 은근한 행복을 느껴봄을 기대할 수도 있겠다.

게임을 무조건 그만두라고 할 필요는 없다. 다만, 게임이 삶의 전부가 되지 않도록 현실에서도 '나를 위한 스토리'를 만들어 보자. 게임을 하듯 성장하고, 경험하고, 도전하는 즐거움을 찾을 수 있다면, 가상세계가 아니라 '지금, 여기 나의 일상'에서도 충분히 재미있는 삶을 살 수 있지 않을까?

5) 스마트폰중독

김동원

손안의 감옥

눈을 뜨자마자 가장 먼저 하는 일은 스마트폰을 찾는 것이다. 알람을 끄는 김에 메시지를 확인하고, 날씨를 보고, SNS를 훑어본다. 스마트폰이 없으면 뭔가 허전하고, 중요한 걸 놓치는 것 같아 불안하다. 처음에는 삶을 더 편리하게 만들어 줄 것이라 믿었지만, 어느새 스마트폰이 우리를 지배하는 존재가 되어버렸다.

스마트폰을 손에서 놓기 어려운 큰 이유 중 하나는 끊임없이 울리는 '알림'이다. 메시지, 이메일, 앱 업데이트, 할인 쿠폰, 뉴스 속보 등 하루에도 수십 개의 '알림'이 우리의 시선을 사로잡는다. 중요한 일을 하던 중 화면이 깜빡이면, '혹시 긴급한 일이 생긴 건 아닐까?'라는 생각에 확인하지 않고는 견디기 어려울 때가 많다. 하지만 이제까지의 경험으로 보면, 과연 그 '알림' 중에서 진정으로 중요한 것은 얼마나 됐을까?

이런 식으로 계속 방해를 받다 보면 집중력이 점차 약화하고, 깊이 있는 사고를 할 기회마저 점점 줄어든다. 책 한 권을 끝까지 읽는 일이 어려워지고, 사람들과 대화할 때도 스마트폰에 시선을 **빼앗겨** 중요한 이야기를 놓치기 일쑤다.

스마트폰 사용으로 인해 우리의 신체와 정신 전반에 걸쳐 영향을 미치게 되는데, 그 대표적인 사례가 수면장애다. 잠들기 전까지 스마트폰을 사용하면 블루라이트가 뇌를 자극하여 밤과 낮을 제대로 구분하지 못하게 만든다. '딱 10분만 더 보고 잘까?'로 시작한 영상 시청이 결국 몇 시간을 빼앗았던 경험은 누구나 한 번쯤 있을 것이다. 그리고 피곤한 눈을 비비며 다시 스마트폰을 확인하는 것으로 하루를 시작하는 악순환이 반복된다. 더불어, 끊임없이 새로운 정보와 빠른 변화를 접하면서 우리의 뇌는 늘 바쁘고 지친 상태가 된다. 즉각적인 자극에 익숙해질수록, 가만히 있는 시간을 견디는 것이 점점 더 어려워진다.

우리는 하루 중 얼마나 많은 시간을 스마트폰에 소비하고 있을까? 통계청 자료에 따르면, 2019년 우리나라 국민의 하루 평균 스마트폰 사용 시간은 1시간 31분이었지만, 2023년 조사에서는 3시간 30분으로 두 배 이상 늘어났다. 이는 전 세계 평균 사용 시간인 2시간 45분보다 약 45분 더 긴 수치이다. 또한, 한국인의 하루 평균 인터넷 사용 시간이 7시간 30분에서 8시간에 이르는 점을 고려할 때, 스마트폰과 인터넷 사용량을 합산한 결과는 상당히 높은 수준임을 알 수 있다.

물론, 이러한 사용 시간은 연령, 생활 습관, 직업, 관심사 등에 따라 차이가 있을 수 있다. 그러나 스마트폰이 단순히 우리의 시간을 빼앗아가는 것에 그치지 않고, 우리의 경험과 기억을 지배하고 있는 것은 아닌지 의문을 가져볼 필요가 있다.

> **사례 | '잠깐만'이 가져온 일상**
>
> M 씨(33세)는 아침에 눈을 뜨자마자 스마트폰을 집어 든다. 알람을 끄고, 습관적으로 메시지와 SNS 알림을 확인한다. "잠깐만……" 하면서 스마트폰을 들여다보는데, 벌써 20분이 훌쩍 지나 있다. 출근길 지하철에서도 유튜브 영상을 보고, 회사에서 잠시 쉬는 시간에도 스마트폰을 놓지 않는다. 점심시간에는 친구들과 채팅을 하고, 퇴근 후 집에 와서도 드라마나 웹툰을 본다. 일과 중 스마트폰이 없으면 불안하고, 잠들기 전에도 화면을 보다가 피곤해진 눈을 감는다. 하루가 어떻게 흘러가는지도 모르게 스마트폰 속에서 살아가는 기분이다.
>
> 스마트폰이 없으면 뭔가 중요한 것을 놓친 것 같은 불안감이 밀려온다. 그러던 어느 날, M 씨는 회의 중에 무심코 스마트폰을 보다가 상사에게 지적을 받았다. 그제야 '내가 너무 스마트폰에 집착하고 있나?'라는 생각이 들었다. 스마트폰을 잠깐만 본다는 게 습관이 되어, 정작 집중해야 할 순간에도 놓지 못하는 자신을 돌아보게 되었다.

심리학적 이해 | '팝콘 브레인'의 시대

요즘엔 스마트폰을 멀리하는 일이 생각보다 어렵다. 알림이 뜨면 무심코 시선을 빼앗기고, 짧고 자극적인 영상은 자꾸만 손을 움직이게 만든다. 반복적으로 이런 자극에 노출되면 뇌는 도파민을 분비하고, 우리는 점점 더 스마트폰에 익숙해진다. 처음엔 단순히 심심할 때 보는 도구였지만, 어느새 하루의 흐름을 결정짓는 존재가 되어버린다. 이런 습관이 반복되다 보면, 뇌의 작동 방식도 달라진다. 빠르고 강한 자극엔 민감하게 반응하지만, 천천히 이어지는 대화나 독서처럼 정적인 활동에는 금방 지루함을 느낀다. 이처럼 순간적인 자극에만 반응하고 깊은 집중은 어려워지는 상태를 '팝콘 브레인'이라고 부른다. 깊은 생각이나 감정은 쉽게 스쳐 지나가고, 짧고 빠른 정보에만 머물게 되는 것이다.

또 하나 주목할 점은, 스마트폰 사용이 좌뇌와 우뇌의 균형에도 영향을 미친다는 점이다. 스마트폰에서 접하는 정보는 대부분 짧고 단편적이기 때문에 논리적 사고를 담당하는 좌뇌만 자꾸 자극된다. 반면, 감정과 창의성을 맡는 우뇌는 상대적으로 덜 사용되면서 공감 능력이나 감정 조절력도 약해질 수 있다.

스마트폰 중독에는 세 가지 특징이 뚜렷하게 나타난다.

첫 번째는 삶의 중심이 바뀌는 현상이다. 스마트폰이 어느 순간부터 모든 활동보다 우선시되기 시작한다. 쉬는 시간뿐 아니라 해야 할 일까지 미루게 되고, 식사나 대화 중에도 무의식적으로 화면을 켠다. 중요한 일보다 먼저 손이 가고, 사람보다 화면이 더 익숙해지는 순간이 잦아진다. 이런 상태를 '현저성(salience)'이라 부른다.

두 번째는 조절 실패다. '이제 그만 봐야지.'라는 다짐은 쉽게 무너지고, 잠깐 확인하려던 게 어느새 몇 시간을 훌쩍 넘기기 일쑤다. 알림 하나에 반사적으로 반응하고, 앱을 닫자마자 또 다른 콘텐츠를 열게 된다. 이런 반복은 단순한 습관이 아니라 통제력을 잃어가고 있다는 신호일 수 있다.

마지막은 일상 전반에 미치는 부정적인 영향이다. 스마트폰을 계속 보다 보면, 눈은 피로하고 머리는 쉬지 못한다. 집중력은 떨어지고, 한 가지 일에 오래 몰입하기가 어렵다. 잠시라도 화면을 끄고 있으면 마음이 허전하고, 이 불편함을 다시 스마트폰으로 메우게 된다. 사람들과 함께 있어도 대화에 완전히 집중하지 못하고, 관계는 점점 멀어진다. 스마트폰은 편리함과 연결감을 주는 도구이지만, 동시에 깊이 있는 경험과 감정을 희미하게 만들기도 한다.

대안 | '스마트'하게 스마트폰 사용하기

스마트폰 사용을 줄이기 위해 '쓰지 말아야지.'라고 다짐할수록, 오히려 더 사용하고 싶은 충동이 생기기 마련이다. 중요한 것은, 스마트폰을 덜 사용하기 위해 '무엇을 하지 않을지'를 고민하는 것이 아니라, '무엇을 할지'를 명확히 정하는 것이다.

스마트폰에 '휴식'을 주기

사람에게 휴식이 필요하듯, 스마트폰도 쉼이 필요하다. 스마트폰을 종일 손에서 떼지 않는다면, 뇌는 끊임없이 자극받아 피곤해진다. 그러다 보면 가만히 있는 시간이 불안하고, 아무것도 하지 않는 순간이 견디기 힘들어진다. 스마트폰을 잠시 쉬게 하는 가장 좋은 방법은 하루에 한 번 '비행기 모드' 시간을 갖는 것이다. 최소 1시간, 가능하다면 3~4시간 동안 스마트폰을 '비행기 모드'로 설정하고, 신경 쓰지 않는 연습을 해보자. 처음에는 불안할 수도 있지만, 생각보다 아무 일도 일어나지 않는다는 걸 알게 될 것이다.

'불편한 스마트폰' 만들기

스마트폰 사용을 줄이려면, 오히려 스마트폰을 '불편한 도구'로 만드는 것이 효과적이다. 지나치게 편리한 스마트폰은 무심코 손이 가는 습관을 만들어 낸다. 이를 방지하려면 지문 인식이나 얼굴 인식 기능을 꺼두고, 비밀번호를 길고 복잡하게 설정하여 정말 필요한 순간에만 스마트폰을 열도록 유도할 수 있다. 또한, 습관적으로 사용하는 SNS

나 동영상 앱을 삭제하고, 웹 브라우저를 통해서만 접속하도록 바꿔보자. 앱이 없으면 자연스럽게 한 번 더 고민하게 되고, 로그인 과정이 번거로워지면 사용 시간이 줄어드는 효과가 있다.

첫 화면을 '빈 화면'으로 만드는 것도 좋은 방법이다. 자주 사용하는 앱을 첫 화면에서 없애거나, 한 페이지 뒤로 보내거나 폴더에 담아서 숨기면 스마트폰을 켤 때마다 불필요한 유혹이 줄어든다.

'스마트폰 없는 재미'를 찾아보기

스마트폰 사용 시간을 줄이려면 그 시간을 대신할 무언가를 찾는 것이 필요하다. 단순히 '보지 말아야지.'라고 다짐하는 것보다는 스마트폰을 대체할 즐거운 활동을 발견하는 것이 훨씬 효과적이다. 스마트폰 없이 할 수 있는 활동 중에서는 손을 사용하는 것이 특히 유익하다. 그림을 그리거나, 퍼즐을 맞추거나, 글씨를 써보는 것처럼 손을 움직이는 동안 자연스럽게 스마트폰에 대한 의존도가 줄어든다. 하루 10분 정도 '멍 때리는 시간'을 가져보는 것도 좋은 방법이다. 스마트폰 없이 가만히 있는 시간이 처음에는 불안하게 느껴질 수 있지만, 창밖을 바라보며 생각에 잠기는 10분은 점차 마음의 평온을 선사할 것이다.

처음에는 낯설고 불편할지도 모른다. 그러나 시간이 지나면 우리가 잊고 있던 소중한 것들이 하나씩 모습을 드러내기 시작할 것이다. 책 한 권을 끝까지 읽을 수 있는 여유, 누군가의 이야기를 눈을 맞추며 온전히 듣는 순간, 생각을 정리할 수 있는 고요한 시간. 스마트폰이 없는 시간 속에서, 오히려 더 여유롭고 풍요로운 일상을 얻게 될 것이다.

6) SNS중독

'좋아요'에 중독된 자아

아침이 밝아오면 가장 먼저 깨어나는 것은 손이다. 무의식적으로 침대 옆에 둔 스마트폰을 더듬어 자연스럽게 SNS 아이콘을 눌러 새 소식이 있는지 확인한다. 어제 올린 글에 '좋아요'가 몇 개나 달렸을까? 댓글이 달렸나? 친구들은 뭐 하고 있지? 그저 몇 초만 확인하려 했지만, 손가락은 멈추지 않고 화면을 스크롤 한다. 출근 준비를 해야 하는데도, SNS 속 세상이 더 궁금하다. 점심시간에도, 이동 중에도, 잠들기 전에도 상황은 비슷하다. 습관적으로 SNS를 열고, 피드를 훑어보다가 다시 한번 새로고침을 한다. 꼭 지금 확인할 필요가 없는 이야기들인데도 불구하고, 이상하게 손이 멈추지 않는다. 가볍게 보려던 것이 어느새 하루의 많은 시간을 차지하고 말았다.

SNS가 처음 등장했을 때, 사람들은 이 혁신적인 연결 방식에 열광했다. 멀리 떨어진 가족, 친구들과 실시간으로 소식을 주고받고, 공통의 관심사를 가진 사람들과 손쉽게 교류할 수 있었다. 하지만 이제 SNS는 단순한 소통의 수단을 넘어, 우리의 감정과 사고방식까지 지배하는 강력한 시스템으로 자리 잡았다. 그 중심에는 '즉각적인 보상'이라는 강렬한 중독성이 존재한다.

SNS에서 가장 강력한 요소는 '좋아요'와 댓글이다. 자신이 올린 사진이나 글에 몇 개의 '좋아요'가 달렸는지 신경 쓰고, 댓글 반응을 확인하며 묘한 만족감을 느낀다. 기대보다 반응이 적으면 초라한 기분이 들고, 사람들에게 인정받지 못한 것만 같아서 기분이 가라앉는다. SNS에서는 모든 사람이 행복해 보인다. 누군가는 해외여행에서 멋진 풍경을 찍어 올리고, 누군가는 새로 문을 연 카페에서 감각적인 사진을 남긴다. 어떤 이는 다이어트에 성공해 날씬한 몸매를 뽐내고, 또 어떤 이는 퇴근 후에도 자기 계발에 몰두하며 바쁜 하루를 공유한다. 하지만 힘들고 지친 날들, 좌절의 순간들, 실패의 경험들은 쉽게 드러나지 않는다. 우리는 그것을 잊은 채, 남들과 자신을 비교하며 초라함을 느낀다. SNS 속에서 사람들은 누구나 조금 더 멋지고, 당당하고, 특별해진다. 현실에서는 쉽게 꺼내기 힘든 말도 SNS에서는 가볍게 전할 수 있다. 특히 SNS에서 '보여지는 나'의 중요성이 커질수록, 현실과의 괴리감은 깊어져 간다. 화려하고 완벽한 모습을 드러내려 애쓰지만, 정작 현실에서는 공허함을 느끼는 일이 많다. 그렇게 우리는 있는 그대로의 '나'보다는, '괜찮아 보이는 나'를 택하게 되고, 점점 나와 멀어지게 된다.

사례 | 내 삶도 괜찮은 걸까?

K 씨(29세)는 하루에도 몇 번씩 SNS를 확인한다. 아침에 눈을 뜨면 밤새 올라온 피드를 훑어보고, 점심시간에는 친구들의 여행 사진을 보며 부러움을 느낀다. 퇴근 후에는 유튜브와 인스타그램을 넘나들며 다른 사람들의 일상을 들여다보느라 시간을 보낸다. 그녀도 SNS에 자신의 일상을 올린다. 맛있는 음식, 잘 차려입은 모습, 여행지에서 찍은 감성적인 사진들. 하지만 사진을 올리고 나면 언제나 똑같은 루틴이 반복된다. '좋아요가 몇 개지? 누가 댓글을 달았을까?' 알림이 울릴 때마다 기분이 좋아지지만, 기대보다 반응이 적으면 실망스럽다.

어느 날, 친구들과 모임이 끝난 후 K 씨는 SNS에 사진을 올렸다. 그런데 친구 중 한 명이 말했다.

"우리 진짜 재밌었지? 근데 너는 사진 찍느라 정신 없었잖아. 우리랑 제대로 놀았던 거 맞아?"

그제야 K 씨는 친구들과 즐거운 시간을 보내는 것이 아니라, SNS에 올릴 사진을 찍는 것이 더 중요해졌다는 사실을 깨달았다.

심리학적 이해 | 우리는 연결되고 있을까, 단절되고 있을까?

K 씨는 친구들과 함께 시간을 보내면서도 온전히 그 순간을 즐기지 못했다. 대신 사진을 찍고 SNS에 올리는 것이 더 중요해졌고, 결국 '기억에 남는 순간'이 아니라 '보여주기 위한 순간'을 만들어 가고 있다. 이 모습은 K 씨만의 문제가 아니다. 요즘 많은 사람들이 비슷한 경험을 하고 있다. SNS는 사람과 사람을 연결하는 도구로 시작했지만, 때로는 우리를 더 외롭게 만들기도 한다. 누군가와 함께 있는 순간에도 우리는 눈앞의 사람이 아니라 스마트폰 화면 속 세상에 시선을 빼앗기

곤 한다. 그리고 남들이 올린 '행복해 보이는' 사진들을 보며, 스스로도 그렇게 보여야 한다는 압박감을 느낀다. 그 결과 우리는 타인의 삶을 '편집된 하이라이트'로 받아들이게 된다. 어쩌면 우리를 힘들게 하는 것은 그들의 현실이 아니라, 우리가 상상으로 덧입힌 그들의 모습일지도 모른다.

심리학에서 이를 '사회적 비교 이론'이라고 한다. 우리는 타인의 모습을 보며 자연스럽게 나를 비교하는데, SNS에서는 이 비교가 극단적으로 일어난다. SNS를 많이 사용할수록 우울감과 불안이 증가할 가능성이 높다. 타인의 행복한 모습을 계속 보다 보면, 상대적으로 내 삶이 부족해 보이기 때문이다. 더 나아가, 이는 '자기 결정 이론'과도 연결된다. 인간은 본능적으로 자율성, 유능감, 관계성이라는 세 가지 기본 심리적 욕구를 가지고 있다. SNS는 이러한 욕구를 충족시키는 동시에, 약화시키는 양면성을 지닌다. '좋아요'와 댓글은 타인에게 인정받고자 하는 욕구를 채워주지만, 그 평가에 따라 감정이 흔들리고, 자신을 타인의 반응에 의존하게 만드는 부작용을 초래할 수 있다.

또한, 또한 SNS는 관계를 '양적인 것'으로 오해하게 만들기도 한다. 팔로워 수나 '좋아요' 개수처럼 수치로 표현되는 관계의 외형은 쉽게 비교되고 측정된다. 하지만 관계는 숫자로 보이지 않는다. 말없이 곁에 있어 주는 사람, 함께 침묵할 수 있는 사람, 내 이야기를 있는 그대로 들어주는 사람이야말로 정서적인 안정감을 주는 존재다.

결국, 중요한 것은 SNS를 어떻게 활용하느냐이다. 단순한 도구로 활용할 것인지, 아니면 내 감정을 좌우하는 중심 요소로 만들 것인지에 따라 경험이 달라질 수 있다. SNS를 통해 얻는 감정적 보상이 나의 자존감과 행복을 결정하도록 두기보다는, 내가 진짜로 원하는 삶의 방향을 중심에 두고 SNS를 선택적으로 사용하는 태도가 필요할 때다.

대안 | SNS, 스크롤 대신 삶을 즐기는 법

SNS는 이제 일상의 한 부분이 되었다. 피할 수도 없고, 멀리할 필요도 없다. 중요한 것은 우리가 그것을 어떻게 받아들이고 활용하느냐다. SNS가 우리의 시간을 빼앗고 감정을 흔드는 대상이 아니라, 삶을 더 풍요롭게 만드는 도구가 될 수 있도록 균형을 찾는 것이 필요하다.

거꾸로 SNS 챌린지

SNS를 사용하다 보면 우리는 무의식적으로 다른 사람들의 삶을 따라가려는 경향이 있다. 누군가가 여행을 가면 나도 떠나고 싶고 건강한 식단을 올리면 다이어트를 결심하게 된다. 하지만 이런 패턴이 반복되다 보면 어느 순간 SNS 속 타인의 삶이 나의 기준이 되어버리고, 나 자신이 정말 원하는 것이 무엇인지 혼란스러워질 수 있다. 이러한 문제를 해결하기 위해 '거꾸로 SNS 챌린지'를 시도해 볼 수 있다. 이 방법은 SNS에서 본 내용을 그대로 따라가는 것이 아니라 오히려 정반대의 행동을 해보는 것이다. 보통 우리는 SNS에서 자극을 받으면 '저렇게 해야겠다'라고 생각하고 실행에 옮기는데, 이 챌린지는 그런 반응을 역으로 이용하여 타인의 행동과 반대되는 선택을 하면서 내 삶의 기준을 다시 설정하는 방식이다.

방법은 간단하다. SNS에서 눈에 띄는 게시물을 하나 선택해 본다.

예를 들어, 친구가 헬스장에서 열심히 운동하는 사진을 올린다면 우리는 이를 보고 운동을 해야겠다고 생각하게 되지만, 이 챌린지에서는 오늘 하루를 온전히 쉬며, 몸이 원하는 대로 느긋하게 보내 보는 것을 목표로 한다. 누군가 건강한 식단을 먹고 있는 게시물을 올렸다면 자신에게 가장 큰 즐거움을 주는 음식을 자유롭게 먹어 보며 음식에 대한 강박에서 벗어나 보는 시간을 가져본다. 또한, 화려한 여행 사진을 접했다면 멀리 떠나는 대신, 내 주변에서 가장 소박하고 평범한 장소를 찾아 특별한 순간을 만들어 보며 내가 머무는 공간에서 새로운 가치를 발견하는 경험을 시도해 볼 수 있다.

SNS를 수동적으로 소비하는 것이 아니라, 능동적으로 활용하기
SNS는 그 자체로 나쁜 것이 아니다. 중요한 것은 어떻게 활용하느냐이다. SNS가 단순한 오락거리나 비교의 도구가 아니라, 의미 있는 소통을 나누고 다양한 정보와 영감을 얻을 수 있는 공간이 된다면 더욱 건강한 사용이 가능하다. 예를 들어, SNS에서 내가 정말 관심 있는 분야의 콘텐츠를 구독하고, 의미 있는 대화와 유익한 정보를 나누는 곳으로 활용할 수도 있다. '좋아요'와 댓글에 연연하기보다는, 나에게 의미 있는 콘텐츠를 만들고 공유하는 방향으로 SNS를 사용해보는 것도 하나의 방법이 될 수 있다. 또한, SNS를 사용할 때는 불필요한 정보의 홍수 속에서 자신에게 필요한 정보를 주체적으로 선택하는 습관을 기르는 것이 중요하다. 무분별하게 올라오는 피드를 끊임없이 소비하기보다는, 정말 관심 있는 계정만 팔로우하고, 불필요한 정보나 불필요한 비교를 유발하는 계정은 정리하는 것도 좋은 방법이다.

'좋아요'보다 더 중요한 것에 집중하기

SNS를 통해 받은 반응은 때때로 우리의 감정의 방향키가 된다. 좋아요 하나에 들뜨고, 반응이 없으면 괜히 위축된다. 내가 어떻게 느껴야 할지를 외부의 반응에 맡기다 보면, 점점 내 감정은 내가 아닌 '남의 손'에서 조율되는 상태가 된다. 심리학에서는 이를 '감정의 외주화'라고 말한다. 내 기분과 자존감의 주도권이 타인의 클릭에 의해 결정되는 것이다. 하지만 정말 중요한 것은, 남이 나를 어떻게 보는지가 아니라 내가 나의 삶을 어떻게 느끼고 있는가이다. SNS에서 얻는 즉각적인 반응보다 현실 속에서 느끼는 작고 조용한 만족에 더 귀를 기울일 필요가 있다.

7) 도박중독

임소영

행운을 좇다가 스스로 무너지는 삶

"이번에는 될 것 같다."

도박에 빠진 사람들은 이렇게 믿으며 다시 한번 게임에 손을 뻗는다. 이번만큼은 행운이 따를 것 같고, 이번에는 정말 다를 것 같다는 희망이 샘솟는다. 하지만 도박은 확률의 싸움이고, 기대와 달리 결과는 언제나 예측할 수 없다. 그럼에도 불구하고 같은 패턴이 반복된다. 이것이 도박중독의 가장 안타까운 점이다.

한 방이 아니라 희망을 좇는 사람들

도박을 하지 않는 사람들은 이해하기 어려울 수도 있다. 하지만 도박을 하는 사람들의 마음속에는 '이번에는 진짜 다를 거야.', '이번이 마지막이야.'라는 간절한 기대가 자리 잡고 있다. 이는 단순히 돈을 따고 싶어서가 아니라, 무언가를 되찾고 싶다는 깊은 마음에서 비롯된 경우가 많다. 도박에 빠지는 사람들은 돈을 벌고 싶은 욕구 이외에도, 지금의 무력한 현실을 바꾸고 싶어 하는 마음이 크다. 특히 잃어버린 자신감을 되찾거나, 실패한 과거를 덮고 '이기는 사람'이 되고 싶은 욕구가 도박에 대한 집착을 더 강하게 만든다. 도박과 오락의 가장 큰 차이는 '한방에 모든 것을 바꿀 수 있다'는 믿음의 존재 여부에 있다. 순수한 오락이라면 그 자체로 만족을 주지만 도박은 한 번의 승리로 인생을 변화시킬 수 있다는 기대감을 품게 만든다. 이러한 기대감이 점점 강해지면서 도박은 빠져나오기 힘든 늪이 되어 버린다.

도박은 스포츠 베팅, 경마, 인터넷 게임, 복권 등 다양한 모습으로 일상에 숨어 있다. 과거에는 특정 장소에서만 가능하던 도박이 이제는 스마트폰 하나로도 가능해지면서, 도박을 경험하는 사람들의 연령과 환경도 훨씬 다양해졌다. 그렇다면 사람들은 왜 도박을 시작하게 되는 걸까?

처음에는 호기심이나 재미로 시작하는 경우가 많다. 이 단계에서는 대부분 스스로 조절할 수 있다고 생각한다. 하지만 문제는 '우연한 성공'이나 '아슬아슬한 실패'의 경험이 쌓이면서 발생한다. 도박을 하는 사람들은 단순한 확률의 싸움임에도 불구하고, 자신이 운을 통제할 수 있다고 믿는다. '이번에는 다를 거야', '내 직감이 맞아', '이제는 확률이 내 편일 거야' 같은 생각이 떠오른다. 도박은 돈을 따는 행위 같지만, 사실은 뇌에서 분비되는 도파민을 쫓는 것이다. 짜릿한 승부의 순간이 강한 쾌감을 만들어 내고, 이 감각이 반복되면서 도박이 삶의 일부가 되어간다.

돈이 아니라 나를 잃었다

또한 도박은 중독으로 이어질 수밖에 없도록 설계되어 있다. 만약 한 번도 이길 수 없다면 아무도 도박을 하지 않을 것이다. 그래서 가끔씩 승리를 경험하게 만들고, 이 작은 승리가 결국 더 큰 손실로 이어지게 한다. 이 과정에서 도박을 하는 사람들은 '다시 하면 이길 수 있을 것 같다.'는 착각에 빠지게 된다. 하지만 도박이 가져오는 가장 큰 문제는 재정적 어려움뿐만이 아니다. 시간이 지날수록 현실과의 거리감이 커지고, 주변 사람들과의 관계에도 영향을 미치게 된다. 여기에서 중요한 것은, 도박을 하는 사람들이 단순히 돈을 잃어서 힘든 것이 아니라, 그 안에서 자신을 잃어가는 과정이 더 괴롭다는 점이다. 가족과 친구, 직장에서의 역할 등 자신이 소중하게 여기던 것들이 하나둘 무너질 때 깊은 상실감을 느끼게 된다.

도박을 경험한 사람들이 결코 나약하거나, 단순한 욕심 때문에 빠지는 것은 아니다. 현실의 어려움, 감정적인 결핍, 자신을 증명하고 싶은 욕구 등 다양한 이유가 얽혀 있다. 도박을 멈추는 것은 단순히 게임을 끊는 것이 아니라, 그동안 자신이 기대고 있던 희망의 방식을 다시 찾는 과정이기도 하다.

> **사례 | 이번만큼은 이길 수 있을 것 같았다.**
>
> P 씨(41세)는 평범한 직장인이었다. 가정을 꾸리고, 월급을 성실하게 모으며 살아가던 그에게 도박은 전혀 관심 없는 세계였다. 하지만 어느 날, 동료들과 회식을 하다가 우연히 스포츠 베팅 사이트를 알게 되었다.
>
> '가볍게 몇만 원 걸어보는 거야. 경기 볼 때 더 짜릿하지 않아?'
>
> 처음엔 단순한 재미였다. 경기를 더 흥미롭게 보기 위해 적은 금액을 걸었고, 운 좋게 몇 번 연속으로 맞히면서 꽤 큰 수익을 냈다. '내가 감각이 있나?'라는 생각이 들었고, 이후 P 씨는 점점 더 많은 돈을 걸기 시작했다. 하지만 도박은 항상 승리할 수 없는 게임이었다. 연승이 끝나고, 한두 번 큰돈을 잃기 시작하자 불안해졌다.
>
> '잃은 돈을 찾기만 하면 다시 원래대로 돌아올 수 있어.'
>
> 그렇게 그는 더 많은 돈을 걸었고, 결국 그 과정에서 신용카드 대출까지 손을 대게 되었다. 처음엔 단순한 재미였는데, 어느새 감당할 수 없는 지경에 이르렀다.

심리학적 이해 | 도박이 주는 위험한 매력

P 씨의 사례처럼, 도박은 단순한 오락에서 시작하지만, 어느새 삶 전체를 집어삼킨다. 심리학적으로 도박중독에 빠지는 사람들은 크게 두 가지 유형으로 나뉜다. 자극추구형과 현실도피형이다.

자극추구형 도박중독자는 경쟁을 즐기고, 스릴을 추구하며, 패배를 용납하지 않는 성격을 지닌다. 이들은 본래 목표를 향해 끝까지 달려가는 성향이 있어, 삶에서는 이 성향이 성공을 가져다주기도 한다. 하지만 도박에서는 이 성향이 오히려 독이 된다. 도박은 본질적으로 질 수밖에 없는 구조를 가지고 있지만, 자극추구형 도박중독자들은 '내가 통제할 수 있다.'는 착각에 빠진다. 승부욕이 발동하면 도박을 정복하고 싶어지고, 결국 끝을 보려다 자신이 도박에 의해 지배당하는 상황에 이르게 된다.

반면, 현실도피형 도박중독자는 감정적인 결핍으로 인해 도박에 빠진다. 공허함, 우울감, 삶에 대한 무력감이 클수록 도박이 주는 흥분과 몰입에 쉽게 중독된다. 현실에서는 자신이 특별하지 않다고 느끼지만, 도박 속에서는 모든 것을 컨트롤할 수 있는 것 같은 착각을 한다. 계급장 떼고 모두가 같은 확률 게임을 하는 공간에서, 현실의 나는 사라지고 도박 안에서 새로운 존재가 된다고 믿는다.

도박은 단순히 돈의 문제가 아니다. 사람들은 그 안에서 위로를 받고 싶어 한다. 뭔가 채워질 줄 알았지만, 돌아오는 건 이상하게도 더 깊은 허기다. 끝없이 베팅을 반복하는 사이, 내가 진짜 원했던 건 점점 뒤로 밀려난다. 눈앞의 숫자에 쫓기다 보면 처음 마음은 기억 저편으로 사라지고, 남는 건 익숙한 초조함뿐이다. 어쩌면 돈이 아니라, 스스로에게 괜찮다고 말해줄 어떤 이유를 찾고 있었는지도 모른다. 이제는 그 이유를 도박 바깥에서 찾아야 할 때다.

대안 | 도박 없이도 짜릿한 삶은 가능하다

먼저, 인정하는 것에서 시작해야 한다

도박을 끊고 싶다면, 가장 먼저 해야 할 일은 '나는 지금 도박에 의존하고 있다.'는 사실을 받아들이는 것이다. 많은 사람이 '난 조절할 수 있어.', '이번 한 번만 하면 끝이야.'라고 생각하지만, 도박은 결코 조절 가능한 게임이 아니다. 도박은 의지의 문제가 아니라 뇌의 호르몬과 깊이 연결된 중독이다. 계속 빠져들다 보면 결국 돈을 잃을 수밖에 없고, 그 과정에서 자신도 잃어버리게 된다. 도박을 멈춘다는 것은 단순히 게임을 끊는 게 아니라, 그동안 도박이 대신해 온 감정들을 다른 방식으로 풀어나가는 과정이다.

새로운 감각을 깨우는 연습

도박을 멈추고 나면 허무함이 밀려올 수 있다. 강렬한 자극에 익숙해진 뇌는 평범한 일상에서 만족을 찾기 어려워한다. 하지만 해결책은 의외로 단순하다. '무엇을 해야 할까?'를 고민하기보다, '어떻게 느낄 것인가?'에 집중하는 것이다. 예를 들어, 하루 동안 감각 하나에만 집중하는 연습을 해보자. 시각이라면 색감이 강한 풍경을 찾아 걸어보고, 후각이라면 향이 짙은 차를 마시며 변화를 음미해 보는 식이다. 미각을 깨우고 싶다면 평소에 먹지 않던 독특한 음식을 맛보는 것도 좋다. 이런 감각 훈련은 생각보다 강력한 효과를 준다. 우리가 무심코 지나치는 순간에도 새로움과 즐거움이 숨어 있기 때문이다. 또 하나의 방법은 '기록하기'다. 이는 단순히 일기를 쓰거나 감정을 적는 것과는 다르다. 하루 동안 우연히 접한 소리, 색, 감촉, 냄새 등을 간략하게 기록해 보는 것이다. 이런 과정을 통해 무심코 지나쳤던 경험들이 특별한 의미를 가지기 시작한다.

주변의 도움도 중요하다

도박을 끊고 싶은 사람에게 가장 위험한 유혹은 '한 번쯤은 괜찮겠지.'라는 생각이다. 이때 주변 사람들의 도움이 큰 힘이 된다. 특히 가족이나 가까운 사람이 돈을 빌려주거나 대신 갚아주는 행동을 멈춰야 한다. 도박은 돈이 있어야 계속할 수 있다. 따라서 중독자가 스스로 조절할 수 없는 상황이라면, 최소한 주변에서라도 돈의 흐름을 막아야 한다. 물론 이 과정에서 갈등이 생길 수도 있지만, 정말 도박에서 벗어나길 원한다면 단호한 태도가 필요하다.

함께 버텨줄 사람이 필요하다

도박에서 벗어나려 할 때, 가장 어려운 순간은 예상치 못한 허전함이다. 손에 쥘 게 없어진 것 같고, 무언가를 잃어버린 기분이 들 수 있다. 이럴 때 가장 위험한 생각은 '나 혼자 이걸 감당해야 한다.'는 것이다. 하지만 중독을 이겨낸 사람들의 이야기를 들어보면, 혼자서만 버텨낸 경우는 거의 없다. 누구나 힘들 때 손을 잡아줄 사람이 필요하다.

단도박 모임이든, 믿을 수 있는 한 사람이든, 자신이 쓰러질 때 붙잡아 줄 존재가 있으면 버틸 힘이 생긴다.

중요한 건 단순히 정보를 얻는 것이 아니라, '나만 이런 게 아니구나.'라는 안도감을 느끼는 일이다. 같은 길을 걸어온 사람들과 이야기하면 도박이 만들어낸 왜곡된 감정에서 조금씩 벗어나게 된다. 그들은 당신을 설득하려 하지 않는다. 대신, 자기 삶을 보여준다. 그리고 그것이 더 큰 설득력이 된다.

8) 섹스중독

'닿아있음'에 대한 갈망

누군가의 온기가 전해지는 순간, 마치 모든 것이 채워진 듯한 안도감이 밀려온다. 하지만 그것은 금세 사라지고, 다시금 텅 빈 공허함이 밀려온다. 그래서 또 다른 접촉을 갈망한다. 반복되는 섹스 뒤에 남는 건 깊은 허탈함뿐인데도, 왜 멈출 수 없을까?

사람의 온기에는 놀라운 힘이 있다. 차가운 겨울날, 뜨거운 핫팩은 손을 따뜻하게 덥힐 수 있지만, 마음까지 온기로 채우지는 못한다. 그러나 누군가의 손길이 닿는 순간, 우리는 단순한 체온을 넘어서는 무언가를 느낀다. 그것은 바로 따뜻함과 안정감, 그리고 연결감이다.

섹스는 단순한 욕구의 문제가 아니다. 마음이 닿아 있지 않으면 몸으로라도 확인하고 싶은 갈망, 누군가와 연결되고 싶다는 간절함, 내 존재를 스스로 인정할 수 없기에 타인의 손길로라도 느껴야 하는 불안함이 얽혀 있다.

1960년대, 미국의 심리학자 해리 할로우(Harry Harlow)는 애착과 접촉의 중요성을 밝히는 유명한 실험을 수행했다. 그는 갓 태어난 아기 원숭이를 두 종류의 대리 어미와 함께 지내도록 했다. 하나는 차갑고 딱딱한 철사로 만들어졌지만, 생존에 필수적인 젖병이 달린 '철사 어미'였다. 다른 하나는 음식을 제공하지 않지만, 부드러운 천으로 감싸져 있어 촉각적으로 따뜻함을 제공하는 '천 어미'였다. 아기 원숭이는 배가 고플 때만 철사 어미에게 다가가 젖을 빨았지만, 대부분의 시간은 부드러운 천 어미에게 매달려 있었다. 이 실험은 단순한 생존(먹이)보다도 '접촉과 온기'가 정서적 안정에 필수적이라는 점을 보여주었다. 신체적인 닿음은 단순한 촉각적 경험이 아니라, 존재의 안정감을 주는 중요한 요소였던 것이다.

진짜 닿고 싶은 것은 무엇일까?

섹스중독의 본질도 이와 다르지 않다. 단순한 육체적 욕구가 아니라, '연결되고 싶다'.는 갈망이 내면 깊숙이 자리 잡고 있다. 하지만 마음으로 닿는 것이 어려운 사람들에게는 신체적 접촉이 유일한 연결 수단이 된다. 피부가 맞닿는 순간, '내가 여기 있구나.', '내가 살아있구나.', '당신과 연결되어 있구나.'라는 감각이 생겨난다. 그러나 문제는, 이 감각이 오래 지속되지 않는다는 것이다. 결국 다시금 몸으로 확인해야 한다. 사랑하는 사람의 존재도, 자신의 존재도 말이다.

섹스중독은 단순한 성적 탐닉이 아니다. 닿고 싶은 마음, 확인받고 싶은 존재감의 갈망이 잘못된 방식으로 표출되는 것이다. 하지만, 신체적 접촉만으로는 공허함을 채울 수 없다. 할로우의 실험에서도 단순한 접촉이 아니라, 지속적인 안정감과 신뢰가 중요한 것처럼, 인간의 연결도 같은 원리를 따른다. 결국 섹스가 아닌, 관계 속에서의 안전한 애착과 정서적 친밀감이 필요하다. 그렇지 않으면, 우리는 끝없는 확인을 위해 또다시 몸을 찾고, 더 강한 자극을 원하게 된다.

"진짜 닿고 싶은 것은 무엇인가?"
"몸이 아니라, 마음이 아닐까?"

섹스로 말하는 사람들
어떤 이들에게 섹스는 '언어'가 된다. 공허함, 단절감, 신뢰의 부족, 사랑에 대한 불신, 풀리지 않는 스트레스 등 그 모든 감정을 신체적 접촉을 통해 해소하려 한다. 하지만 건강한 성관계는 시간이 지나도 따뜻한 감정을 남기지만, 중독적인 섹스는 순간적인 자극만을 남긴다. 결국 섹스에 집중하게 되면서, 상대방을 온전히 바라보지 못하고 욕구를 해결하기 위한 도구처럼 느끼게 된다. 성관계는 사랑과 끈끈함을 나누는 행위여야 하지만, 섹스를 통해 감정을 해결하려 하면 점점 더 강한 자극을 요구하게 된다.

> **사례 | 내가 원한 건 관계였을까? 순간의 흥분이었을까?**
>
> D 씨(37세)는 오랜 연애를 해본 적이 없지만, 관계가 없었던 것은 아니다. 그는 늘 새로운 만남을 갈망했다. 소개팅, 클럽, SNS…… 어떤 방식이든 상관없었다. 누군가와 가까워지고, 강한 감정을 주고받고, 뜨거운 순간을 공유하는 것이 그에게는 가장 큰 희열이었다. 하지만 문제는, 그 감정이 오래가지 않는다는 것이었다. 누군가와 하룻밤을 보내고 나면, 다음 날 아침 공허함이 몰려왔다. 상대가 연락을 해와도 답을 하지 않았다. 처음엔 상대방에게 감정이 없어서 그런가 싶었지만, 시간이 지나면서 깨달았다.
>
> '나는 애초에 관계를 원했던 게 아니라, 그 순간의 자극을 원했던 것 같다.'
>
> 섹스는 그에게 짜릿한 흥분을 주었지만, 동시에 더 깊이 빠져들게 했다. 일상에 지루함이 느껴질 때, 스트레스가 쌓일 때, 혼자 있는 게 외로울 때마다 그는 무의식적으로 또 다른 상대를 찾았다. 마치 게임처럼, 더 강한 자극을 원하게 되었고, 그러다 보니 점점 더 위험한 선택을 하게 되었다.
>
> '나는 이걸 멈출 수 있을까?'
>
> 하지만 머릿속에서는 또 다른 만남을 계획하고 있다.

심리학적 이해 | 쾌락, 좇을수록 깊어지는 공허함

D 씨의 곁에는 늘 사람이 있지만, 순간적인 쾌락 외에 그 무엇도 남지 않는다. 그저 스쳐 가는 감정들뿐, 진짜 따뜻함은 어디에도 없다. 이런 자신이 싫지만, 다른 방법을 알지 못한다. 어떻게 하면 이 공허한 마음을 채울 수 있을까? 어디에서부터 시작해야 할까?

이렇게 끝없이 채워지지 않는 마음은, 결국 애착의 문제와 깊이 연결되어 있다. 애착이란 누군가에게 기대고, 신뢰하고, 사랑받을 수 있다는 확신을 말한다. 보통은 어린 시절, 나를 돌보는 사람을 통해 이러한 애착이 형성된다. 세심한 돌봄과 따뜻한 관심 속에서 '나는 사랑받는 존재야.'라고 믿게 되는 것이다.

연구에 따르면, 애착이 불안정한 사람일수록 섹스중독에 빠질 가능성이 크다. 어린 시절 충분한 온정을 경험하지 못하면, 누군가의 사랑을 쉽게 믿을 수 없다. '이 사람이 정말 나를 사랑하는 걸까?', '이 감정이 진짜일까?', '혹시 내가 착각하고 있는 건 아닐까?' 이렇게 끊임없이 의심하다 보면, 결국 사람과의 관계에서도 진정한 친밀감을 느끼기 어려워진다. 마음으로 이어질 자신이 없으니, 몸으로라도 확인하려 한다. 하지만 신체적 접촉만으로 채워지지 않는 공허함은 더욱 깊어진다.

쾌락으로 증명하려는 존재감

사람은 누구나 자신의 존재를 확인받고 싶고, 누군가에게 의미 있는 사람이 되고 싶어 한다. 하지만 그것이 느껴지지 않을 때, 깊은 공허함과 권태로움이 밀려온다. 이럴 때 사람들은 감각적인 자극을 찾는다. 그리고 성적인 쾌락은 가장 원초적인 자극 중 하나다. 끊임없는 섹스는 단순한 욕구 해소가 아니라, '내가 살아있다.'는 감각을 확인하는 행위가 되기도 한다. 하지만 무분별한 섹스는 결국 나와 상대방의 마음에 상처를 남긴다. 채워지기는커녕 더 허기진 마음만 남긴 채, 감정은 점점 더 병들어 간다.

대안 | 성적 욕구, 억제보다 이해가 먼저다

허기진 마음의 소리 듣기

섹스중독을 극복하기 위해서는 허기진 마음의 소리를 듣는 것이 중요하다. 이를 돕기 위한 방법으로는 심리치료가 있다. 심리치료에서는 겉으로 드러나는 행동보다, 그 행동을 만들어 내는 내면의 흐름에 집중한다. 어떤 순간에 성적 충동이 올라오는지, 그 충동을 통해 무엇을 채우려 하는지, 결국 내가 느끼고 싶은 감정은 무엇인지에 대한 부분이다. 이런 질문을 던지고 스스로 답하는 과정을 통해, 우리는 조금씩 마음의 소리를 듣게 된다.

창작을 통한 본능 다루기

욕구를 억누르는 것이 아니라, 그것을 창의적으로 표현하는 방법을 찾는 것은 강력한 대안이 될 수 있다. 섹스는 원초적인 본능이지만, 본능은 단순한 억제가 아니라 다른 방식으로 승화될 때 조절이 쉬워진다. 예술이나 창작 활동이 바로 그런 역할을 한다.

예를 들어, 섹스에 대한 강한 충동이 올라올 때, 그 감정을 색으로 나타낸다면 어떤 색이 될까? 붉은색일 수도 있고, 검은색일 수도 있으며, 예상치 못한 차분한 색이 떠오를 수도 있다. 이를 그림이나 낙서로 표현하면서, 단순한 욕구를 하나의 언어로 바꿔보는 것이다. 글쓰기도 좋은 방법이 된다. 막연한 욕구를 구체적인 언어로 정리해보는 것만으로도 욕망을 다루는 방식이 달라진다. 또 하나의 방법은 음악을 활용하는 것이다. 본능적인 감정을 다루는 데 있어 가장 강렬한 방식 중 하나가 음악이다. 좋아하는 음악을 들으며 춤을 추거나, 몸을 자유롭게 움직여보는 것만으로도 억눌린 에너지를 건강하게 발산할 수 있다.

관계의 온도를 높이기

섹스중독에서 벗어나려면 '관계를 맺는 방식' 자체를 새롭게 배워야 한다. 단순히 신체적인 접촉을 줄이는 것이 아니라, 사람과 사람 사이에서 따뜻함을 경험하는 방식을 바꾸는 과정이 필요하다. 이를 위해 함께 무언가를 만들어가는 활동을 시도해 보는 것도 좋은 방법이다. 그림을 그리거나, 퍼즐을 맞추거나, 도자기를 빚는 것처럼 손을 움직이며 집중할 수 있는 작업을 함께하면 자연스럽게 유대감이 형성된다. 또한, 비(非)성적인 스킨십을 자연스럽게 받아들이는 연습도 중요하다. 예를 들어, 반려동물과 시간을 보내면서 '터치'의 의미를 새롭게 경험해볼 수 있다. 강아지를 쓰다듬거나, 고양이가 품에 안길 때 느껴지는 따뜻함은 인간관계에서의 접촉과는 또 다른 안정감을 준다. 이러한 작은 경험들이 쌓이면, 신체적 접촉이 반드시 성적인 의미를 가져야 한다는 고정관념에서 조금씩 벗어날 수 있다.

그 누구든 섹스중독을 도덕적인 문제로 바라보지 않기를 바란다. 그 안에는 사랑받고 싶고, 인정받고 싶고, 존재를 확인받고 싶은 마음이 숨어 있다. 그 안에서 기다리고 있는 나에게 이렇게 말을 걸어보자.

"지금껏 많이 외로웠지?"
"힘들었을 거야, 하지만 괜찮아."
"네가 어디에 있든, 무엇을 해왔든, 너는 여전히 소중한 존재야."

9) 음식중독

박숙자

배부름으로도 채워지지 않는 허기

음식은 단순히 생명을 유지하는 수단이기도 하지만, 기분을 조절하고, 스트레스를 해소하며, 정서적 안정을 제공하기도 한다. 어린 시절, 어머니가 끓여주신 따뜻한 국수 한 그릇이 사랑과 보호의 감정을 떠올리게 하듯, 음식은 종종 특정한 감정과 연결된다. 하지만 이러한 정서적 연결이 과도해지면 음식은 보상 기제로 작용하며, 심리적 결핍을 채우기 위한 수단이 될 수 있다.

음식중독은 단순한 식탐이나 다이어트 실패의 문제가 아니다. 이는 감정적인 허기와 밀접하게 연관된 현상으로, 스트레스, 우울, 불안과 같은 감정이 폭식과 연결되면서 나타난다. 특정한 사건 때문이 아니라, 일상에서 스치듯 지나가는 말 한마디나 거울에 비친 모습이 자극이 되어 폭식으로 이어지기도 한다. 불안, 외로움, 공허감이 밀려올 때, 음식은 순간적인 위안을 주지만, 곧 자신을 향한 불만과 불편감이 뒤따른다. 그러면서도 다시 같은 패턴을 반복하게 되는 악순환에 빠지는 것이다.

음식중독이 건강에 미치는 영향은 단순히 체중 증가로 끝나지 않는다. 비만과 소화기 질환, 영양 불균형뿐만 아니라 자존감 저하, 자기비난, 우울감 등을 동반한다. 폭식 후 살이 찔까 봐 극단적인 다이어트를 반복하거나, 구토나 약물 사용과 같은 제거 행동을 시도하는 경우도 많다. 이런 행동들은 전해질 불균형, 탈수, 심장 건강 악화, 치아 손상, 식도 염증 등의 신체적 문제를 유발하며, 심리적으로도 강박적인 사고와 낮은 자존감을 강화한다.

음식과 건강한 관계를 맺기 위해서는 먼저 정서적 허기와 신체적 허기를 구분할 줄 알아야 한다. 신체적 배고픔은 위가 꼬르륵거리고, 피곤함이나 어지러움이 동반되며, 음식을 먹었을 때 만족감을 느끼게 된다. 반면, 정서적 배고픔은 감정에 기반하며 특정한 음식에 대한 강한 집착이 나타나고, 먹고 난 후에도 공허함이나 후회가 뒤따르는 것이 특징이다. 우리가 느끼는 허기의 상당 부분이 실제로는 신체적 허기가 아닌 정서적 허기라는 점을 인식하는 것이 중요하다.

음식을 감정적으로 소비하는 패턴에서 벗어나려면, 충동적인 과식을 피하고 의식적으로 음식을 선택하는 습관을 들여야 한다. 배가 고파서 먹는 것인지, 감정적으로 먹는 것인지 스스로 질문해 보자. 일정한 시간에 균형 잡힌 식사를 하고, 단백질과 식이섬유가 풍부한 음식을 선택하면 포만감을 오래 유지할 수 있다. 또한, 먹는 속도를 천천히 조절하면서 음식을 음미하는 습관을 들이면, 신체적 허기와 정서적 허기를 더 잘 구별할 수 있다. 음식은 삶의 중요한 일부지만, 감정을 해소하는 도구가 되어서는 안 된다.

> **사례 | 배는 부르지만, 마음은 허기지다.**
>
> S 씨(34세)는 항상 바쁘게 살아왔다. 직장에서도 인정받고, 인간관계도 원만했지만, 가끔씩 이유를 알 수 없는 공허함이 밀려왔다. 그럴 때마다 그녀는 음식에 손을 뻗었다. 점심을 배불리 먹고도, 책상 서랍에서 초콜릿을 꺼내 한입 베어 물었다. 퇴근 후에는 늘 편의점에 들러 간식을 사 들고 집에 갔다. 가끔은 피곤한 하루를 위로하듯 치킨과 맥주를 주문했고, '오늘 힘들었으니까 이 정도는 괜찮아.'라며 스스로를 합리화했다. 하지만 어느 순간, 음식 섭취가 단순한 식사가 아니라는 걸 깨달았다. 기분이 좋지 않을 때면, 무의식적으로 과자를 집어 들고 있었고, 스트레스를 받으면 배가 고프지 않아도 폭식했다.
>
> '내가 정말 배가 고파서 먹는 걸까?'

심리학적 이해 | 음식이 주는 위안과 감정적 허기

음식은 단순한 생리적 필요를 넘어 정서적 안정감을 제공한다. 우리는 스트레스를 받을 때 단 음식이 당긴다고 말하고, 외로움을 느낄 때 따뜻한 국물 요리를 찾기도 한다. 어린 시절, 사랑과 보호를 상징했던 음식이 위로의 역할을 하며, 특정한 감정을 떠올리게 하는 강력한 심리적 연결고리를 형성하기 때문이다. 감정적 허기는 신체적 배고픔과 다르다. 이는 스트레스, 외로움, 지루함, 불안, 기분 전환에 대한 욕구처럼 심리적인 요인에서 비롯된다. 실제로 배가 고픈 것은 아니지만, 무언가 채우고 싶은 마음이 강렬하게 작용하면 음식을 찾게 된다. 우리는 샐러드가 건강에 좋고, 달달한 과자 한 봉지를 먹고 나면 후회할 가능성이 크다는 사실을 잘 알고 있다. 하지만 감정에서 비롯된 식욕에 휘둘리면 이성적인 판단이 무뎌지고, 결국 예상했던 대로 과식을 하게 되는 경우가 많다.

　S 씨는 직장 생활을 하면서 반복적으로 야식을 찾게 되는 자신을 발견했다. 저녁을 충분히 먹었음에도 불구하고, 늦은 밤이면 어김없이 배달 앱을 켜고 자극적인 음식을 주문했다. 그는 "단순한 허기가 아니라, 퇴근 후의 허전함과 스트레스를 달래기 위해 먹는 것 같다."고 말했다. 실제로 S 씨는 회사에서 감정을 억누르는 일이 많았고, 힘든 하루를 보상받기 위해 음식을 찾는 습관이 형성된 상태였다. 문제는 음식이 순간적인 위안을 줄 수는 있지만, 먹고 난 후에는 후회와 죄책감이 뒤따랐다는 점이다. 이처럼 감정적 섭식은 내면의 갈등을 은폐하는 역할을 하며, 일시적인 해소감 이후 다시 공허함이 밀려오는 악순환을 만든다.

　심리학적으로 볼 때, 감정적 섭식은 식습관의 문제가 아니다. 이는 우리가 무시하거나 억압해 온 감정이 다른 방식으로 표출되는 현상이다. 불안, 긴장, 외로움 같은 불편한 감정은 애써 외면한다고 사라지지 않는다. 오히려 억압된 감정은 무의식적으로 더 강한 영향을 미치며, 음식이라는 즉각적인 위안의 도구를 통해 발산된다. 특히 S 씨처럼 감정을 표현하는 대신 음식에 의존하는 패턴이 지속되면, 음식 섭취는 점점 더 자주, 더 많은 양으로 이어질 가능성이 크다.

　감정적 허기의 본질은 음식 자체가 아니라, 우리가 충분히 마주하지 못한 내면의 욕구에 있다. 배가 고프지 않은데도 음식을 찾고 싶다면, 이는 몸이 아니라 마음이 허기진 상태라는 신호다. 심리학자들은 감정적 섭식이 일어나는 순간, 진짜 필요한 것은 음식이 아니라 감정과의 연결이라고 말한다. 음식을 통해 감정을 억누르기보다, 현재의 감정을 솔직하게 인식하고 받아들이는 알아차림의 과정이 필요하다.

대안 | 음식과 건강한 관계 맺기

음식은 배고픔을 채우는 것 이상의 역할을 한다. 어떤 음식은 기분을 좋게 만들고, 어떤 음식은 추억을 떠올리게 한다. 하지만 음식이 감정적인 위안의 도구가 될 때, 우리는 배고픔이 아니라 감정을 채우기 위해 먹게 된다. 문제는 음식을 먹는다고 해서 감정에서 비롯된 갈증이 해소되는 것은 아니라는 점이다. 오히려 먹고 난 뒤에는 더 큰 무력감이나 후회가 찾아온다. 음식을 찾기 전에 한 번쯤 물어보자.

"지금 정말 배가 고픈 걸까?"

배가 고프지 않은데도 특정한 음식이 간절하다면, 그것은 몸이 아니라 마음이 원하는 것일 가능성이 크다. 하루 동안 쌓인 피로 때문일 수도 있고, 혼자 남겨진 외로움 때문일 수도 있다. 이런 감정을 무시한 채 음식으로 덮으려 하면, 진짜 해결해야 할 문제는 그대로 남고, 먹는 행동만 반복될 뿐이다. 음식이 아닌 다른 방식으로 감정을 돌볼 방법을 찾아야 한다.

이런 감정 기반의 섭식 충동을 줄이려면 무엇보다도 규칙적인 식사가 중요하다. 불규칙하게 먹으면 신체적 균형뿐만 아니라 감정의 균형도 흔들린다. 식사를 거를수록 스트레스 호르몬이 증가하고, 감정 기복이 심해지며, 결국 폭식으로 이어질 확률이 높아진다. 단순히 체중조절을 위해 먹는 양을 줄이는 것이 아니라, 내 몸이 정해진 리듬을 따라 안정적으로 음식을 섭취할 수 있도록 하는 것이 먼저다.

음식을 먹을 때는 음식과 교감하는 시간이 되도록 만들어 보자. 우리는 자주 TV를 보거나 스마트폰을 만지면서 무의식적으로 음식을 먹는다. 이렇게 먹으면 음식의 맛을 제대로 느끼지 못할 뿐 아니라, 포만감도 쉽게 사라진다. 한 입 한 입 천천히 씹으며 음식의 향과 식감을 음미해 보자. 음식을 먹는 순간만큼은 다른 걱정을 내려놓고, 오로지 '지금'에 집중하는 것만으로도 만족도가 달라진다.

감정이 요동칠 때 무작정 참으려 하기보다는, 음식이 아닌 다른 방식으로 나를 돌보는 습관을 만들어 보는 것도 좋다. 산책이나, 스트레칭, 따뜻한 차를 마시는 것도 감정을 안정시키는 데 도움이 된다.

자신이 언제, 어떤 상황에서 음식을 찾는지 기록하는 것도 좋은 방법이다. 하루 동안 어떤 감정을 느꼈고, 그 감정이 어떤 방식으로 식욕에 영향을 주었는지를 살펴보면, 무의식적인 패턴이 보이기 시작한다. 감정과 음식 사이의 연결고리를 이해하면, 음식이 아니라 감정을 다루는 더 건강한 방법을 찾는 것도 한층 쉬워진다.

음식은 우리를 위로할 수 있지만, 근본적인 해결책은 아니다. 마음이 보내는 신호에 조금 더 귀 기울이고, 음식을 대신할 수 있는 건강한 돌봄 방법을 찾아 나갈 때, 음식과의 관계도 자연스럽게 균형을 찾아가게 된다.

10) 운동중독

한계를 넘어 몰아붙이다

　운동은 건강을 유지하고 삶의 질을 높이는 중요한 요소다. 하지만 운동이 목표가 아닌 강박이 될 때, 그리고 몸을 돌보는 것이 아니라 몰아붙이는 행위로 변할 때, 운동은 더 이상 건강을 위한 활동이 아니다. 최근 피트니스 문화가 확산되면서 운동을 생활화하는 사람들이 많아졌지만, 운동 자체가 삶의 중심이 되어버리는 '운동중독' 역시 함께 늘어나고 있다. 운동중독은 단순한 운동 습관을 넘어, 운동을 하지 않으면 불안감을 느끼거나 심한 경우 대인관계나 일상생활까지 영향을 미치는 상태를 의미한다.

　운동중독이 나타나는 이유는 단순히 운동을 좋아해서가 아닐 수 있다. 몸을 통제할 수 있다는 감각은 불안정한 현실 속에서 자신이 직접 관리할 수 있는 몇 안 되는 요소 중 하나다. 현대인은 예측할 수 없는 미래와 복잡한 사회적 관계 속에서 불안을 경험한다. 이런 불확실성 속에서 사람들은 자신이 직접 통제할 수 있는 영역을 찾으려 하고, 그중 가장 직접적이고 즉각적인 것이 바로 '몸'이다. 운동을 통해 몸을 단련하고 조각하며, 자신의 노력이 즉각적인 변화로 나타나는 과정에서 강한 성취감을 느낀다. 하지만 이 과정이 극단적으로 흐를 때, 운동은 건강을 위한 것이 아니라 불안을 해소하는 도구로 변질될 수 있다.

　운동중독의 대표적인 특징은 '운동을 하지 않으면 불안한 심리'다. 하루라도 운동을 거르면 죄책감이 들고, 운동 강도를 줄이면 불안해진다. 정상적인 상황에서는 몸이 힘들면 자연스럽게 쉬어야 하지만, 운동중독이 있는 사람들은 심한 피로에도 불구하고 무리해서 운동을 계속한다. 오히려 고통을 느껴야 '제대로 운동했다'고 여기는 경우도 있다. 체력 향상이나 근육 발달을 목표로 하지만, 운동의 강도가 너무 높아지면서 신체가 감당할 수 있는 한계를 넘어서게 되는 경우가 많다. 이 과정에서 몸에 대한 잘못된 생각이 자리 잡고, 운동을 멈추는 것 자체에 대한 두려움을 느끼게 된다.

운동중독의 위험성은 신체적 손상과 함께, 사회적 관계에도 영향을 미친다. 과도한 운동은 근육 손상, 관절 문제, 피로골절 등의 부상을 유발할 수 있을 뿐만 아니라, 장기적으로 신체 기능을 저하를 초래할 수 있다. 게다가 운동을 최우선 순위로 삼다 보니 중요한 약속을 취소하거나, 가족 및 친구들과의 시간을 줄이는 등 대인관계에서의 문제가 발생하기도 한다. 특히 운동이 건강에 좋다는 강한 신념 때문에, 본인이 운동중독 상태라는 사실을 인정하지 않는 경우도 적지 않다. 유명 연예인이나 운동선수 중에서도 과도한 운동으로 인해 탈장이나 만성 부상으로 고통받는 사례가 흔하다. 운동이 건강을 위한 활동이 되려면, 강도가 높아지는 만큼 균형 잡힌 회복과 충분한 휴식이 반드시 뒷받침되어야 한다.

> **사례 | 오늘도 쉬면 안 될 것 같아.**
>
> T 씨(29세)는 헬스장에 가는 것이 일상이었다. 처음에는 건강을 위해 시작했지만, 어느새 운동이 하루를 결정짓는 중요한 요소가 되었다. '운동을 하지 않는 날은 뭔가 찝찝해.' 그는 하루라도 쉬면 몸이 망가질 것 같았고, 하루 종일 불안한 기분이 들었다. 운동 강도도 점점 올라갔다. 아침저녁 두 번씩 헬스장에 가고, 몸이 피곤해도 웨이트 트레이닝을 멈추지 않았다. 가끔 근육통이 심했지만, 그는 '운동을 쉬는 게 오히려 더 해롭지.'라며 참고 계속했다.
>
> 사회생활도 점점 줄어들었다. 친구들과의 약속은 운동 시간과 겹치면 대부분 취소했다. '운동을 빼먹느니 차라리 약속을 다음으로 미루는 게 낫지.' 가족들도 그에게 걱정을 전했지만, 그는 "운동하는 게 뭐가 나쁘냐."라고 되묻곤 했다. 그러던 어느 날, T 씨는 스쿼트를 하던 중 무릎에서 갑자기 심한 통증을 느꼈다. 병원에서는 인대 손상 진단을 내렸고, 당분간 운동을 쉬어야 한다고 했다. 하지만 그 말이 더 큰 스트레스였다. 그는 병원을 나오며 계속 생각했다.
>
> '운동을 쉬면 안 되는데……'

심리학적 이해 | 운동이 건강을 넘어 집착이 될 때

운동은 신체적 건강뿐만 아니라 정신적 안정에도 긍정적인 영향을 준다. 하지만 건강을 위한 노력이 집착으로 변하면, 운동은 더 이상 '몸을 돌보는 행위'가 아니라 '불안을 통제하려는 강박'이 된다. 의학 기술의 발전과 미디어를 통한 건강 정보의 확산으로, 사람들은 더 오래, 더 건강하게 살고 싶어 한다. 하지만 이 과정에서 지나치게 건강을 신경 쓰다 보면, 오히려 건강에 대한 불안이 커질 수 있다. T 씨 역시 건강을 위해 시작했던 운동이 점차 삶의 중심이 되었다. 하루라도 운동을 거르면 몸이 망가질 것 같은 두려움이 컸고, 결국 몸이 지쳐도 멈추지 않았다. 사회적 관계보다 운동을 우선시했고, 부상이 찾아와도 쉬는 것이 더 큰 스트레스였다. '운동을 쉬면 안 되는데'라는 생각은 단순한 운동 습관이 아니라, 운동을 통해 불안을 통제하려는 심리적 신호일 수 있다.

이처럼 건강에 대한 과도한 집착은 '건강염려증'으로 이어질 수 있다. 건강염려증은 단순한 걱정을 넘어서, 신체의 작은 변화에도 과도한 의미를 부여하는 심리적 상태다. 가슴이 두근거리면 심장병을 의심하고, 소화가 안 되면 큰 병이 아닐까 불안해하는 식이다. 이런 불안은 운동중독과도 연결된다. 몸을 계속 움직이고 단련하지 않으면 건강을 잃을 것 같은 두려움, 운동량이 줄면 몸이 망가질 것 같은 강박이 생기면서, 운동이 목표가 아니라 집착으로 변하는 것이다.

운동중독은 몸에 대한 비현실적인 기대에서 비롯되기도 한다. 소셜 미디어에서 보이는 '이상적인 몸'에 대한 기준이 높아질수록, 자신의 몸에 대한 만족도가 점점 낮아진다. 특히 체중이나 근육량 같은 외적인 요소에 집착하는 경우, 운동은 건강을 위한 것이 아니라 끊임없이 부족함을 채우려는 수단이 된다. 피트니스 앱에서 하루에 몇 칼로리를 더 태우지 못하면 실패한 기분이 들고, 몸이 지쳐도 무리해서 운동을 계속하게 된다. 이 과정에서 운동의 목적이 '몸을 돌보는 것'에서 '내 몸이 완벽하지 않다는 불안에서 도망치는 것'으로 변질된다.

운동이 건강한 습관이 되려면, 운동이 불안을 해소하는 도구가 아닌 '균형 잡힌 자기 관리'로 자리 잡아야 한다. 운동을 쉬면 불안해지는지, 강도를 줄이면 실패한 것 같은 기분이 드는지, 일상보다 운동을 우선순위에 두고 있는지 점검해 볼 필요가 있다. 몸을 단련하는 것과 몸을 몰아붙이는 것은 다르다. 건강을 지키기 위해 시작한 운동이 오히려 신체적, 심리적 건강을 해치고 있다면, 지금 필요한 것은 더 많은 운동이 아니라 운동과 나 사이의 건강한 거리를 찾는 일일지도 모른다.

대안 | 운동, 강박이 아닌 습관이 되려면

운동을 건강한 습관으로 만드는 것은 단순히 꾸준히 하는 것만이 아니다. 운동이 삶을 지배하는 강박이 아니라, 자연스럽게 스며드는 생활의 일부가 되어야 한다. 하지만 운동중독은 단순히 몸에 대한 집착을 넘어, 자기 존재의 가치를 증명하려는 방식이 되기도 한다. 운동을 할 때만 자신이 괜찮은 사람처럼 느껴지고, 땀을 흘려야만 죄책감이나 불안이 조금 가라앉는다. 점점 운동은 기분을 조절하는 유일한 통로가 되고, 다른 방식의 위로나 회복은 설 자리를 잃는다. 결국 몸은 단련되지만, 마음은 점점 더 운동에만 의존하게 되는 모순이 만들어진다.

운동을 지속하는 가장 좋은 방법은, 무리한 목표를 세우는 것이 아니라 몸과 대화하는 법을 배우는 것이다. 몸이 보내는 신호를 무시하고 '더 많이, 더 강하게'만을 목표로 삼으면, 결국 몸은 지치고 부상을 피할 수 없다. 운동 강도를 조절하고 휴식을 계획하는 것도 운동의 일부다. 오히려 잘 쉬는 것이 더 건강한 몸을 만드는 데 필수적이다. 맹목적인 운동 루틴에서 벗어나려면 '운동을 얼마나 했느냐'보다 '어떻게 했느냐'에 집중하는 태도가 필요하다.

또한, 운동이 일상의 유일한 중심이 되지 않도록 다양한 활동을 시도해 보는 것도 도움이 된다. 예를 들어, 격렬한 운동을 줄이고 가벼운 산책이나 요가, 스트레칭을 추가하는 것만으로도 몸에 대한 집착을 완화할 수 있다. 몸을 움직이는 다양한 방식이 존재한다는 것을 깨닫는 것만으로도 운동에 대한 태도가 유연해진다.

운동을 통해 얻고 싶은 것이 무엇인지 다시 생각해 보는 것도 필요하다. 단순히 칼로리를 소모하고 근육을 만드는 것이 목표라면, 운동이 아닌 '숫자'에 집착하게 된다. 하지만 건강한 몸과 정신을 유지하는 것이 궁극적인 목적이라면, 무리한 운동보다는 꾸준하고 균형 잡힌 습관이 더 중요하다는 사실을 자연스럽게 받아들이게 된다.

운동은 삶의 일부가 되어야지, 전부가 되어서는 안 된다. 몸을 몰아붙이는 것이 아니라, 몸과 협력하는 방법을 배울 때, 비로소 운동은 진정한 의미의 건강한 습관이 된다.

11) 쇼핑중독

정현주

소유에 중독된 마음

지친 하루가 끝나면 자연스럽게 위로를 찾게 된다. 어떤 사람은 달콤한 초콜릿 한 조각으로, 또 어떤 사람은 친구와의 대화나 술자리를 통해 위안을 얻는다. 그리고 또 다른 사람은 쇼핑을 선택한다. 무심코 온라인 쇼핑몰을 열어 필요한 옷과 물건을 장바구니에 담고 결제 버튼을 누르는 순간, 마음이 한결 가벼워지는 기분이 든다. 퇴근 후 TV 홈쇼핑을 보다 보면 '지금 안 사면 안 될 것 같아'라는 생각이 들어 다시 한번 구매 버튼을 누르게 된다. 이처럼 충동구매는 우리에게 작은 위로가 되기도 한다.

'나는 오늘 하루 정말 열심히 살았으니 이 정도는 나 자신에게 선물해도 괜찮아.'

이렇게 자신을 설득하며 망설임 없이 결제 버튼을 누른다. 원하는 물건을 클릭하고 결제하는 순간, 즉각적인 만족감과 함께 마치 내 삶을 주도하고 있다는 기분이 든다. 하지만 그 기쁨은 오래가지 않는다. 쌓여가는 택배 상자들과 한 달 뒤 카드 명세서를 보면 '이 물건이 정말 내게 필요했던 걸까?'라는 생각이 든다. 그리고 후회와 죄책감이 찾아오며, '왜 또 그렇게 결제해버렸을까?'라는 자책이 반복된다.

쇼핑하면 우리 뇌에서는 '도파민'이라는 행복한 감정을 일으키는 신경전달물질이 분비된다. 이 물질은 우리가 기분 좋은 일을 경험할 때 활발해지며, 짧지만 강한 즐거움을 느끼게 한다. 그래서 스트레스가 극심할 때 쇼핑하면 기분이 나아지는 것처럼 느껴진다. 하지만 문제는 그 기쁨이 오래 지속되지 않는다는 점이다. 시간이 지나면 후회가 찾아오고, 반복적인 충동구매는 점점 더 큰 경제적 부담을 가져온다. 신용카드 한도를 초과하거나 빚이 쌓이면 일상 자체가 흔들리게 된다. 처음에는 '다음 달에 갚으면 되겠지.'라고 가볍게 생각했지만, 점차 감당하기 어려운 상황에 놓이게 되는 것이다. 결국 스트레스를 해소하려고 했던 쇼핑이 오히려 더 큰 스트레스를 불러오는 악순환이 된다.

이 과정이 계속되면 자기 통제력이 점점 약화되기 마련이다. 자기 통제력이란 순간의 욕구를 조절하고, 장기적인 목표를 고려하는 능력을 말하는데, 즉흥적인 소비가 반복되면 이 능력이 점점 희미해진다. 새로운 물건을 구매할 때의 짜릿한 기쁨이 뇌에서 보상으로 작용하면서 점점 더 강한 소비 욕구를 불러오게 된다. 그러다 보면 쇼핑은 더 이상 작은 기쁨이 아니라, 멈출 수 없는 행위로 변질되기도 한다. 소비가 삶의 중심이 되어버리면 관계, 일, 그리고 나 자신에게까지 영향을 미치게 되는 것이다.

하지만 충동구매는 단순히 물건을 사는 행위가 아니다. 어쩌면 우리는 쇼핑을 통해 마음의 위로를 얻고 싶었던 것일지도 모른다. 중요한 것은 소비 자체가 아니라, 그 안에서 우리가 진정으로 원하는 것이 무엇인지 깊이 들여다보는 일이다. 쇼핑이 주는 순간적인 기쁨도 의미 있지만, 진정한 만족과 행복은 물건이 아닌 자신을 진심으로 돌보는 방법을 찾을 때 비로소 찾아온다. 중요한 것은 지금, 이 순간의 기쁨이 아니라, 내 삶 전체를 위해 따뜻하고 현명한 선택을 해나가는 것이 아닐까.

> **사례 | 카드를 긁을 때만큼은 기분이 좋아진다.**
>
> Y 씨(32세)는 늘 바쁜 직장인이었다. 스트레스가 쌓일 때마다 그녀는 온라인 쇼핑몰을 열었다. 예쁜 원피스, 새로 나온 화장품, 할인을 하는 전자기기…… 무엇이든 사고 나면 기분이 한결 나아졌다. 처음에는 필요해서 샀지만, 어느 순간부터는 '이게 정말 필요한 걸까'라는 의문이 들 때도 있었다. 하지만 클릭 한 번으로 결제가 완료될 때의 짜릿한 기분은 그녀에게 일종의 보상이 되었다. 그러던 어느 날, Y 씨는 월급을 받자마자 카드값을 갚는 자신을 발견했다. 잔액을 확인했을 때 남은 돈이 거의 없다는 사실이 불안하게 다가왔다.
>
> '대체 내가 뭐에 이렇게 돈을 쓴 거지?'
>
> 그녀는 방 안을 둘러봤다. 서랍 속에는 한두 번 입고 방치된 옷들이 가득했고, 한쪽에는 개봉도 하지 않은 쇼핑백들이 쌓여 있었다.

심리학적 이해 | 왜 물건을 구매하며 위안을 얻을까?

쇼핑은 단순한 소비 행위를 넘어 감정 조절의 도구로 작용한다. 스트레스를 해소하고, 기분을 전환하며, 자신에게 보상을 주는 방식으로 활용되기도 한다. 하지만 이러한 소비가 습관화되면 경제적 부담뿐만 아니라 심리적 어려움마저 초래할 수 있다. Y 씨(32세)의 사례를 보면, 그녀는 스트레스를 풀기 위해 쇼핑을 했고, 결제 순간의 짜릿한 기분에 의존했다. 하지만 시간이 지나면서 재정적인 압박과 심리적 불안을 경험하게 되었다. 그렇다면, 왜 우리는 쇼핑을 통해 감정을 조절하려 하는 걸까?

쇼핑이 단순한 경제적 활동이 아니라 심리적 보상의 역할을 하는 이유는 뇌의 작동 방식과 깊은 관련이 있다.

첫째, 도파민과 보상 체계의 영향으로, 쇼핑할 때, 특히 결제 순간에 뇌에서 도파민이라는 신경전달물질이 분비된다. 도파민은 기분을 좋게 만드는 역할을 하며, Y 씨가 '카드를 긁는 순간 기분이 좋아진다.'고 느끼는 것도 이 때문이라고 할 수 있다. 하지만 도파민의 효과는 지속되지 않는다는 한계가 있다.

둘째, 감정 조절 수단으로서 사람들은 스트레스를 받으면 다양한 방법으로 해소하려 한다. 그중에 쇼핑을 감정 조절 도구로 삼는 경우도 많다. Y 씨 역시 업무에서 오는 스트레스를, 쇼핑을 통해 해소하려 했지만, 이는 근본적인 해결책이 되지 못했다. 쇼핑이 순간적인 기분 전환을 줄 수는 있지만, 감정적인 문제를 근본적으로 해결하는 것은 아니기 때문이다.

셋째, 자기 보상 심리다. Y 씨는 바쁜 직장 생활 속에서 '나를 위한 보상'이라는 이유로 쇼핑했다. 이는 우리가 힘든 하루를 보낸 후 자신에게 선물을 주고 싶어 하는 자연스러운 심리다. 그러나 소비가 점점 더 커질수록, 부담감도 커진다.

쇼핑이 감정적인 보상의 역할을 할수록 다양한 문제를 초래할 수 있다. 순간적인 기쁨을 위해 결제 버튼을 누르지만, 시간이 지나면 지출에 대한 압박감이 몰려온다. 월급을 받자마자 카드값을 갚아야 하는 상황이 반복되면 불안감이 커지고, 이는 다시 스트레스를 증가시키는 악순환으로 이어진다. 카드값을 갚고 남은 돈이 거의 없을 때 느껴지는 공허함은, 처음 쇼핑을 통해 얻고자 했던 만족감과는 전혀 다른 감정이다. 처음에는 마음이 들뜨고 만족스러웠지만, 쇼핑백이 쌓여가는 모습을 보면 한숨이 나온다. 방 한쪽에는 포장도 뜯지 않은 쇼핑백이 쌓여 있고, 한두 번 입고 방치된 옷들이 늘어간다.

쇼핑을 통해 얻는 만족감은 한순간이다. 기대했던 것만큼 기쁘지 않고, 금방 익숙해진다. 그래서 다시 또 다른 무언가를 사고 싶다. '이번에는 정말 만족할 거야'라는 기대감으로 새로운 물건을 찾지만, 실질적인 행복감은 점점 더 짧아진다. 결국 소비가 반복될수록 그 강도는 점점 커지고, 만족감을 채우기 위해 더 많은 소비를 하게 되는 악순환이 이어진다.

대안 | 쇼핑 없이도 충분히 행복할 수 있다면?

쇼핑을 통해 기분이 좋아지는 것은 자연스러운 일이다. 하지만 쇼핑이 감정적인 보상의 수단으로 굳어지면 위험하다. 그렇다면 쇼핑 없이도 삶을 풍요롭게 만드는 방법은 없을까? 중요한 것은 무조건 소비를 참는 것이 아니라, 소비를 더 신중하고 현명하게 바라보는 연습을 하는 것이다.

'결제 버튼'을 누르기 전에 해야 할 일

충동구매를 줄이려면 즉각적인 행동을 바꾸는 것이 중요하다. 사고 싶은 물건이 생기면 바로 결제하지 말고, 리스트에 적어두고, 며칠 후에도 여전히 필요하다면 다시 고려해 보자. 가격보다 그 물건이 내게 얼마나 가치 있는지 생각해 보고, 단순한 욕구라면 지나갈 가능성이 높다는 점을 기억하자. 쇼핑 욕구가 생길 때는 쇼핑 앱 대신 메모장을 열어 '지금 내가 진짜로 필요한 것은 무엇인가?'를 물어보는 습관을 들여보자.

쇼핑 욕구를 자연스럽게 줄이는 습관

쇼핑이 습관화되어 있다면, 하루 단위로 지출 목표를 세우고 작은 소비부터 점검하는 것이 효과적이다. 예를 들어, 커피나 배달 음식 등 불필요한 지출을 줄여나가다 보면 점차 소비 조절 능력이 생긴다. 또한, 물건을 사는 대신 카페에서 책을 읽거나 산책하는 등 경험에 집중한다면 소비 욕구를 자연스럽게 억제할 수 있다. 쇼핑을 줄이는 것은 단순히 돈을 아끼는 차원을 넘어, 만족을 얻는 방식을 바꾸어 나가는 과정이라 할 수 있다.

감정이 흔들릴 때 쇼핑 대신 할 수 있는 것

쇼핑이 감정적인 해소 수단이 되었다면, 쇼핑 대신 손을 바쁘게 움직이며 기분을 전환하는 것이 도움이 된다. 간단한 요리나 정리정돈을 해보거나, 그림 그리기나 글쓰기 같은 새로운 취미를 찾아보자. 또한, 즉흥적인 소비 욕구를 눌렀을 때 자신에게 작은 보상을 주는 습관을 들이면 물건을 사고 싶어지는 마음을 조절할 수 있다.

혼자서 쇼핑 습관을 조절하는 것이 어렵다면, 주변의 도움을 받아보는 것도 좋은 방법이다. 하루 동안 무엇을 샀는지, 어떤 감정에서 소비했는지를 기록하다 보면 내 소비 패턴을 더 잘 이해할 수 있다. 가족이나 친구에게 쇼핑을 줄이겠다는 목표를 이야기하면 불필요한 소비를 막는 데 큰 도움이 될 수 있다. 또한 때로는 쇼핑이 단순한 소비 문제가 아니라 감정적인 문제와 연결되어 있을 수 있기 때문에, 전문가의 상담을 받아보는 것도 좋은 선택이 될 수 있다. 쇼핑을 줄인다는 것은 단순히 '사지 않는 것'에 그치지 않고, '내 삶을 더 의미 있는 무언가로 채우는 여정'이라고 할 수 있다.

12) 성형중독

예뻐지면 괜찮아질 줄 알았다

'왜 끝없이 더 나은 외모를 원할까?'
성형수술은 이제 특별한 일이 아니다. 많은 사람이 외모를 개선하고 자신감을 얻기 위해 성형을 선택하지만, 일부는 한 번의 성형으로 만족하지 못하고 계속해서 변화를 시도한다. '눈을 조금만 키우면 더 나아질 것 같은데', '코가 좀 더 높아졌으면 좋겠어.'와 같은 생각이 멈추지 않고 반복된다면, 성형중독으로 이어질 가능성이 높다.
현대 사회에서 외모는 단순한 신체적 특성이 아니라 자존감, 사회적 지위, 심리적 안정과 밀접하게 연결되어 있다. 특히 SNS와 미디어는 비현실적인 미의 기준을 끊임없이 강조하며, 사람들은 자신과 타인을 비교하게 된다. 완벽한 외모를 자랑하는 사진과 필터로 꾸며진 이미지들은 현실과의 괴리를 만들어 내고, 그 기준에 맞추지 못하면 열등감을 느끼게 만든다. 그 결과, 외모에 대한 불만족이 커지고 이를 해결하기 위한 성형이 반복되는 것이다.

외모 집착이 심해지는 또 다른 이유는 '신체이형장애'라고 불리는 심리적인 상태와 관련이 있다. 이 장애를 가진 사람들은 자신의 외모에 대해 지나치게 예민하고, 아주 작은 결점도 크게 느낀다. 다른 사람은 전혀 문제 삼지 않는 부분인데도 스스로는 큰 흠처럼 받아들이는 것이다.

낮은 자존감도 성형중독을 부추기는 요인 중 하나다. 자신의 가치를 외모에 의존하는 사람들은 타인의 칭찬과 인정이 없으면 가치 있게 느끼지 못한다. 성형을 통해 긍정적인 반응을 얻고자 하지만, 그 효과는 오래가지 않는다. 성형 후 기대만큼의 칭찬을 받지 못하거나, 시간이 지나면서 다시 불만족이 생기면 더 큰 변화가 필요하다고 느끼게 된다. 결국 성형은 칭찬과 주목을 통해 기분이 좋아지는 경험을 반복하게 만들고, 그 순간의 만족감에 익숙해지면서 점점 더 자주, 더 큰 변화를 원하게 되는 악순환으로 이어질 수 있다.

완벽한 외모를 추구하는 것은 현실적으로 불가능하다. 외모에 대한 과도한 집착은 불안과 우울감을 증가시킬 수 있다. 특히 성형 부작용이 발생하면 심리적 충격이 커지고 자존감이 더 낮아질 위험이 있다. 반복적인 성형은 경제적 부담과 신체적 위험도 초래한다. 성형수술은 비용이 많이 들며, 한번 시작하면 추가적인 시술을 반복하게 될 가능성이 있다. 반복적인 수술은 부작용의 위험을 높일 뿐 아니라 신체적으로도 큰 부담을 초래할 수 있다. 피부나 조직이 손상되거나 예상치 못한 부작용이 발생할 경우, 오히려 외모에 대한 불만이 더욱 커질 위험이 있다.

반복되는 성형수술은 대인관계와 사회생활에도 부정적인 영향을 미칠 수 있다. 외모에 대한 집착이 강해질수록 타인의 시선을 지나치게 의식하게 되고, 인간관계에서 진정성을 유지하는 데 어려움을 줄 수 있다.

사례 | 조금만 더 예뻐지면 바랄 게 없겠어.

H 씨(28세)는 처음 코 수술을 했을 때, 거울을 보며 만족감을 느꼈다. 예전보다 세련된 인상이 된 것 같았고, 사진을 찍을 때도 더 자신감이 생겼다. 하지만 몇 개월이 지나자, 다른 부분이 눈에 들어오기 시작했다.

'코는 괜찮아졌는데, 턱선이 조금 더 정리되면 더 완벽할 텐데…….'

그렇게 턱 필러를 맞았고, 이후 이마 볼륨이 부족해 보인다며 지방이식을 했다. SNS에서 완벽한 얼굴형을 가진 셀럽들을 보면서, 자신에게 부족한 부분이 계속 보이기 시작했다.

'내 얼굴은 왜 이렇게 평범하지?'
'이 부분만 조금 더 보정하면 완벽할 것 같은데.'

그렇게 5년 동안, 크고 작은 시술과 수술을 반복했다. 주변에서는 "너 이제 그만 성형 해야 할 거 같아. 얼굴이 점점 이상해져."라고 했지만, H 씨는 만족하지 못했다. 성형 후 만족감은 오래가지 않았고, 더 완벽해지고 싶은 욕구는 끝없이 올라왔다.

심리학적 이해 | 예뻐졌는데 왜 더 불안할까?

H 씨(28세)는 처음 코 수술을 했을 때 거울을 보며 만족감을 느꼈다. 얼굴이 더 세련돼 보였고, 사진을 찍을 때도 자신감이 생겼다. 하

지만 시간이 지나자 다른 부분이 눈에 들어오기 시작했다. SNS에서 완벽한 얼굴형을 가진 셀럽들을 볼 때마다 자신의 부족한 부분이 더 크게 보였고, 수술을 반복하면서도 H 씨는 여전히 만족하지 못했다.

첫째, 성형을 반복하는 데에는 외모에 대한 과도한 민감함이나 신체이형장애와 같은 심리적인 요인이 영향을 줄 수 있다. 누군가에게는 전혀 문제가 되지 않아 보이는 부분이, 본인에게는 매우 큰 결점처럼 느껴지는 것이다. 거울 속 특정 부위가 늘 마음에 걸리고, 그것을 바꾸지 않으면 계속 신경이 쓰인다. 그렇게 한 부위를 고치고 나면 또 다른 부위가 눈에 들어오고, 점점 더 많은 곳을 고치고 싶어지는 마음이 생긴다. 이처럼 외모에 대한 과도한 집착은 성형을 한 번에 그치지 못하게 만드는 심리적 배경이 될 수 있다.

둘째, 성형을 하고 나면 처음에는 굉장히 만족스럽지만, 시간이 지나면 그 만족감이 조금씩 옅어지는 경험을 하게 된다. 변화된 모습에 처음에는 설레고 뿌듯함을 느끼지만, 점차 그 모습에 익숙해지면서 다시 다른 부분이 눈에 들어오는 것이다. 사람은 누구나 처음 느꼈던 기쁨을 다시 느끼고 싶어 하기에, 또다시 새로운 시술을 계획하게 된다. 이렇게 외적인 변화를 통해 기분을 끌어올리는 경험이 반복되면, 성형이 일종의 감정 조절 수단처럼 작동할 수 있다.

셋째, SNS나 광고, 미디어에서 반복적으로 보여지는 이상적인 외모 역시 성형을 부추기는 심리적 자극이 된다. 화면 속 인물들은 대부분 보정이나 필터를 거쳐 완벽하게 보인다. 이를 반복해서 접하다 보면, '저 사람처럼만 보이면 나도 더 사랑받을 수 있지 않을까?' 하는 생각이 자연스럽게 생긴다. 그리고 현실 속 자신의 모습이 상대적으로 부족하게 느껴지면서, 점점 더 그 기준에 가까워지고 싶은 마음이 강해진다. 이 과정은 외모에 대한 기대치를 점점 더 높이고, 현재의 모습에 만족하기 어렵게 만든다.

대안 | 비교를 멈추고, 완벽함을 내려놓는다

외모에 대한 집착을 내려놓는 것은 생각보다 쉽지 않다. 우리는 살아가면서 끊임없이 비교하고, 타인의 시선을 의식하며, 때로는 내 모습이 충분하지 않다고 느낀다. 완벽한 얼굴을 가진 사람들을 보며 '나도 저렇게만 보인다면 더 행복할 텐데'라고 생각하는 순간, 있는 그대로의 나 자신은 점점 작아진다. 정말 중요한 것은 외모가 아니라, 나를 어떻게 바라보느냐의 문제다. 성형 중독에서 벗어나기 위해서는 끊임없는 비교에서 한 걸음 물러나, 나만의 아름다움을 찾는 과정이 필요하다.

거울 앞에 서면 부족한 부분부터 찾는 습관이 있다면, 이제는 시선을 조금 다르게 돌려보자. 단점 대신 나만의 개성을 들여다보고, 이미 충분히 매력적인 부분을 발견하는 연습을 해보는 것이다. 세상에는 수많은 미의 기준이 존재하지만, 그것들은 시대에 따라, 문화에 따라 변하기 마련이다. 하지만 나만이 가진 개성과 분위기는 누구도 따라 할 수 없는 나만의 고유한 매력이다. 외적인 기준을 맞추려 하기보다, 나다운 모습을 받아들이는 것이 더 의미 있는 일이 될 수 있다. 완벽함보다는 자연스러움을 인정하는 것이 중요하다. 조금은 비대칭이어도, 잡티 하나 없이 매끈하지 않아도, 나만의 표정과 분위기가 나를 가장 나답게 만들어 준다.

　외모가 아닌 내면의 성장에 집중하는 것도 성형 강박에서 벗어나는 중요한 과정이다. 운동을 하면서 몸이 건강해지는 변화를 경험하거나, 새로운 취미를 통해 몰입의 즐거움을 찾거나, 책을 읽으며 사고의 폭을 넓혀보는 시간은 내가 어떤 모습이어도 충분히 가치 있는 존재라는 사실을 깨닫게 해준다. 외모는 언젠가 변할 수밖에 없지만, 경험하고 배우며 쌓아온 내면의 자산은 나를 더 단단하게 만들어 준다. 내가 진짜 원하는 것이 무엇인지, 무엇을 할 때 가장 즐거운지 고민해 보는 과정이야말로 나 자신을 더 사랑하는 길일 것이다.

　비교하는 습관에서 벗어나는 것도 중요하다. 나보다 더 예뻐 보이는 사람들, 더 날씬한 몸매를 가진 사람들이 끊임없이 보이지만, 그들의 삶이 온전히 행복한지는 알 수 없다. 중요한 것은 타인의 기준이 아니라, 나만의 기준을 만들어 가는 것이다. SNS 사용을 줄이거나, 다양한 아름다움을 보여주는 콘텐츠를 찾아보는 것도 좋은 방법이 될 수 있다. 완벽한 얼굴이 아름다움의 전부가 아니라는 사실을 깨닫는 순간, 우리는 비교에서 한 걸음 멀어질 수 있다.

　나를 있는 그대로 받아들이기 위해서는, 내 가치를 진정으로 인정해 주는 사람들과 함께하는 것도 중요하다. 외모가 아닌 내 성격과 가치관을 봐주는 사람들과 시간을 보내다 보면, 내가 어떤 모습이어도 충분히 사랑받을 가치가 있다는 사실을 깨닫게 된다. 반면, 끊임없이 외모를 평가하고 지적하는 관계에서는 점점 더 불안해질 수밖에 없다.

　외모가 나의 전부가 아니라는 사실을 받아들이는 순간, 성형중독의 강박에서 한 걸음 벗어날 수 있다. 성형이 잘못된 것은 아니다. 하지만 성형을 해서 예뻐져야만 나 자신을 사랑할 수 있다고 믿는다면, 그것은 외적인 변화가 아니라 내면의 문제일 가능성이 크다. 진정한 아름다움은 거울 속 모습이 아니라, 나 자신을 바라보는 시선에서 시작된다.

3. 물질중독(Substance Addictions)

삶이 버거울 때, 우리는 무언가를 찾는다. 마음의 허전함을 달래 줄 무언가, 현실의 무게를 잠시나마 잊게 해 줄 무언가. 어떤 사람은 술 한 잔을 들고, 어떤 사람은 담배에 불을 붙이고, 어떤 사람은 커피를 마시며 정신을 붙잡으려 한다. 더 강한 것이 필요할 때는 마약과 같은 극단적인 방법을 찾기도 한다.

처음부터 중독이었던 건 아니다. 단지 조금 더 편안해지고 싶었고, 조금 더 버티고 싶었을 뿐이다. 술을 마시고 나면 복잡한 머릿속이 잠시나마 가벼워지고, 담배 한 모금에 쌓였던 스트레스가 스르르 풀리는 것 같다. 피곤할 때 커피를 마시면 다시 힘이 나는 것 같고, 어떤 사람들은 더 강한 쾌락을 위해 약물을 선택하기도 한다. 그렇게 우리는 잠깐의 위안을 얻는다. 그리고 그 순간이 지나면 다시 현실로 돌아간다.

하지만 언젠가부터, 그것 없이는 버틸 수 없게 된다. 처음에는 한 잔으로 충분했던 술이 두 잔, 석 잔으로 늘어나고, 하루 한 개비였던 담배가 한 갑으로 바뀐다. 커피 없이는 머리가 맑아지지 않고, 몸은 점점 더 강한 자극을 원한다. 그렇게 우리는 자신도 모르게 중독의 굴레에 갇혀간다.

물질 중독은 단순히 몸의 문제가 아니다. 그것을 찾게 되는 이유가 있다. 버티기 위해, 살아내기 위해, 감정을 눌러 담기 위해 의존하게 되는 것이다. 결국 중요한 건 물질이 아니라, 그것이 대신 채워주고 있는 마음속의 허기다.

어쩌면 우리는 지금까지 자신을 탓해 왔을지도 모른다.

'내가 왜 이럴까?', '이제는 그만둬야 하는데.'

하지만 문제는 의지가 아니다. 중독을 끊어내는 것이 아니라, 그것을 찾게 만든 내 마음을 이해하는 것이 먼저다. 내가 피하고 싶었던 것은 무엇이었을까? 내가 견디기 어려웠던 감정은 무엇이었을까?

이제는 조금 다르게 바라볼 때다. 중독을 단순히 나쁜 것으로 단정 짓는 것이 아니라, 그것이 나에게 말하려는 이야기를 들어볼 때다. 중독을 통해 우리는 자신을 더 깊이 이해할 수 있다.

1) 마약중독

김선옥

치명적인 쾌락의 끝

무언가 허전하고 지치는 날이면, 머릿속을 잠시라도 멈추게 해 줄 무언가를 찾게 된다. 반복되는 하루, 끝없이 밀려드는 압박감 속에서 현실은 숨 쉴 틈을 주지 않는다. 그런 순간, 우연처럼 다가온 선택지 하나. 평범한 약처럼 생긴 알약, 괜찮다고 말해주는 누군가의 권유, 위험하지만 짜릿하다는 말 한마디. 조심스럽게 손을 뻗고 나면, 세상은 잠시 낯설 만큼 가볍고 또렷해진다. 생각이 비워지고 감정은 무뎌지며, 마치 모든 문제가 사라진 것 같은 착각이 밀려온다. 그러나 그 평온은 오래가지 않는다. 몸은 점점 무거워지고, 마음은 예전보다 더 쉽게 가라앉는다. 불안은 다시 고개를 들고, 그 불안을 잠재우기 위해 또다시 손을 뻗는다. 그렇게 한 번의 선택이 반복이 되고, 반복은 곧 삶을 삼켜버리는 굴레가 된다.

마약은 우리 뇌를 어떻게 바꾸는가?

한동안 길거리 간판에서 마약 김밥, 마약 떡볶이 등 강력한 표현을 함으로써 끊을 수 없을 만큼 맛있다는 것을 강조하는 것을 보면서 우려스러움이 있었다. 마약이 얼마나 무서운 존재인지 이해한다면 그렇게 자극적인 문구를 사용할 수 있을까? 라는 생각을 했었다. 마약의 무엇이 우리를 끊어낼 수 없는 수렁으로 빠뜨리고 있는가?

마약은 한 번 사용으로 끝나지 않는다. 호기심 → 의존 → 금단 → 중독의 점진적인 과정을 거치며 중독의 수레바퀴에 빠지고 만다. 이 과정은 뇌 안에서 쾌감을 조절하는 회로의 변화와 관련이 깊으며, 시간이 지날수록 마약 없이 정상적인 생활이 어려워지는 특징이 있다.

앞에서도 언급했듯 우리 뇌에는 '기쁨을 기억하는 회로'가 있다. '보상 시스템'이다. 누군가에게 진심 어린 고마움을 전했을 때 돌아오는 따뜻한 미소, 오래된 편지를 우연히 발견하고 그 시절의 기억에 잠길 때의 울컥함, 잠들기 전 포근한 이불 속에서 느끼는 안정감처럼, 마음이 조용히 흔들리는 순간들이 있다. 이런 때 우리 뇌에서는 자연스럽게 기분을 좋게 해주는 신호가 작동하고, 그 감정은 오랫동안 기억에 남는다.

그런데 마약은 이 회로를 억지로 비트는 방식으로 작동한다. 자연스럽게 나와야 할 도파민을 비정상적으로 많이 분비시키면서, 평범한 기쁨으로는 만족할 수 없게 만들어 버린다. 한 번 마약을 사용하면 뇌는 그 강렬한 쾌락을 기억하고, 다시 그 상태를 원하게 된다. 문제는 시간이 지나면 같은 양으로는 그 느낌을 재현할 수 없다는 점이다. 결국 더 강한 마약, 더 많은 양을 찾게 되고 뇌는 점점 정상적인 기능을 잃어간다. 그 결과, 마약이 없으면 아무것도 즐겁지 않게 된다. 친구와 대화해도, 좋아했던 음악을 들어도, 맛있는 음식을 먹어도 아무런 감흥이 없다. 세상은 점점 무미건조해지고, 유일한 탈출구는 마약뿐이다.

마약의 종류는 달라도, 위험은 같다

마약은 생각보다 다양한 모습으로 존재하고, 그 종류에 따라 작용 방식도 조금씩 다르다.

크게 나누면 세 가지 부류로 설명할 수 있다.

첫 번째는 흥분제다. 이 약물은 마치 강제 부스터를 단 것처럼 뇌를 몰아붙인다. 집중력이 급격히 올라가고, 온몸에 에너지가 넘치는 듯한 착각이 든다. 어떤 사람은 '천재가 된 것 같다.'라고도 말한다. 하지만 이건 뇌가 과부하 상태에 빠졌다는 신호이기도 하다. 흥분제는 뇌를 쉬지 못하게 만들고, 결국 감정 조절, 수면, 충동 통제가 점점 어려워진다. 짧은 쾌감 뒤에는 깊은 탈진과 우울이 밀려오고, 다음번엔 더 강한 자극 없이는 그 상태에 도달할 수 없게 된다. 결국 평범한 일상은 지루하고 무의미하게 느껴지고, 반복적으로 약에 의존하게 된다. '잠깐의 기분 전환'이 '평생의 속박'으로 바뀌는 순간이다.

두 번째는 억제제다. 이 약물은 신체와 정신을 진정시키는 역할을 한다. 불안하고 아프고 괴로울 때, 마치 모든 고통이 사라진 듯한 편안함을 준다. 특히 진통제나 수면제 중 일부가 이런 역할을 하기도 하는데, 문제는 반복적으로 사용하면 뇌가 스스로 안정감을 조절하는 능력을 잃게 된다는 점이다. 이 경우, 약 없이는 일상조차 불가능한 상태로 빠질 수 있다. 실제로 의료용으로 쓰이던 약이 중독으로 이어지는 경우도 적지 않다.

세 번째는 환각제다. 현실을 왜곡시키는 이 약물은 생각과 오감을 혼란스럽게 만든다. 눈앞에 없는 것이 보이고, 시간이 멈춘 듯 느껴지고, 나 자신이 다른 존재가 된 것 같은 기이한 경험을 하게 된다. 어떤 사람은 '영적인 체험'이라고 표현하기도 하지만, 반복되면 현실 감각을 잃고 정신적인 혼란이 일상화될 수 있다.

그리고 요즘은 전통적인 마약보다 더 위험한 '합성 마약'이 빠르게 퍼지고 있다. 이름조차 낯선 이 합성 물질들은 훨씬 강력하고, 훨씬 빠르게 중독되며, 단 한 번의 사용만으로도 심각한 부작용을 일으킬 수 있다. 피부가 괴사하거나, 심장이 멈추거나, 돌이킬 수 없는 정신적 후유증을 남기는 경우도 있다.

이처럼 마약은 종류를 불문하고 우리 뇌의 균형을 무너뜨리고, 정상적인 사고와 감정을 마비시킨다. 어떤 것은 기분을 과하게 띄우고, 다른 것은 감정을 무디게 하고, 현실을 왜곡시키지만, 공통적으로 '다시 찾게 만든다.'는 점에서 매우 치명적이다. 그 반복 속에서 우리는 어느새 마약 없이는 아무것도 느끼지 못하는 사람이 되어간다.

중요한 건 마약의 이름이나 종류를 다 외우는 것이 아니라, 그 원리 이해하는 것이다. 마약은 결국 '감정을 속이고, 뇌를 조작하고, 삶을 점점 무너뜨리는' 물질이다.

> **사례 | 한 번이면 괜찮을 줄 알았다.**
>
> K 씨(27세)는 평범한 대학생이다. 친구들과 어울리는 걸 좋아했고, 활발한 성격 덕분에 술자리나 모임에서 분위기를 주도하는 편이었다. 어느 날, 친한 친구가 조용히 말했다.
>
> "이거 한번 해볼래? 스트레스 확 풀려."
>
> 그가 건넨 것은 합성 대마였다. 처음엔 망설였지만, 친구들은 "한 번쯤은 괜찮아."라며 분위기를 띄웠다. K 씨는 장난삼아 한 번 해보기로 했다. 그리고 몇 분 후, 몸이 가벼워지고 기분이 황홀해지는 느낌이 들었다. 그날 이후, 가끔 스트레스받을 때마다 마약을 찾게 되었다. 처음엔 친구들과 함께할 때만 했으나, 점점 혼자서도 사용하기 시작했다. 학업과 미래에 대한 불안감이 커질수록, 마약을 하면 모든 걱정이 사라지는 기분이 들었다. 하지만 문제는, 점점 더 강한 자극이 필요해졌다는 것이다. 예전에는 한두 번으로도 충분했지만, 이제는 더 자주, 더 강한 종류를 원하게 되었다. 그러다 보니 돈이 부족해졌고, 빚까지 지면서도 멈출 수 없었다.

심리학적 이해 | 뇌가 마약을 기억하는 순간, 중독은 시작된다.

뇌는 매 순간을 기억하고 있다. 기쁠 때, 슬플 때, 사랑할 때, 그리고 무언가에 중독될 때도 마찬가지다. 뇌는 단순히 신호를 주고받는 기계가 아니다. 그것은 감정의 중심이며, 어떤 선택을 하고, 어떤 삶을 살아갈지를 결정짓는 중요한 기관이다.

기분 좋은 순간을 경험하면, 뇌는 그 감정을 마음속 어딘가에 저장해둔다. '이런 상황에서 이렇게 기분이 좋았지.' 하고 기억하며, 나중에도 비슷한 장면을 만나면 같은 방식으로 반응하려 한다. 이런 감정의 기억은 삶을 살아가는 데 있어 하나의 지침이 된다. 그러나 마약은 이 감정의 흐름을 왜곡시킨다. 자연스럽게 느껴야 할 감정들을 건너뛰고, 뇌가 반응하는 방식을 억지로 바꿔버린다.

마약을 처음 사용했을 때, 뇌는 평소보다 수십 배에서 수백 배 더 많은 도파민을 분비한다. 평범한 기쁨과는 비교할 수 없는 강렬한 쾌락이 밀려온다. 마치 세상의 모든 근심이 사라지고, 몸이 공중에 뜨는 것 같은 느낌을 받는 순간, 뇌는 강한 충격을 받는다.

'이건 엄청난 경험이야. 다시 해야 해!'

이것이 바로 뇌의 기억 시스템이 마약을 학습하는 순간이다. 뇌는 이 강렬한 경험을 절대 잊지 않는다. 하지만 처음과 같은 강렬한 쾌락을 다시 느끼기는 점점 어려워지고, 뇌는 계속해서 그 순간을 떠올리며 마약을 찾게 만든다. 특히, 스트레스를 받거나, 우울할 때, 외로움이 찾아올수록 뇌는 본능적으로 마약을 떠올린다.

"난 지금 너무 힘들어. 그때처럼 기분이 좋아지려면 마약이 필요해."

이러한 과정이 반복되면서 뇌는 점점 마약에 길들여지게 된다. 이제 마약은 선택이 아니라 필수가 된다. 더 이상 기분이 좋아지기 위해 하는 것이 아니라 마약 없이는 정상적인 감정을 유지할 수 없어서 사용하게 된다. 이 순간이 오면, 마약은 단순한 나쁜 습관이 아니다. 뇌의 작동 방식 자체가 변해버린 것이다. 또한, 더 많은 양을 요구하며 나도 모르게 마약이 나를 조정하게 만든다.

마약중독은 개인의 의지만으로 회복할 수 있는 중독이 아니다. 뇌의 신경회로 변화로 인해 의학적 치료가 필수적인 중독으로 효과적인 치료와 회복을 위해서는 해독, 재활, 사회적 지원이 함께 이루어져야 하며, 장기적인 관리가 필요하다.

대안 | 마약 없이도 나를 지키는 법

마약을 하는 사람들은 마약을 통해 힘든 현실에서 도망칠 수 있다고 믿는다. 누군가는 어린 시절부터 상처 받아왔고, 누군가는 실패와 좌절 속에서 자신을 잃어버렸다. 그들에게 마약은 '잠시라도 괜찮아지는 유일한 방법'이었다. 그렇다면, 마약 없이도 괜찮아질 방법은 없을까? 우리는 충분히 마약 없이도 버틸 수 있다. 마약 없이도 기쁨을 느낄 수 있다. 그리고 무엇보다, 마약 없이도 진짜 나를 지킬 수 있다.

나의 감정과 마주하기

마약을 찾게 되는 가장 큰 이유는 '힘든 감정을 피하고 싶어서'이다. 스트레스, 외로움, 불안, 우울과 같은 감정들이 몰려올 때 우리는 도망치고 싶어진다. 하지만, 감정은 억누른다고 사라지는 것은 아니다. 오히려 더 강하게 우리를 지배한다. 그러니 도망치지 말고, 감정을 마주해 보자. 어떤 감정이 나를 힘들게 하는지 솔직하게 들여다보자. 그리고 그 감정을 표현해 보자. 글을 써도 좋고, 상담을 받아도 좋고, 믿을 만한 사람과 대화를 나누어도 좋다. 중요한 건 자신의 감정을 있는 그대로 바라보고 받아주는 것이다.

"오늘 나는 어떤 감정을 느꼈는가?"
"그 감정이 어떤 사건이나 생각에서 비롯되었는가?"
"그 감정을 어떻게 받아들였는가?"

이렇게 적어나가다 보면 감정을 회피하는 습관을 줄이고, 있는 그대로 인정하는 연습을 할 수 있다. 이러한 감정에 이름을 붙여보자
'슬프다'라기보다는 '실망스럽다', '외롭다', '상실감을 느낀다'처럼 더 정확한 이름을 붙이면 감정을 정확히 인식하여 더 잘 이해하고 조절하는 데 도움이 된다. 내 감정을 받아들인다는 것은 "나는 왜 이렇게 슬플까?"라고 질문하는 것이 아니라 "지금 내가 눈물이 날 만큼 슬프구나!"라고 수용하는 것이다.

건강한 인간관계 만들기
마약에 빠지는 사람 중 많은 이들이 공통으로 외로움을 느낀다. 사람들과의 관계가 단절될수록, 중독의 늪에서 빠져나오기 어려워진다. 그러니 건강한 관계를 만들어 보자. 마음을 나눌 수 있는 사람을 곁에 두는 건 큰 힘이 된다. 내 이야기를 묵묵히 들어주는 존재, 판단 없이 곁에 있어주는 누군가가 있다면, 그것만으로도 위로가 된다. 거창한 관계가 아니어도 괜찮다. 깊은 대화가 아니어도 괜찮다. 누군가와 눈을 마주치고, 짧은 안부를 나누는 순간에서부터 관계는 시작될 수 있다. 가까운 곳에 있는 따뜻한 시선 하나가 중독의 고리를 끊는 첫걸음이 될 수 있다.

목표와 의미 찾기

마약을 사용하면 삶의 모든 의미가 마약으로 대체된다. 그러므로 마약을 끊고 나면, 우리는 다시 삶을 채워야 한다. 새로운 목표를 만들어 보자. 나만의 운동, 공부, 취미, 자격증 도전, 새로운 도전 같은 작은 목표라도 좋다. 하루에 30분씩 걷기, 한 달에 한 권 책 읽기, 좋아하는 요리 만들어 보기 같은 이런 작은 성취가 쌓이면, 우리는 다시 삶의 의미를 찾을 수 있다. 목표와 의미를 찾는다는 건 나만의 행복을 찾아가는 것이다. 누구와도 비교하지 않고 내가 좋아하는 것 내가 잘하는 것 내가 재미있는 것 그 무엇이라도 좋다.

자신에게 긍정적인 말하기

우리의 뇌는 우리가 하는 말을 듣는다. 부정적인 생각이나 말을 반복하면 뇌도 그렇게 믿는다. 우리의 부정적인 감정을 만들어 내며 우리 삶에 부정적인 영향을 미친다. 하지만 부정적인 생각이 든다고 할지라도 긍정적인 말을 반복하면, 뇌는 다시 변화하기 시작한다. 자신에게 긍정적인 말을 해보자.

"나는 마약 없이도 행복할 수 있다."
"나는 강하다."
"나는 내 삶을 지킬 수 있다."
"나는 나 자신을 위해 더 좋은 선택을 할 것이다."

2) 알코올중독

술에 갇힌 삶

술은 오랫동안 우리 곁에 있었다. 기쁠 때나 슬플 때, 축하할 때나 위로가 필요할 때, 우리는 자연스럽게 술을 찾는다. 한 잔의 술은 마음을 부드럽게 하고 분위기를 즐겁게 만들어 주기도 한다. 술을 마시면 머리가 가벼워지고 감정이 한층 풀어지는 느낌은 착각이 아니다. 술은 뇌의 신경전달물질을 조작해 긴장을 풀어주지만, 그 대가는 크다. 알코올이 들어오면 GABA(γ-아미노부티르산)가 증가하면서 몸이 나른해지고 긴장이 풀린다. 우리는 이를 편안함이라고 착각하지만, 사실은 뇌의 기능이 둔화되는 과정이다.

가장 문제가 되는 것은 쾌감을 유발하는 신호 회로의 과도한 자극이다. 알코올은 뇌 안에서 즐거움을 담당하는 회로를 비정상적으로 활성화시키고, 이로 인해 순간적인 들뜸과 해방감을 느끼게 만든다. 이 감각이 반복되면, 뇌는 점점 더 강한 자극 없이는 만족을 느끼기 어려워지고, 결국 술 없이는 기분 전환조차 어려운 상태로 굳어져 간다.

기억력과 판단력이 떨어지고, 충동적인 행동이 늘어나며, 자주 블랙아웃을 경험하는 사람도 생긴다. 이러한 상태가 지속되면 뇌의 구조 자체가 변하고, 장기적으로 치매 위험까지 증가할 수 있다. 과음은 간에 지방을 축적하고 염증을 유발해 간경화로 이어질 수 있다. 심장은 혈압을 높이고, 위장과 췌장에도 영향을 미쳐 속 쓰림과 위궤양, 췌장염을 일으킬 수 있다. 또한, 면역력을 떨어뜨려 감염 위험을 높이고,

남성의 경우 성기능 저하, 여성의 경우 호르몬 불균형을 초래할 수도 있다. 우리에게 너무나도 친숙한 술이지만, 그 속에 감춰진 위험은 전혀 가볍지 않다.

모든 사람이 술을 마신다고 중독이 되는 것은 아니다. 하지만 술과의 관계가 조금씩 변하는 순간이 온다. 술이 단순한 기분 전환을 넘어, 삶의 중심이 되어가는 과정은 생각보다 느리고 교묘하다.

사회적 음주와 중독

술을 마시는 모든 사람이 중독되는 것은 아니다. 하지만 중독은 서서히 찾아오기 때문에, 어디까지가 안전한 음주이고 어디부터가 위험한 상태인지 그 경계를 아는 것이 중요하다. 사회적 음주란 특별한 자리에서 사람들과 어울릴 때 가볍게 즐기는 음주를 말하며, 술을 마시지 않아도 불편함이 없고 스스로 음주량을 조절할 수 있다. 하지만 술을 마시는 빈도가 잦아지고, 술 없이는 허전함을 느끼기 시작하면 이미 경계에 다다른 것이다. 특히, 술이 스트레스를 푸는 주된 방식이 되기 시작하면 위험 신호가 켜진다. '오늘은 좀 힘들었으니까', '이 정도는 괜찮겠지.'라는 자기합리화가 반복되며, 음주는 점점 일상의 틈새마다 스며든다. 어느 순간부터는 기분 전환이 아니라 일상의 당연한 루틴처럼 느껴지고, 술이 있어야 하루가 마무리되는 기묘한 익숙함이 생긴다. 나는 지금 사회적 음주를 하고 있을까? 알코올중독에 있을까? 사회적 음주와 알코올중독의 차이를 알아보자

구분	사회적 음주	알코올 중독
음주 이유	즐거움 친목	스트레스 해소, 감정 회피
통제력	마시고 싶은 날만 마심	원하지 않아도 술을 마시게 됨
음주 빈도	특정한 사회적 상황에서만 마심	점점 빈도가 늘어나고 일상에서 자주 마심
건강 영향	특별한 문제 없음	신체적 정신적 건강 악화
금단 증상	술을 안 마셔도 문제가 될 것이 없음	금단 증상(불안, 손 떨림, 초조함 등) 발생
인간관계	술 없이도 유지 가능	술이 인간관계 유지의 필수 요소가 됨

사례 | 난 중독자가 아니야, 그저 술을 좋아하는 사람일 뿐

C 씨(42세)는 사회적으로 성공한 사람이었다. 대기업에서 인정받는 직장인이었고, 회식에서도 분위기를 주도하는 사람이었다. 처음에는 술이 단순한 인간관계의 도구였다. 거래처와 친해지기 위해, 상사와의 관계를 부드럽게 만들기 위해, 혹은 동료들과 스트레스를 풀기 위해 자연스럽게 술을 마셨다. 하지만 술자리가 끝나고도 혼자 술을 마시는 일이 많아졌다.

'하루 정도는 혼자 맥주 한잔할 수 있지.'

그렇게 생각했지만, 어느새 하루 한 잔이 두 잔이 되고, 맥주가 소주로 바뀌고, 나중에는 아침에도 술을 찾는 날이 늘어났다. 그는 직장에서 여전히 능력 있는 사람으로 평가받았지만, 점점 집중력이 떨어지는 걸 느꼈다. 전날 술을 마시고 출근하는 날이 많아졌고, 가끔은 숙취가 심해 조퇴를 하기도 했다. 가족들은 더 이상 술을 마시지 말라고 했다. 그러나 C 씨는 "나 정도 마시는 거면 괜찮아."라며 화를 냈다. 그러던 어느 날, C 씨는 운전대를 잡았다가 음주 단속에 걸렸다.

심리학적 이해 | 왜 한 잔이 두 잔이 될까? 알코올 의존이 되어가다

술은 감정을 조절하는 수단으로 자주 사용된다. 기쁠 때는 즐거움을 더하기 위해, 슬플 때는 고통을 덜기 위해 술을 찾는다. 이는 일종의 감정 조절 전략이다. 하지만 그 전략이 반복되면 뇌는 특정 감정 상태와 술을 '함께' 학습하게 된다. 이를 고전적 조건화라고 한다. 슬픔, 외로움, 스트레스 같은 부정적 감정이 생기면, 무의식적으로 술이 떠오르는 반응이 형성되는 것이다. 또한 술은 즉각적인 강화물로 작용한다. 불편한 감정을 순간적으로 완화해 주기 때문에, 술을 마신 행동은 뇌에 '효과적인 해결책'으로 저장된다. 이처럼 감정 조절에 있어 술이 반복적으로 개입하면, 자발적인 조절 능력은 점점 약해지고, 외부 자극에 의존하는 패턴이 강화된다. 결국 자신도 모르게 술을 통해 감정을 처리하는 자동화된 반응이 형성된다.

뇌는 술을 어떻게 학습하는가?

뇌는 경험을 해석하고 기억한다. 특히 반복되는 감각에는 더 민감하게 반응한다. 술을 마신 날 느낀 가벼운 안정감이나 어지러운 즐거움이 반복되면, 뇌는 그 경험을 '감정 완충 장치'로 받아들이게 된다. 단지 맛이나 분위기를 기억하는 게 아니라, 술이 주는 정서적 결과를 학습하는 것이다. 뇌는 편안함을 유도한 요소를 저장해 두고, 비슷한 상황이 반복되면 다시 그것을 떠올리게 만든다. 그렇게 술은 단순한 기호를 넘어, 특정 상황에서 자동으로 연결되는 반응 패턴이 된다.

스트레스 해소 – 술을 마시면 기분이 나아진다.

힘든 일이 겹치는 날, 우리는 뭔가에 기대고 싶어진다. 누군가의 말 한마디도 좋고, 어깨를 토닥여주는 손길도 좋지만, 그런 것들이 닿지 않을 때 술은 훨씬 더 손쉽게 다가온다. 몸은 따뜻해지고, 마음은 일시적으로 느슨해지며, 잠시 동안의 균형을 되찾은 듯 느껴진다. 그러나 그 위안이 반복될수록, 스트레스를 다루는 방식은 점점 단순해진다. 생각하고 느끼고 회복하는 과정 대신, 마시고 무디게 만들고 잊는 방식이 익숙해진다. 어느새 술은 '해결'이 아니라 '회피'의 도구가 되어버리고, 감정을 다루는 나만의 근육은 점점 약해진다.

기억의 왜곡 – 술을 마신다는 후회조차 사라진다.

과음한 다음 날, 후회한다.

'어제는 좀 심했지, 이제 줄여야겠어.'

하지만 문제는 술이 뇌의 기억을 흐리게 만든다는 점이다. '기억이 끊기는' 현상이 생기면서, 술을 마신 후의 부정적인 경험이 희미해진다. 즉, 뇌는 술로 인해 기분이 좋아진 부분만 기억하고, 그 후에 있었던 후회와 부작용은 잊어버린다.

많은 사람이 술을 줄이려 하면서도 이렇게 생각한다.

'술이 없으면 너무 삭막한 삶이 아닐까?'

하지만, 정말 그럴까? 술이 없는 삶이 지루한 것이 아니다. 술 없이도 기쁨을 느낄 수 있는 방법을 찾지 못했기 때문에 그렇게 느끼는 것이다. 또한, 술 없이도 충분히 행복할 수 있다는 사실을 잊고 있었을 뿐이다.

대안 | 한 잔의 유혹을 넘어서다

술을 줄이거나 끊어야겠다고 결심할 때, 우리는 질문을 던진다.
'이렇게까지 해야 할까?', '한 잔 정도는 괜찮지 않을까?.'
오랫동안 술이 삶의 일부였던 사람들에게 술을 끊는다는 것은 단순한 생활 습관의 변화가 아니다. 술과 함께한 시간, 술을 마시면서 쌓아온 관계, 술이 주는 위로 등, 이 모든 것을 내려놓는 일처럼 느껴지기 때문이다.
하지만 한 가지 확실한 것은, 술을 마시지 않는다고 해서 인생이 지루해지는 것은 아니라는 것이다. 오히려 술이 없는 삶을 선택하는 순간, 기쁨과 만족을 찾을 수 있다. 술이 없는 시간은 비어 있는 것이 아니다. 그 시간 속에서 우리는 더 깊은 대화를 나눌 수 있고, 더 건강한 몸을 만들 수 있다. 술을 마시면 기분이 좋아지는 것 같지만, 사실은 감정이 무뎌지게 만든다. 이제는 술이 아닌 나 자신과 마주할 시간이다.

나를 돌보는 루틴 만들기
술을 끊기로 마음먹었을 때, 가장 먼저 느껴지는 감정은 '공백'이다. 술 자체가 그립다기보다는, 술을 마시던 그 시간이 공허하게 느껴지고, 하루를 마무리 짓는 익숙한 방식이 사라졌기 때문이다. 그 빈자리를 억지로 다른 활동으로 채우려 하기보다는, 차라리 아주 사소한 감각 하나를 다시 느껴보는 것으로 시작해 보면 좋다. 예를 들어, 하루에 한 번 손으로 뭔가를 만져보는 시간을 만들어 보는 것이다. 흙을 만지거나, 천천히 과일 껍질을 벗기거나, 찻잔을 손으로 감싸 쥐는 것처럼 단순한 행위 말이다. 생각보다 우리는 손끝의 감각을 거의 느끼지 못한 채 살아간다. 술은 우리의 감각을 둔하게 만들지만, 손으로 무언가를 느끼는 시간은 오히려 감정을 깨어나게 한다.

어느 날은 클레이를 조물조물 주물러보기도 하고, 어느 날은 낙엽을 한 장 주워 와 책갈피로 만들어 볼 수도 있다. 특별하지 않아도 괜찮다. 손을 움직이며 천천히 집중하다 보면, 마음이 복잡할 때 잠시 숨을 고를 수 있는 여유가 생긴다. 그런 순간이 반복되면, 비워졌던 시간이 조용히 채워지기 시작한다. 술 대신 뭔가를 해야 한다는 부담보다는, 그냥 내 손끝이 기억하는 감각 하나를 천천히 되찾아 보는 것. 그게 나를 돌보는 작은 시작이 될 수 있다.

역할 바꾸기

오랫동안 술은 당신 삶의 '마침표'였을지도 모른다. 고된 하루의 끝, 외로움과 분노가 뒤섞인 그 순간에 술은 조용히 곁을 지켜주곤 했다. 아무 말 없이 다가와 마음을 덜어주는, 묘한 위로가 되는 존재였다. 어쩌면 술은 음료 이상의 의미, 하나의 '역할'처럼 느껴졌는지도 모른다. 그렇다면 지금, 그 역할을 조금 바꿔보는 상상을 해보는 건 어떨까. 익숙한 삶의 틀을 잠시 벗어나, 낯선 공간에서 새로운 나를 만나보는 일 말이다. 동네의 작은 모임에 얼굴을 내밀어 본다든지, 짧게나마 자원봉사 활동에 참여해 보는 것처럼 가볍게 시도할 수 있는 방식도 있다. '누군가의 부모', '직장인', '술을 마시는 사람'이라는 익숙한 정체성을 잠시 내려놓고, 새로운 역할을 조심스레 입어보는 것이다. 이건 무언가를 억지로 대신하려는 시도가 아니다. 다만 지금과는 조금 다른 방식으로 나를 살아보는 실험일 뿐이다. 그렇게 자신도 몰랐던 나의 일부와 마주하는 순간이 찾아올지도 모른다. '나는 이런 사람일 수도 있겠구나.' 하고 가볍게 웃을 수 있는 순간 말이다.

보통 술을 마시고 싶은 충동은 몇 분에서 길어야 한두 시간 정도 지속된다. 그 순간을 지나면, 신기하게도 술에 대한 갈망이 조금씩 줄어든다. 처음에는 쉽지 않을 것이다. 하지만 기억해야 할 것은, 술이 주는 즐거움은 일시적이라는 점이다. 술이 필요 없다는 것을 깨닫는 순간, 술 없이도 즐거움을 경험하는 삶이 시작된다.

♣ 알코올 의존 진단 기준

알코올 의존(알코올 사용 장애)의 진단 기준은 DSM-5(정신 장애 진단 및 통계 편람 제5판)나 ICD-10(국제질병분류 제10차 개정판)에 따르면 다음과 같다. 알코올 의존을 진단하기 위해서는 다음의 11가지 진단 기준 중 최소 2가지 이상이 지난 12개월 동안 지속해 나타나야 한다.

1. 술을 반복적으로 과다하게 마시거나 섭취 기간을 조절하지 못한다.
2. 술 섭취를 줄이거나 끊으려고 시도했지만 실패한 경험이 있다.
3. 술을 구하거나 마시기 위해 지나치게 많은 시간을 보내며 술 깨

는 데 시간이 많이 소요된다.
4. 술에 대한 갈망감, 혹은 강한 바람, 혹은 욕구가 생긴다.
5. 술로 인해 중요한 역할을 할 수 있는 일상적인 활동들(예: 직장, 학교, 가정 등)을 포기하거나 줄인다.
6. 술로 인해 사회적, 직업적, 또는 대인 관계에서 지속적인 문제가 발생하지만, 여전히 섭취를 계속한다.
7. 술로 신체적, 정신적 문제(예: 신체적인 부작용, 우울증, 불안 등)가 발생했음에도 불구하고 술을 멈추지 못한다.
8. 술에 대한 내성이 생겨서 같은 효과를 얻기 위해 더 많은 양을 마시게 된다.
9. 술을 마시므로 인해 지속해, 혹은 반복적으로 신체적·심리적 문제가 유발되거나 악화할 가능성이 높다는 것을 알면서도 계속 술을 마신다.
10. 술의 내성으로 원하는 효과를 얻기 위해 술을 마시는 양이 또렷이 증가하거나 같은 양의 술을 마실 때 효과가 현저히 감소한다.
11. 금단증상이 나타나며(손 떨림, 불안, 발한, 메스꺼움, 구토, 불면증 등) 이를 해소하기 위해 다시 술을 마신다.

3) 카페인중독

김희례

각성에 중독된 일상

아침 회의 전, 습관처럼 손에 쥐어진 커피 한잔. 커피는 하루를 '시작했다.'는 신호처럼 여겨진다. 단지 피곤해서 마시는 게 아니라, 마시지 않으면 어딘가 준비가 덜 된 느낌을 주기도 한다. 출근길에서도, 야근 중인 사무실에서도, 우리는 이유 없이 커피를 들고 있다. 어느새 카페인은 일의 리듬, 사회적 분위기, 개인의 정체성에까지 스며들어 있다.

일을 잘하고 있다는 자기 확신, 무언가에 집중하고 있다는 착각, 깨어 있는 사람이라는 자기 이미지. 카페인은 그렇게 '의식적인 상태'를 유지하게 도와주는 심리적 도구가 되기도 한다. 머리가 맑아지는 느낌, 과제가 잘 풀리는 착각, 혹은 단지 손에 무언가 들고 있는 안정감이 우리를 안심시킨다. 카페인은 피로를 잊게 해주는 일종의 사회적 보상처럼 작용하기도 한다. 끝없는 업무, 지친 육아, 반복되는 일상 속에서 잠깐이라도 '버텼다'는 자신에게 주는 작은 선물처럼 느껴진다. '이 정도 했으니 커피 한 잔쯤은 괜찮아', '오늘은 힘들었으니 달달한 라떼를 마셔야지'라는 생각은 단순한 기호를 넘어, 감정 보상 시스템처럼 작동한다. 그렇게 카페인은 무언가를 끝내거나 버텨낸 직후에 찾아오는 익숙한 위안이 되고 있다.

카페인을 섭취하면 몸 안에서는 피로를 느끼게 하는 신호가 잠시 차단된다. 원래는 아데노신이라는 물질이 쌓이면서 뇌에 '쉬어야 한다'는 신호를 보내는데, 카페인은 이 아데노신의 자리를 가로채 피로를 못 느끼게 만든다. 그래서 우리는 졸리지 않고, 더 또렷하게 깨어 있는 듯한 느낌을 받는다. 문제는 이 상태가 인위적으로 유지된다는 것이다. 피로는 사라진 게 아니라 '느껴지지 않게 된 것'일 뿐인데, 우리는 이 상태를 정상이라고 착각하게 된다. 그렇게 뇌는 '카페인을 섭취해야 정상처럼 느껴진다'고 기억하고, 점점 더 자주, 더 많은 양을 원하게 된다. 이것이 바로 신체적·심리적 의존의 시작이다.

그러나 이 모든 각성 효과는 장기적으로 볼 때 우리 몸에 대가를 요구한다. 처음엔 한 잔으로 충분했던 효과가 점점 줄어들고, 같은 효과를 얻기 위해 두 잔, 세 잔으로 늘어나게 된다. 뿐만 아니라 과다 섭취 시 심장이 빨리 뛰고, 속이 쓰리거나 소화가 어려워질 수 있다. 오랜 시간 지속되면 뼈 건강이나 철분 흡수에도 영향을 미쳐 골다공증이나 빈혈로 이어질 위험도 생긴다. 카페인을 줄이려고 하면 두통, 짜증, 무기력감 같은 금단 증상이 나타나기도 한다.

> **사례 | 커피 없이는 하루를 시작할 수 없어.**
>
> J 씨(35세)는 바쁜 직장인이다. 아침마다 커피 한 잔으로 하루를 시작하는 것이 그의 일상이었다. 출근길에 테이크아웃 커피를 사는 것은 습관이 되었고, 점심시간 후에도 졸음을 쫓기 위해 한 잔 더 마셨다. 회의가 길어질 때는 에너지 드링크로 집중력을 유지했다. 처음에는 커피가 그저 피로를 덜어주는 역할을 했지만, 어느 순간부터 없으면 불안해졌다. 오후에 커피를 마시지 않으면 집중력이 떨어지고, 기분도 가라앉았다. 퇴근 후에도 피곤한 몸을 끌고 카페에 들러 또 한 잔을 마셨다. 그러나 문제는 밤이 되면서 시작됐다. 침대에 누워도 쉽게 잠들지 못했다. 몸은 피곤한데 머리는 계속 깨어 있는 느낌이었다. 겨우 잠이 들더라도 깊은 수면을 취하지 못해 아침이면 더 피곤했다. 결국, 다시 커피를 찾았다.
>
> '이제 커피 없이는 하루를 버틸 수 없나?'

심리학적 이해 | 잠은 깨지만, 피로는 남는다

J 씨는 매일 아침 커피 없이는 하루를 시작하기 어렵다. 커피 한 잔이 없으면 불안함이 느껴지고, 집중력이 흐트러지는 기분이다. 이는 단순한 습관일까, 아니면 더 깊은 심리적 의존일까? 우리는 스트레스가 쌓이면 무의식적으로 익숙한 위안을 찾는다. 일이 많고 피곤할 때 마시는 커피 한 잔은 단순히 에너지를 채우기 위한 게 아니다. 그 순간 만큼은 잠깐 쉬어가는 여유, 나를 위한 작은 휴식처럼 느껴진다. 또 마음이 불안할 때마다 커피를 찾게 되는 것도 알고 보면, 스스로 마음을 다독이려는 방법 중 하나다.

카페인을 마시면 어떤 느낌이 올지 알 수 있다는 점도 자꾸 찾게 되는 이유가 된다. 피곤하거나 집중력이 저하될 때 커피를 마시면 각성이 된다는 경험이 반복되면서, 우리는 점점 더 카페인을 의지하게 된다. 이러한 과정은 강화 학습과도 유사하다. 특정한 자극(피로)에 대한 특정한 반응(커피 섭취)이 반복되면서, 보상(각성)이 주어지고, 이것이 강화된다. 결국, 카페인을 줄이거나 끊으려 할 때 불안감이 느껴지는 것은 단순한 금단 증상이 아니라, 익숙한 심리적 '안전장치'를 잃는 것에 대한 두려움일 수도 있다.

문제는 카페인 의존이 정신적인 차원에만 머무르지 않는다는 점이다. 신체는 점차 카페인에 적응하며, 일정량 이상의 카페인이 없으면 극심한 피로감이나 두통을 경험하게 된다. 이는 단순한 신경 예민 반응이 아니라, 뇌혈관이 카페인에 의해 수축하였다가 다시 확장되면서 발생하는 생리적 변화다. 또한, 과도한 카페인 섭취는 심박수 증가, 불안, 소화 장애 같은 다양한 신체적 부작용을 유발할 수 있다.

대안 | 커피 의존에서 벗어나 건강하게 각성하는 방법

카페인이 많으면 잠을 방해하고 신경이 예민해진다는 걸 알면서도, 커피를 끊는 건 생각보다 어렵다. 무작정 참기보다는, 카페인을 더 현명하게 다루는 방식이 필요하다. 커피와 거리 두기가 아니라, 관계 맺기의 방식을 새롭게 바꾸는 것이다.

첫째, 커피를 '줄이는 것'보다 '방식을 바꾸는 것'에 초점을 맞춰 보자. 커피를 마시지 않는 날은 대체 음료를 찾기보다, '마시는 경험' 자체를 재구성하는 것도 좋은 방법이다. 예를 들어, 평소 커피를 마시던 자리에 앉아 따뜻한 물이나 직접 내린 허브차를 마시는 루틴을 만들어 보는 것이다. 공간과 시간은 유지하되, 자극은 달라지는 방식이다. 그렇게 하면 '마시는 행위'의 틀은 그대로 유지하면서도 의존에서 한 발 물러날 수 있다.

둘째, 아침 루틴을 '커피 없이도 깨어날 수 있는 감각 훈련'의 시간으로 바꿔보자. 찬물로 얼굴을 씻고, 좋아하는 향을 맡거나 가볍게 코 끝을 자극하는 냄새(예: 자몽, 유칼립투스)를 준비해보자. 시각, 후각, 청각처럼 다양한 감각을 깨우는 자극은 카페인과는 다른 방식으로 뇌를 활성화시킨다. '몸이 깨어나는 법'을 다양하게 익히는 것, 이것이 진짜 각성의 시작이다.

셋째, 커피를 마시는 시간을 '속도 조절의 시간'으로 삼아보자. 커피 자체를 끊지 않아도 된다. 대신 너무 자동적으로 마시지 않는 연습이 필요하다. 마시기 전 10초만 호흡하며 컵을 바라보거나, 책 한 줄을 읽은 뒤에 마시는 식으로 리듬을 바꿔보자. 의식적으로 천천히 접근하는 습관은 카페인을 흡수하는 방식까지 변화시킨다. 뇌는 '느리게 즐기는 만족'에도 충분히 반응한다.

넷째, 커피가 필요한 이유를 '정확하게 짚어보는 연습'을 해보자. 몸이 진짜 피곤해서인지, 단지 루틴이 무너지는 게 불안해서인지, 아니면 무료함을 달래고 싶은 건지 물어보는 것이다. 만약 에너지가 떨어진 상태라면, 짧은 낮잠이나 햇볕 쬐기, 손가락 스트레칭, 계단 오르기 같은 비카페인 에너지 충전법도 있다. 이런 방식으로 '카페인 없이도 나를 돌보는 방법'을 조금씩 늘려가다 보면, 커피는 의존이 아닌 선택이 될 수 있다.

4) 니코틴중독

담배 한 개비에 묶인 자유

담배 한 개비, 아니 한 모금에 마음이 풀어진다고 느껴본 적이 있는가? 긴장된 순간, 불안한 마음, 생각이 너무 많아질 때 한 모금 들이마시면 그 순간만큼은 모든 게 괜찮아지는 듯한 느낌이 든다. 어쩌면 담배는 단순한 중독의 문제가 아니라, 우리 삶에서 순간순간 작은 위안을 주는 존재가 되어버렸을지도 모른다. 니코틴은 그만큼 강력하다. 한 번만 피워도 몸속으로 빠르게 스며들어 단 7초 만에 뇌에 도달한다. 그리고 도착하자마자 쾌감 회로를 자극한다. 도파민이 쏟아져

나오고, 짧고 강렬한 쾌감이 온몸을 스친다. 몸은 담배를 통해 느낀 그 짧은 정적을 기억한다. 마음이 복잡해질수록 다시 그 순간을 재현하고 싶어진다. 그렇게 담배는 점점 '생각을 끊어주는 장치'처럼 작동하며, 익숙한 반응 경로로 자리 잡는다. 그렇게 니코틴은 쾌감 회로를 장악하고, 흡연자는 서서히 자유를 잃는다.

니코틴이 가진 중독성은 단순한 습관 그 이상이다. 흔히들 '의지가 약해서 담배를 못 끊는다'라고 말하지만, 실은 그게 아니다. 니코틴은 마약과 비슷한 수준의 즉각적인 보상효과를 준다. 코카인이나 헤로인처럼 강한 중독성을 지니고 있어서, 몸이 그것을 갈망하도록 설계되어 버린다. 더구나 니코틴의 반감기는 약 2시간으로 피운 지 얼마 지나지 않아 혈중 니코틴 농도가 떨어지면, 뇌는 다시 신호를 보낸다. '한 대만 피우면 괜찮아질 거야.' 그리고 다시 담배를 찾게 된다. 이 패턴이 반복되면서 니코틴 의존은 점점 더 깊어지고, 결국 담배 없이는 하루를 버티기 어려운 상태가 되어버린다.

흔히 담배 하면 폐암을 떠올리지만, 그보다 더 많은 문제가 있다. 담배는 심혈관계에도 치명적이다. 니코틴이 혈관을 수축시키면서 혈압을 올리고, 장기적으로는 심장병과 뇌졸중 위험을 높인다. 면역력도 떨어뜨려서 잦은 감기나 기관지염에 걸리기 쉽게 만들고, 피부 노화도 촉진한다. 무엇보다도, 오랜 시간 동안 몸에 축적된 담배의 유해 물질은 서서히 신체 기능을 마비시킨다. 그 영향은 시간이 지날수록 더 깊어지고, 때로는 돌이킬 수 없는 상태로 이어지기도 한다.

그렇다면 왜 이렇게 많은 사람들이 담배를 끊기 어려워할까? 이유는 단순히 '니코틴 중독' 때문만이 아니다. 흡연은 신체적인 의존을 넘어, 심리적인 의존까지 동반한다. 흡연가들은 담배를 스트레스 해소의 도구로 삼는다. 힘든 일이 있을 때, 답답할 때, 생각을 정리하고 싶을 때 담배를 찾는다. 흡연은 단순한 행위가 아니라, '나만의 시간'을 갖는 하나의 의식이 되기도 한다. 어떤 사람들에게는 담배와 함께하는 여유로운 순간이기도 하고, 어떤 이들에게는 바쁜 하루 중 잠깐의 숨 돌림이기도 하다. 그래서 담배를 끊는다는 것은 단순히 '니코틴을 줄인다'는 문제가 아니라, 오랫동안 익숙해진 패턴을 바꾸는 일이 된다.

게다가 흡연은 사회적 관계와도 연결되어 있다. 흡연 구역에서 나누는 짧은 대화, 동료들과 함께 피우는 담배 한 개비, 술자리에서 자연스럽게 나누는 담배 한 대가 어느새 인간관계와 일상의 한 부분이 되어 가고 있다. 그래서 금연을 시도할 때 단순히 '담배를 끊는다'는 것만으로는 충분하지 않다. 흡연을 대신할 무언가가 필요하고, 그 과정에서 새로운 루틴과 삶의 방식을 만들어 가야 한다.

담배 한 개비에 묶인 자유. 결국 흡연은 '내가 선택하는 일'이 아니라, '담배가 나를 선택하는 일'이 되어버린다. 한 개비를 피우면 자유로워지는 것 같지만, 사실은 점점 더 니코틴에 얽매이게 된다. 몸은 점점 더 담배를 원하고, 마음은 담배에 의존하게 된다. 그렇게 흡연은 단순한 습관이 아니라, 하나의 '필요'가 되어버린다.

사례 | 끊고 싶지만, 끊을 수 없다.

B 씨(45세)는 20년째 흡연을 하고 있다. 처음에는 단순한 호기심이었다. 대학 시절 친구들과 어울리며 한두 개비씩 피우던 것이, 어느새 하루 한 갑이 되었다. 바쁜 직장 생활 속에서 담배는 스트레스를 풀어주는 유일한 도구였다. 회의 전 긴장을 풀기 위해 한 대, 식사 후 입가심으로 한 대, 일이 쌓일 때마다 담배를 피우러 가는 것은 자연스러운 루틴이 되었다. 사실 그는 몇 번이고 금연을 시도했다. 병원에서 건강검진을 받을 때마다 의사는 금연을 권유했고, 가족들도 걱정 어린 눈빛으로 말했다. "담배 좀 줄여야 하는 거 아니야?" 그때마다 B 씨는 대수롭지 않게 넘겼다.

'지금 당장 끊을 필요는 없잖아.'

담배를 완전히 끊는다는 생각이 더 스트레스처럼 느껴졌다.

심리학적 이해 | 마음이 먼저 피운다

B 씨는 여러 번 금연을 시도했지만, 담배를 끊는 것이 오히려 더 큰 스트레스로 다가왔다. 담배를 단순한 습관으로 여기지만, 사실 그 뒤에는 더 깊은 심리적 이유가 있다. 우리는 왜 담배에 의존하게 될까? 단순히 니코틴 때문일까? 니코틴 중독은 단순히 몸이 의존하는 것이 아니라, 우리의 심리와도 깊이 연결되어 있다. 담배를 끊기 어렵다는 것은 단순한 참을성의 문제가 아니다. 이는 뇌가 학습한 보상 체계와 관련이 있다. 니코틴은 뇌에서 도파민을 분비하도록 자극해 순간적으로 기분 좋은 느낌을 준다. 이 효과는 너무나 즉각적이고 강해서, 다른 방식으로 스트레스를 해소하는 것이 점점 어려워진다. 많은 사람이

금연에 실패하는 이유를 '의지 부족'이라고 생각하지만, 사실 이는 인간의 뇌가 본능적으로 보상을 추구하는 방식과 관련이 있다. 니코틴은 단순히 중독을 유발하는 물질이 아니라, 우리의 행동 패턴을 강화하는 강력한 보상 기제가 된다.

특히, 니코틴은 감정을 조절하는 역할을 한다. 스트레스를 받을 때 담배를 찾는 것은 단순한 습관이 아니다. 스트레스를 받으면 몸에서는 코르티솔이라는 호르몬이 분비되면서 불안과 긴장감을 높인다. 그런데 니코틴은 신경을 안정시키는 역할을 하면서 순간적으로 긴장을 풀어준다. 즉, 니코틴은 단순한 흡연 욕구가 아니라, 우리 몸이 스트레스를 다루는 방법 중 하나로 자리 잡게 되는 것이다. 반복될수록 니코틴 없이 감정을 다루는 것이 어려워지고, 결국 흡연이 단순한 습관이 아니라 생존 방식처럼 느껴지게 된다.

담배를 피우기 위해 불을 붙이고, 연기를 내뿜으며 잠시 외부 세계에서 벗어나는 행위는 단순한 니코틴 섭취 이상의 의미를 갖는다. 우리가 기도나 명상처럼 특정 행동을 통해 감정을 정리하는 것처럼, 담배를 피우는 행위도 하나의 감정 조절 기제가 될 수 있다. 그래서 금연을 하면 단순히 니코틴이 부족해서가 아니라, 이러한 행동이 사라지면서 더 큰 불안감이 찾아오는 것이다.

니코틴 중독을 제대로 이해하려면, 금연이 단순한 몸의 변화가 아니라 '내가 감정을 어떻게 다루고 있는가?'에 대한 고민이 필요하다. 흡연자가 금연 후 우울감을 느끼는 것도 같은 이유다. 니코틴이 사라지면 즐거움과 만족을 느끼는 반응이 둔화되고, 자연스럽게 기분이 좋아지는 능력이 일시적으로 떨어진다. 이 상태는 몇 주간 지속될 수 있고, 어떤 사람들에게는 심리적인 공허함으로 나타나기도 한다. 이 공허함을 해결하지 못하면 다시 흡연으로 돌아가게 된다. 그래서 금연을 시도할 때 단순히 패치나 약물치료만으로 해결하려 하면 실패할 확률이 높다. 중요한 것은, 니코틴이 주던 심리적 보상을 다른 방식으로 채우는 것이다.

대안 | 금연, 결심만으로는 부족하다

담배를 끊는 건 단순한 인내의 문제가 아니다. 단순히 의지만으로 해결할 수 있는 문제였다면, 이토록 많은 사람들이 금연을 어려워하지 않았을 것이다. 담배를 끊는 것은 나와 오랜 시간 함께해 온 습관과 헤어지는 과정이고, 때로는 위로받던 존재를 떠나보내는 일이다. 금연을 시도하는 사람들은 알고 있다. 건강을 위해 끊어야 한다는 것을, 가족들이 걱정한다는 것을, 경제적으로도 낭비라는 것을, 그런데도 왜 이렇게 어려운 걸까?

니코틴이 강력한 이유는 단순히 중독성 때문만이 아니다. 담배가 단순한 습관이 아니라 '삶의 일부'가 되어버렸기 때문이다. 회의 전 긴장을 풀기 위해 피우는 담배, 친구들과 함께하는 시간 속에서 자연스럽게 따라 나가는 담배 한 개비. 담배는 어느새 삶의 흐름 속에서 하나의 장면이 되어버렸다. 그렇다면, 금연은 '참는 것'이 아니라, 익숙했던 일상의 틀을 조금씩 바꿔나가는 과정이었으면 한다.

첫 번째로, '새로운 즐거움 찾기'가 필요하다. 사람은 원래 무언가를 갑자기 없애버리는 것을 힘들어한다. 단순히 담배를 끊어야 한다는 생각만 하면 그 빈자리가 더 크게 느껴진다. 그래서 담배를 대신할 수 있는 '새로운 즐거움'을 찾아야 한다. 손이 심심할 때마다 껌을 씹거나, 뜨거운 차를 마시는 것도 좋다. 또는 담배 대신 작은 공을 손에 쥐고 있거나, 볼펜을 돌리는 것도 방법이다. 중요한 것은 담배를 대체할 무언가가 있어야 한다는 점이다. 담배를 대신할 만족할 수 있는 또 다른 무언가가 생긴다면 금연의 과정이 훨씬 수월해진다.

둘째, '나를 유혹하는 순간'을 관찰해보자. 흡연 욕구는 특정 상황에서 더 강하게 나타난다. 식사 직후, 운전 중, 스트레스를 받을 때, 혹은 혼자 있는 밤 등. 이러한 패턴을 스스로 인식하고 미리 준비해 두는 것이 중요하다. 예를 들어 스트레스 상황에는 짧은 글쓰기나 음성 메모처럼 감정을 바로 표현할 수 있는 방법도 좋다.

셋째, '피우고 싶은 순간'을 건너뛰는 연습을 해보자. 금연은 때로 '끊는다'보다 '넘긴다'는 접근이 더 효과적이다. 당장 담배가 당길 때, 그 순간을 조금만 미뤄보자. 단 5분 동안 다른 공간으로 이동하거나, 전혀 다른 행위(예: 냉수로 손 씻기, 짧은 숨 고르기, 작은 집안일 등)를 해보는 것이다. 중요한 건 '무조건 참는 것'이 아니라, 그 순간을 다르게 채우는 훈련이다.

넷째, '금연을 하나의 실험처럼 받아들이기'도 도움이 된다. 보통 사람들은 금연을 '성공' 아니면 '실패'로만 본다. 하지만 이렇게 생각하면 실패했을 때 금방 포기하게 된다. 금연을 '내 몸이 어떻게 변하는지 관찰하는 실험'이라고 생각해 보면 어떨까? '이번 주는 담배를 반으로 줄여보자' 혹은 '3일만 피우지 않고 버텨보자'라고 가볍게 접근하는 것이다. 만약 실패하더라도 좌절할 필요가 없다. 실패의 경험도 내 몸에 대한 데이터를 얻는 과정이라고 생각하면 된다. 이렇게 접근하면 부담 없이 금연을 시도할 수 있다.

다섯째, '흡연과 관련된 공간을 바꿔보기'도 중요하다. 담배를 피우던 특정한 장소가 있다면, 그 공간의 분위기를 바꿔보자. 예를 들어, 베란다에서 담배를 피우던 습관이 있었다면, 베란다에 작은 화분을 놓고 차를 마시는 공간으로 바꿔보는 것이다. 또는 담배를 피우던 카페 대신 다른 장소를 찾아보는 것도 방법이다. 공간을 바꾸는 것만으로도 흡연 욕구를 줄이는 데 도움이 될 수 있다.

마지막으로, '나만의 금연 이유 찾기'가 중요하다. 금연을 할 때, 보통 사람들은 건강이나 경제적인 이유를 떠올리지만, 정작 가장 강력한 동기는 개인적인 이유에서 나온다. '아이와 더 오래 함께하고 싶어서', '아침에 일어났을 때 가벼운 숨을 쉬고 싶어서', '내가 더 이상 니코틴에 휘둘리고 싶지 않아서'. 나만의 금연 이유를 찾고, 그것을 기억하는 것만으로도 흡연 욕구를 다스리는 데 큰 힘이 된다.

담배를 끊는다는 것은 단순한 의지력의 싸움이 아니다. 그것은 내 삶의 한 부분을 새롭게 디자인하는 과정이다. 담배 한 개비를 피우지 않는 것이 아니라, 그 빈자리에 내가 좋아하는 것들로 채워나가는 것. 그렇게 조금씩, 내 삶을 담배가 아닌 나 자신이 주도할 수 있도록 만들어가는 것. 금연은 그런 여정이면 좋겠다.

4. 관계·심리적 의존중독(Relational & Psychological Dependency)

사람은 누구나 사랑받고 싶어 한다. 혼자가 아니라는 사실에서 안도하고, 누군가와 함께하는 순간 속에서 의미를 찾는다. 애정과 인정, 소속감은 우리가 살아가는 데 꼭 필요한 감정이다. 하지만 그 감정이 지나치게 강해질 때, 우리는 관계 속에서 자신을 잃어버리기 시작한다.

누군가와 가까워지는 것이 아니라, 그 사람 없이는 불안해지고, 상대에게 집착하게 된다. 누군가가 나를 떠나지 않도록 온 힘을 다해 매달리고, 그 사람의 말과 행동에 따라 내 감정이 오르락내리락한다. 사랑받고 싶은 마음이 점점 더 커지면서, 나는 점점 더 작아진다.

타인의 인정 없이는 존재 가치를 느끼지 못하는 사람도 있다. '잘했다'라는 말 한마디, '멋지다'는 평가 하나가 내 가치를 결정하는 것처럼 느껴진다. 나를 있는 그대로 사랑하는 것이 아니라, 인정받기 위해 나를 꾸며내고, 나를 감춘다. 내가 원하는 것이 아니라, 타인이 원하는 대로 살아간다. 또 어떤 사람은 누군가를 돌보는 일에 삶을 걸기도 한다. 상대가 힘들어할까 봐, 외로울까 봐, 나 없이 무너질까 봐 끊임없이 헌신한다. 사랑이니까, 가족이니까, 친구니까… 그렇게 돌보고 또 돌보다 보면 어느 순간 나 자신은 온데간데없이 사라진다. 그리고 문득 깨닫는다. 정작 나를 돌볼 줄 모른다는 사실을.

관계·심리적 의존중독은 눈에 잘 보이지 않는다. 오히려 많은 사람이 '그럴 수도 있지'라며 당연하게 받아들인다. 하지만, 이 중독은 천천히, 조용히 우리의 삶을 잠식해 간다. 나를 잃어버린 채 사랑을 구걸하고, 외로움을 채우기 위해 관계에 매달리고, 타인의 시선 속에서만 살아간다. 특히, 관계중독은 단순히 끊는다고 해결되지 않는다. 관계에 기대고, 사랑을 갈구하고, 타인의 인정 없이는 불안했던 이유를 이해해야 한다. 왜 나는 이토록 관계에 집착할까? 왜 사랑받지 않으면 불안할까? 왜 나보다 남을 먼저 돌보게 될까?

이제, 중독을 없애는 것이 아니라, 조금 더 건강한 관계를 맺는 법을 찾아보려 한다. 사랑받기 위해 나를 잃어버리지 않도록, 혼자가 되어도 흔들리지 않도록, 타인의 시선에 갇히지 않도록. 이제, 나를 위한 관계를 시작해 보자.

1) 관계중독

고혜인

타인에게 집착하는 마음

대부분의 사람은 관계 속에서 살아간다. 가족, 친구, 연인, 동료와의 관계는 삶에 안정감과 행복을 가져다준다. 가까운 사람과의 따뜻한 교류는 감정적인 위로가 되고, 힘든 순간에도 곁에 누군가 있다는 사실만으로도 큰 힘이 된다. 하지만 모든 관계가 건강하게 유지되는 것은 아니다. 어떤 관계는 서로를 지지하고 성장하게 만드는 대신, 한쪽이 지나치게 집착하거나 의존하면서 불균형한 형태로 변질되기도 한다. 상대가 없으면 불안해지고, 그 사람에게 지나치게 기대며 자신의 감정과 행동을 조절하지 못하는 상태, 이것이 바로 관계중독(Relationship Addiction)이다.

관계중독에 빠진 사람은 상대를 잃을까 봐 끊임없이 매달리고, 상대가 원하는 대로 맞추려 하며, 자신의 감정보다 상대방의 반응에 더 집중한다. 상대가 기뻐하면 자신도 기쁘고, 상대가 차갑게 대하면 온종일 불안에 시달린다. 그러다 보니 관계가 조금만 흔들려도 심한 불안과 절망을 경험하게 된다. 문제는 이러한 집착과 의존이 관계를 더 불안정하게 만들고, 결국 자신도 상대도 지치게 만든다는 점이다. 관계를 통해 행복해지고 싶었지만, 오히려 상처받고 괴로워지는 악순환이 반복되는 것이다. 그 과정에서 자존감은 점점 낮아지고, 스스로 감정과 행동을 조절할 수 없다는 무력감까지 느끼게 된다.

그렇다면 왜 특정한 관계에 지나치게 의존하게 될까? 그리고 관계중독에서 벗어나 건강한 관계를 유지하려면 어떻게 해야 할까? 관계를 맺는다는 것은 분명 소중한 일이지만, 그 안에서 자신을 잃어버릴 정도로 집착하게 된다면 한 번쯤 돌아볼 필요가 있다.

> **사례 | 이 사람이 없으면 나는 못살아.**
>
> E 씨(30세)는 연애만 시작하면 모든 것을 상대에게 맞추는 사람이었다. 처음에는 헌신적인 연인이라는 말을 들었지만, 시간이 지날수록 관계는 점점 불안정해졌다. 상대방이 답장을 늦게 하면 불안했고, 연락이 뜸해지면 머릿속은 온갖 부정적인 생각으로 가득 찼다.
>
> '혹시 나에게 질린 걸까?'
> '내가 뭔가 잘못한 게 있나?'
> '이 사람 없이는 나는 아무것도 아니야.'
>
> 그럴수록 그는 더 집착했다. 상대방이 피곤하다고 말해도 집 앞에서 기다렸고, 친구들과 약속을 잡으면 괜히 심통이 나서 감정을 쏟아냈다. '나는 네가 전부인데, 너는 왜 그렇지 않아?'라는 생각이 머릿속을 떠나지 않았다. 결국 연인은 부담을 느끼고 이별을 고했다. 하지만 헤어진 후에도 E 씨는 쉽게 놓지 못했다. 상대방의 SNS를 매일 확인했고, 새로운 연락이 오지 않을까? 핸드폰을 붙잡고 기다렸다. 친구들이 "이제 그만 받아들이는 게 어때?"라고 말했지만 쉽지 않다.
>
> '나는 이 사람 없이는 아무것도 아닌데, 어떻게 받아들여?'

심리학적 이해 | 나는 왜 사랑을 확인받아야 할까?

E 씨의 행동은 단순한 성격 문제가 아니다. 관계에 지나치게 집착하는 모습은 어린 시절의 정서적 경험과 밀접하게 연결되어 있다. 특히 애착 형성 과정에서 충분한 안정감을 경험하지 못한 경우, 성인이

되어서도 누군가의 사랑을 통해 자신의 가치를 확인받으려는 경향이 나타날 수 있다.

가까워질수록 불안해지고, 멀어질수록 두려워지는 마음

이런 감정의 이면에는 '나는 사랑받을 수 있을까?'라는 근본적인 불안이 자리 잡고 있다. 어린 시절, 부모가 감정적으로 일관되지 않거나 애정을 표현하는 방식이 제한적이었다면, 아이는 사랑이 조건적이거나 언제든 사라질 수 있는 것이라 배울 수 있다. 이런 불안은 성인이 되어서도 관계를 유지하는 방식에 영향을 준다. 상대의 작은 변화에도 민감하게 반응하고, 마음이 멀어질까 봐 조바심을 낸다. E 씨 역시 상대의 연락이 뜸해지면 자신이 버림받을지도 모른다는 생각에 휘청였다. 그러다 보니 더 많은 애정을 요구하게 되고, 관계는 점점 무겁고 힘겨운 방향으로 흘러가게 된다.

한편, 정반대의 모습으로 보이는 회피형 애착도 같은 뿌리를 가진다. 가까운 관계 안에서 불편함을 느끼고, 감정적으로 거리를 두려 하는 사람들 역시 어린 시절 감정적인 교류가 부족했던 경험을 지닌 경우가 많다. 이들은 친밀감 자체를 위험하게 여기며, 누군가 다가오면 본능적으로 밀어내려 한다. 그러나 막상 관계가 멀어지면 다시 불안을 느끼고, 또다시 다가가려는 모순적인 태도를 반복한다.

결국 관계중독은 사랑을 확인받고 싶은 욕구보다는, '사랑받지 못할까 봐' 두려운 마음에서 비롯된다. 그 두려움을 없애기 위해 상대에게 더 헌신하거나 감정을 조절하려 들지만, 오히려 그 절박함이 관계를 더 힘들게 만든다. 사랑은 애써 붙잡지 않아도 곁에 머무를 수 있어야 하는데, 불안은 그 자연스러움을 허락하지 않는다.

대안 | 사랑을 구걸하지 않는 사람은 무엇이 다를까?

관계중독에서 벗어나기 위해 단순히 상대에게 덜 집착하는 것이 해결책은 아니다. 중요한 것은 나 자신과의 관계를 돌아보는 것이다. 내가 나를 있는 그대로 인정하고 사랑할 수 있어야, 상대에게 집착하지 않고도 건강한 관계를 맺을 수 있다.

우리는 사랑받고 싶어 하지만, 사실 더 깊은 곳에는 안정감, 이해받고 싶은 마음, 외로움에 대한 두려움이 숨어 있을 때가 많다. 그렇지만 그것을 반드시 누군가를 통해서만 채워야 하는 것은 아니다. 내가 나를 더 잘 이해할수록, 사랑에 대한 의존도는 자연스럽게 줄어든다. 관계에 삶의 무게중심을 두게 되면, 상대의 반응에 따라 감정이 널뛰기한다. 하지만 관계는 변할 수밖에 없다. 관계가 흔들려도 나 자신은 흔들리지 않도록, 내 안에 단단한 중심을 만들어야 한다. 나만의 취미를 갖고, 나를 만족시킬 수 있는 것들을 찾아야 한다. 사랑은 삶을 더 풍요롭게 해주지만, 그것이 나의 전부가 될 필요는 없다.

한 번쯤은 말이 없어도 편안한 연결, 함께 있지 않아도 계속되는 따뜻함을 상상해 보자. 그리고 그런 고요한 연결감을 느낄 수 있으면 좋다. 예를 들어, 하루 동안 아무에게도 연락하지 않고도 나를 채워줄 활동을 해보는 것이다. 공원에서 혼자 산책하거나, 익명의 사람들과 나란히 앉아 책을 읽는 북카페에서 시간을 보내거나, 동행은 없지만 마음이 차분해지는 공간을 경험해보는 것도 좋다. 이런 시간들은

'함께 있음'과 '혼자 있음' 사이에 있는 제3의 공간이다. 그곳에서 우리는 타인과 물리적으로 떨어져 있으면서도 정서적으로 고립되지 않는 경험을 한다. 그건 관계의 부재가 아니라, 관계의 재정의다. 꼭 붙잡고 있지 않아도, 서로를 통과해 흐르는 연결감은 존재할 수 있다.

관계중독에 빠진 사람들은 사랑을 생존의 문제로 여긴다.

'이 사람이 없으면 나는 무너질 거야.'

그래서 애쓰고 매달린다. 상대가 나를 원하고 있다는 확신이 있어야만 안심할 수 있고, 사랑받는 순간에는 살아있다고 느끼지만, 관계가 흔들리는 순간에는 존재 자체가 위태로워진다. 하지만 관계는 그런 방식으로 유지되지 않는다. 진정한 해결책은, 관계가 아니라 나 자신과의 관계를 회복하는 것이다. 내가 나를 인정하고, 사랑하고, 존중할 수 있을 때, 사랑을 구걸하지 않게 된다. 상대에게 집착하지 않아도, 사랑을 잃는 것이 곧 나 자신을 잃는 것이 아니라는 걸 알게 된다.

사랑은 나를 증명하는 것이 아니다. 누군가가 나를 필요로 해야만 의미가 있는 것도 아니다. 사랑은 함께 걸어가는 것이다. 하지만 그 길을 떠나기 전에, 가장 먼저 해야 할 일은 나 자신과 손을 맞잡는 것이다. 관계에 기대어 나를 찾으려 하지 말고, 내가 먼저 나를 찾을 때 비로소 사랑은 온전히 사랑일 수 있다.

2) 사랑중독

외로움과 인정 욕구의 덫

사랑중독은 단순한 로맨틱한 사랑이 아니다. 그것은 사랑이라는 감정에 대한 중독이다. 사랑중독자는 연애 상대를 원하는 것이 아니라, 사랑에 빠지는 과정에서 느껴지는 강렬한 감정과 흥분에 의존한다. 이들에게 사랑은 안정과 연대감을 주는 것이 아니라, 끊임없는 감정적 롤러코스터가 되어버린다.

관계중독과 사랑중독은 모두 타인에게 과도하게 의존하며, 관계 없이는 불안과 공허함을 느낀다는 공통점을 가진다. 하지만 관계중독이 특정한 사람을 놓지 못하는 것이라면, 사랑중독은 한 사람에게 머무르지 못하고 새로운 사랑을 끊임없이 찾아 헤매는 패턴을 보인다. 관계 중독이 '이 사람이 없으면 나는 불안하다'라고 생각한다면, 사랑중독은 '설렘이 사라진 사랑은 의미가 없다'라고 생각한다. 이들은 사랑을 필요로 하는 것이 아니다. 사랑이 주는 강렬한 감정에 중독되어 있다. 처음 사랑이 시작될 때의 흥분, 열정, 전율 같은 감정이 사라지는 순간 사랑도 끝났다고 느낀다. 그래서 한 사람이 안정적인 관계를 원하면, 사랑중독자는 그것을 '지루함'으로 받아들이고 또다시 새로운 사랑을 찾아 떠난다.

> **사례 | 이런 사랑이 아니면 의미가 없어.**
>
> S 씨(33세)는 누구보다 사랑을 믿었다. 운명을 기다렸고, 영화 같은 로맨스를 꿈꿨다. 누군가를 사랑할 때는 온 마음을 다 바쳤고, 상대가 세상의 전부가 되는 기분을 느꼈다. 하지만 그만큼 실망도 컸다. 그는 강렬한 감정을 원했다. 설렘, 집착, 아찔한 긴장감이 없는 관계는 사랑이 아니라고 생각했다. 그래서 연애 초반, 서로에게 완전히 빠져드는 순간을 가장 좋아했다. 하루 종일 연락하고, 자주 만나고, 서로에게 절대적인 존재가 되는 것. 하지만 시간이 지나면 상대는 점점 편안한 관계를 원했다. 연락이 뜸해지고, 감정 표현이 줄어들면 S 씨는 불안해졌다.
> '더 이상 나를 사랑하지 않는 걸까?'
> '예전처럼 날 원하는 게 아니야. 이런 관계는 의미 없어.'
> 그럴 때마다 그는 극단적인 행동을 했다. 갑자기 연락을 끊고 상대의 반응을 시험하기도 했고, 헤어지자는 말을 쉽게 꺼냈다.
> "이런 식이라면 차라리 헤어지는 게 낫겠어!"
> 하지만 이별이 다가오면, 그는 다시 상대를 붙잡았다.
> "난 너 없이는 안 돼."
> 이 패턴이 반복되면서, 주변 친구들은 그에게 말했다.
> "너는 사랑하는 게 아니라, 사랑에 취해 있는 것 같아."
> 하지만 그는 쉽게 인정할 수 없었다.
>
> "사랑은 원래 이런 거잖아."
>
> 그러던 어느 날, 또다시 같은 이유로 연인이 떠났다.

심리학적 이해 | 사랑에 취한 사람들

S 씨(33세)는 진심으로 누군가를 믿고 싶었다. 아니, 엄밀히 말하면 누군가와 사랑에 빠질 때 찾아오는 벅찬 감정을 믿었다. 그는 마치

운명을 만난 듯한 인연을 기다렸고, 영화 속 주인공처럼 모든 걸 내던질 수 있는 격렬한 로맨스를 갈망했다. 그러나 그가 기대한 것은 관계 그 자체가 아니라, 사랑받는 자신이었다. 누군가로부터 깊이 원하는 존재가 될 때만 '나는 괜찮은 사람'이라는 안도감을 느꼈고, 상대의 반응은 곧 자신의 존재 가치를 입증해주는 척도처럼 작용했다. 그가 찾는 건 애정이 아니라, '특별한 사람'이라는 착각 속에서의 자신이었다. 결국 그는 누군가와 함께 걸어가는 여정을 원하는 게 아니라, 벅찬 감정에 이끌리는 익숙한 패턴에 머물러 있었다.

이런 집착의 바탕에는 오래된 내면의 공허함이 자리하고 있다. 성장 과정에서 무조건적인 사랑을 받지 못했거나, 스스로 존재의 의미를 확인받지 못한 경험은 자신을 끊임없이 증명하려는 욕구로 이어진다. 그들은 연애를 통해 자신이 '가치 있는 사람'이라는 확신을 얻고자 하지만, 조금만 불확실해져도 쉽게 불안을 느낀다. 상대의 표현이 줄거나 마음이 멀어진 것처럼 느껴지는 순간, 스스로가 무의미한 존재처럼 여겨지고 혼자의 시간을 감당하지 못한다. 관계가 끝나기도 전에 곧바로 다음 인연을 찾아 나서는 것도 이 때문이다. 하지만 그것은 애정의 시작이 아니라, 속 빈 마음을 피하려는 또 다른 회피일 뿐이다.

이처럼 사랑에 지나치게 몰입하는 이들은 애정이 서서히 스며들어 깊어지는 과정을 받아들이기 어렵다. 그들에게는 마음이 점점 단단해지는 흐름보다, 첫 만남의 설렘이 계속 유지되어야 한다는 믿음이 더 익숙하다. 평온함은 지루함으로 오해되고, 열기가 잦아들면 흥미를 잃는다. 그래서 또다시 새로운 사람에게 불같은 열정을 쏟아붓고, 그 감정이 약해지면 관계를 손쉽게 포기한다. 이런 패턴은 반복될수록 삶의 중심을 점점 연애에만 집중하게 만들고, 그 외의 관심사나 목표는 점차 흐려진다. 결국 관계가 종료되었을 때 남는 건 더 깊어진 허탈감이다. 그러다 보면 '나는 누구인가?'라는 본질적인 질문 앞에 마주하게 되지만, 그 물음에 답할 자신이 없다.

대안 | 진짜 사랑은 흥분이 아니라 안정에서 온다

우리는 흔히 사랑을 떠올릴 때 영화 같은 강렬한 로맨스를 상상한다. 운명적인 만남, 숨 막히는 설렘, 서로에게 온전히 빠져드는 순간들. 하지만 이런 감정은 오래 지속되지 않는다. 사랑중독에서 벗어나기 위해서는 사랑을 감정이 아니라 관계로 바라보는 시각이 필요하다. 사랑은 감정의 강도가 줄어든다고 해서 사라지는 것이 아니다. 오히려 깊어지고 단단해지는 과정이다.

사랑의 환상에서 벗어나기

우리는 흔히 사랑을 드라마틱한 이야기로 여긴다. 우연한 만남, 운명 같은 재회, 강렬한 감정의 폭발이 진짜 사랑이라고 믿는다. 하지만 현실에서 오래 지속되는 사랑은 격렬한 감정보다 서로를 이해하고 존중하는 과정에서 깊어지는 법이다. 사랑의 가치는 감정의 강도가 아니라, 얼마나 서로를 지지하고 함께 성장할 수 있는 관계인가에 달려 있다.

사랑을 통해 나를 증명하려 하지 않기

사랑중독에 빠진 사람들은 연애를 통해 자신의 존재를 확인받으려 한다. 연애가 나의 가치를 증명하는 도구가 되어버리면, 사랑이 없는 순간 나는 의미 없는 존재처럼 느껴진다. 사랑이 있어야만 내가 충분한 사람이 되는 것이 아니다. 사랑이 없는 순간에도 나는 여전히 온전한 사람이다.

혼자 있어도 괜찮다

사랑중독자는 연애가 없는 순간을 공허하게 느낀다. 사랑이 없는 시간은 곧 외면당한 느낌이 들어, 관계가 끝나면 감정을 정리할 틈도 없이 곧바로 새로운 사랑을 찾아 나선다. 그러나 이는 사랑이 아니라, 공허함을 메우기 위한 도피일 뿐이다. 혼자 있는 시간도 소중하고, 연애가 없어도 내 삶이 충분히 의미 있다는 것을 깨달을 때, 사랑은 도피처가 아닌 진짜 관계가 된다.

감정적 자기조절이 사랑을 성숙하게 만든다

불안과 흥분에 휘둘리는 사랑은 쉽게 지치고 불안정하다. 사랑중독에서 벗어나려면 감정적 자기조절이 필요하다. 상대의 반응에 일희일비하지 않고, 관계의 작은 변화에 과도하게 집착하지 않는 것이 중요하다. 연인이 연락이 늦었다고 불안해하기보다, 스스로 감정을 다스리는 연습이 필요하다. 외로움을 느낄 때 바로 상대에게 기대기보다, 나 자신을 다독이고 감정을 조절하는 능력을 키우는 것이 성숙한 사랑의 시작이다.

사랑은 감정이 아니라 관계다

사랑중독의 가장 큰 착각은 사랑을 감정으로만 바라보는 것이다. 하지만 사랑은 단순한 감정이 아니라, 서로를 알아가고 함께 성장하는 관계다. 강렬한 감정을 느낀다고 해서 더 진짜 사랑이 되는 것이 아니라, 함께 나아갈 때 비로소 진짜 사랑이 된다. 사랑중독에서 벗어나기 위해 가장 중요한 것은, 사랑을 통해 내 결핍을 채우려 하지 않는 것이다. 사랑은 내 삶을 완성하는 것이 아니라, 내 삶과 함께하는 것이다. 그리고 그 사랑이 진짜 사랑이 되려면, 먼저 나 자신과 사랑에 빠지는 것부터 시작해야 한다.

3) 인정중독

권민성

타인의 시선에 갇힌 자아

사람은 누구나 인정받고 싶어 한다. 타인의 긍정적인 반응에 기뻐하고, 칭찬을 받으면 더 열심히 노력하려는 동기를 얻는다. 인간은 사회적 존재이기에 다른 사람과의 관계 속에서 자아를 형성하고 의미를 찾는다. 하지만, 이 욕구가 지나치게 커질 때 문제가 발생한다. 자신의 가치를 타인의 평가에만 의존하면, 결국 '내가 원하는 삶'이 아니라 '남들이 원하는 나'로 살아가게 된다.

어린 시절에는 부모와 선생님의 칭찬을 받기 위해 노력한다. "잘했어."라는 말을 듣기 위해 공부하고, 좋은 성적을 받으면 더 사랑받을 수 있을 것이라 믿는다. 직장에서는 상사의 평가에 따라 업무 성과가 결정되고, 연애와 결혼 생활에서는 상대방이 나를 어떻게 바라보는지가 중요하게 여겨진다. 자연스럽게 타인의 시선을 의식하며 살아간다. 하지만 문제는 이러한 인정 욕구가 과도해질 때다.

타인의 인정이 곧 자기 존재의 증명이 되는 순간 불안해질 수 있다. 누군가가 칭찬해 주지 않으면 가치 없는 사람처럼 느껴지고, 부정적인 피드백을 받으면 쉽게 무너진다. 내가 진짜 원하는 것이 무엇인지보다 사람들이 좋아하는 내가 어떤 모습일지를 고민하며 살아간다. 내 안의 기준이 사라지고, 외부의 반응이 나를 좌우하는 삶의 과정에서 자기 정체성은 점점 희미해진다.

SNS는 인정 욕구를 더욱 자극한다. 사람들은 자신의 일상을 공유하고, '좋아요'나 댓글을 통해 즉각적인 피드백을 받는다. 특정 게시물이 기대만큼 반응을 얻지 못하면 우울해지고, 남들보다 뒤처지는 것 같은 기분이 들기도 한다. 결국 그 개인은 현실에서의 삶보다 온라인에서 인정받는 것에 집착하게 되고, 점점 더 '보여주기 위한 삶'을 살게 된다.

직장에서도 마찬가지다. 성과를 인정받아야 승진하고, 동료들에게 유능하다는 평가를 받아야 안정감을 느낀다. 상사의 기대에 부응하기 위해 무리해서 야근하고, 몸이 힘들어도 쉬지 못한다. 인정받는 것이 곧 존재 이유가 되기 때문이다. 그러나 직장에서 아무리 인정받아도 그 만족감은 오래가지 않는다. 더 높은 성과를 요구받고, 또다시 증명해야 하는 상황이 반복될 뿐이다.

가정에서도 종종 착한 딸, 착한 아들, 착한 며느리가 되기 위해 애쓰곤 한다. 가족 구성원에게서 "너밖에 없어."라는 말을 듣기 위해 자신의 욕구를 뒤로 한 채 몸이 부서져라 헌신하며 가족 안에서 자신의 자리와 존재 의미를 찾으려 고군분투하기도 한다.

인정중독이 심해지면 자기검열이 심해진다. 말 한마디, 행동 하나도 조심스럽고, 누군가에게 부정적인 평가를 받을까 봐 늘 긴장한다. 진짜 감정을 표현하기보다 상대방이 좋아할 만한 태도를 보이고, 자연스럽게 행동하지 못한다. 이런 삶은 피로할 수밖에 없다. 또한, 과도한 성취 강박으로 이어지기도 한다. 인정받기 위해 계속해서 목표를 세우고, 이를 이루지 못하면 좌절한다. 노력의 이유가 '내가 하고 싶어서'가 아니라 '타인이 인정해 줄 것 같아서'가 되면, 아무리 성취해도 만족할 수 없다. 나를 위해 한 것이 아니기 때문이다. 결국 인정받기 위해 했던 모든 일이 끝난 후에는 깊은 공허함만 남는다.

더 큰 문제는 진짜 자아를 잃어버린다는 점이다. 타인의 기대에 맞춰 살아가다 보면, '내가 원하는 삶'이 무엇인지조차 알지 못하게 된다. 내가 정말 좋아하는 것이 무엇인지, 무엇을 위해 살아가는지 불분명해진다. 결국 자신을 잃어버린 채, 남들이 원하는 모습으로만 살아가게 된다.

> **사례 | 내가 원하는 삶이 맞을까?**
>
> H 씨(34세)는 늘 노력하고 성실한 사람이었다. 학창 시절에는 부모의 기대를 저버리지 않고 열심히 공부했고, 직장에서는 상사의 인정을 받으며 밤늦도록 일을 했고 능력도 인정받았다. SNS에서는 자신을 더 멋있어 보이게 하기 위해 신중하게 사진을 고르고, 글을 작성하기 전에도 여러 번 수정하며 남들의 반응을 예상했다. 그는 칭찬을 받을 때마다 뿌듯했고, 인정받는 순간은 자신이 가치 있는 사람처럼 느껴졌다. 그러나 회사에서 중요한 프로젝트를 맡아 좋은 성과를 냈을 때도, SNS에서 '좋아요' 수백 개를 받았을 때도, 기쁨은 오래가지 않았다. 새로운 목표를 세워야 했고, 더 잘해야 한다는 부담이 따라왔다. 주변에서 "넌 대단해."라는 말을 들을 때는 기분이 좋았지만, 막상 혼자 있을 때는 공허하고 피곤했다. H 씨는 항상 좋은 성적을 받고 뛰어난 성취를 이루며, 주변 사람들로부터 완벽하다는 말을 자주 들었다. 하지만 정작 그는 행복하지 않았다. 그러던 중, 회사에 새로 스카우트된 직원이 오면서 그의 불안과 고통이 시작되었다. 이전까지 자신이 받아 왔던 인정과 칭찬이 새 동료에게로 옮겨갔고, 그럴수록 그는 더 많은 성과를 내기 위해 새로운 프로젝트를 맡으며 밤을 새우는 일이 반복되었다. 이렇게 끝없이 노력하는 생활이 계속될 거라 생각하면 숨이 막혔지만, 타인의 인정을 받지 못하는 삶은 곧 실패라고 느껴져 더 불안해졌다. 때때로 '이건 정말 내가 원해서 하는 걸까?'라는 질문을 스스로 던지지만 답을 찾기엔 결과물을 내야 한다는 압박 속에서 바쁘게 살아갈 뿐 생각할 여유조차 없었다..

심리학적 이해 | 인정 욕구와 자기 정체성의 혼란

사람은 관계 속에서 자라는 존재이기에, 타인의 반응에 예민할 수밖에 없다. 하지만 다른 사람의 인정이 삶의 전부가 되어버리는 순간, 더는 자기 자신으로 살아갈 수 없게 된다. 왜냐하면 내면의 동기가 약해지고 자기 정체성이 흔들릴 수 있기 때문이다. H 씨의 사례처럼, 그는 성취와 칭찬을 통해 자신의 가치를 확인해 왔지만, 결국 불안과 공허함을 느끼고 있다.

이는 외부의 인정에 지나치게 의존한 결과라고 볼 수 있다. 즉, 자신이 진정으로 원하는 것이 아니라, 타인의 기대와 평가에 맞춰 행동하면서 동기를 얻고 있기 때문이다. 어쩌면 H 씨의 인정받고 싶은 마음은 아주 어릴 때부터 자기 안에 자리 잡았을지도 모른다. 어린아이가 처음으로 부모에게 칭찬받았을 때의 그 따뜻한 감각과 "너무 잘했네!"라는 말 한마디에 세상을 다 가진 듯한 기분을 통해 배웠을지도 모른다.

어린 시절, 부모의 관심을 받기 위해 애쓰던 노력은 자라면서 더 복잡한 모습으로 변해간다. 학교에서는 선생님의 칭찬을 받기 위해 공부하고, 친구들의 인정을 얻으려 유행에 따라가며, 직장에서는 상사의 기분에 맞춰 살아간다. 때로는 사랑받기 위해, 때로는 외로움을 피하기 위해, 그리고 타인과 비교하며 뒤처지지 않으려 애쓰기도 한다. 더 앞서 나가기 위해, 더 우월해지기 위해 끊임없이 타인의 인정과 찬사를 좇는다. 하지만 그렇게 살아갈수록, 점점 자기 자신을 잃어가는 느낌이 들 뿐이다.

인간은 사회적 존재다. 누군가의 시선을 받지 못하거나 관계를 맺지 못한다면, 세상에서 나의 존재는 의미를 잃어버린 것처럼 느껴질 수도 있다. 그래서 인정받기 위해 노력한다. 하지만 이 욕구가 지나쳐서 인정받지 못하면 불안해지고, 인정이 줄어들면 나의 가치도 사라지는 것 같다면, 그것은 인정중독의 신호일지도 모른다. 인정중독에 빠진 사람들은 자신을 객관적으로 바라보기가 어려워지고, 타인의 평가가 줄어들면 자신의 가치도 낮아진 것처럼 느낀다. H 씨가 '내가 원하는 삶이 맞을까?'라는 고민을 하면서도 계속 바쁘게 지내는 이유도 결국 타인의 기대를 충족해야 한다는 압박 때문일 것이다.

'누군가가 나를 비난하면 어떡하지?'
'사람들이 나를 실망스럽게 생각하면 어쩌지?'
'내가 부족한 사람이라고 판단하면 어떡하지?'

내면에 이런 두려운 마음이 생길 때, 자신을 더 숨기게 된다. 자신의 생각을 솔직하게 말하는 대신 사람들이 좋아할 법한 말을 하고, 무리해서라도 더 많은 일을 해내려 하며, 때로는 자신을 희생해서라도 인정받기를 바란다. 하지만 이런 방식은 결코, 오래 지속될 수 없다.

대안 | 나를 인정하는 연습

사람이라면 누구나 다른 사람의 시선을 의식하고, 인정받기 위해 노력하며 살아간다. 그것은 자연스러운 일이다. 인정받고 싶은 마음이 나를 자꾸 바깥으로 끌고 간다면, 이제는 조금씩 그 방향을 안쪽으로 돌려볼 때다. 물론 단번에 바뀌진 않는다. 하지만 작은 연습부터 시작하면, 생각보다 많은 것이 달라지기 시작한다. 예를 들어, 하루가 끝난 밤에 이런 질문을 하나 던져보는 건 어떨까.

"오늘 내가 나답게 한 순간은 언제였지?"

거창하지 않아도 괜찮다. 오히려 아무도 모르게 흘러가는 순간들이 나를 가장 잘 보여줄 때가 많다. 이를테면, 아무 말 없이 따뜻한 물 한 잔을 챙겨 마신 순간, 지친 몸을 느끼고 스스로에게 "좀 쉬자."고 말한 순간, 버스 안에서 괜히 마음이 헛헛해 책 한 장을 넘긴 그런 순간들도 좋다. 이처럼 아무 일도 아닌 것 같은 순간 속에서 나를 돌아보는 감각이 깨어난다.

또 하나 추천하고 싶은 건 '나에게 쓰는 편지'다. 일주일에 한 번, 지금의 나에게 편지를 써보자. 누구에게 보여줄 것도 아니니 솔직해도 된다.

"요즘 많이 지쳤지?", "그래도 잘 버티고 있어.", "나는 너를 믿어."

그런 말들이 적힌 편지는 나중에 마음이 무너질 때 꺼내 보면 가장 진한 위로가 된다. 사람들의 말보다 내가 나에게 해주는 말이 훨씬 오래 남는다.

비교에서 벗어나고 싶을 땐, '남이 가진 것'이 아니라 '내가 지닌 것'을 기록해 보자. 이를테면 '내 안의 자산 리스트'를 만들어 보는 거다. 눈에 보이는 능력뿐 아니라 인내심, 친절함, 웃는 얼굴 같은 것들도 다

포함된다. 생각보다 많은 것들이 있다는 걸 발견하면, 타인의 시선에서 조금씩 자유로워질 수 있다.

그리고 무엇보다 중요한 건 '기쁘지 않은 칭찬'에 귀 기울이는 것이다. 누군가 나를 칭찬했는데도, 이상하게 마음이 기쁘지 않을 때가 있다. 웃으며 고맙다고 말했지만 속으론 어딘가 불편했던 순간들이다. 그럴 땐 이렇게 물어보자.

"왜 이 말이 기쁘지 않았지?", "내가 진짜 듣고 싶었던 말은 뭘까?"

이 질문들 속에서 억지로 반응했던 나를 발견하게 되고, 그 순간부터 타인의 기대에 맞추기보다 내 마음에 솔직해지는 연습이 시작된다.

인정중독에서 벗어나는 일은 거창하지 않아도 된다. 다만 중요한 건, 하루에 한 번이라도 나를 향한 시선을 잊지 않는 것. 그 시선이 쌓이고 쌓여서 결국은 타인의 인정보다 훨씬 더 오래 가는 단단한 지지를 만들어줄 것이다.

4) 돌봄중독

자신을 잃어버린 헌신

누군가를 돌본다는 것은 따뜻한 만족감과 의미를 준다. 부모가 자녀를 보살피고, 친구가 아픈 친구를 챙기고, 연인이 서로를 위하며, 심지어 반려동물까지 돌보는 일은 자신의 삶을 더욱 충만하게 만든다. 돌본다는 것은 사랑을 나누고 주고받는 행위다. 하지만 이러한 돌봄이 어느 순간 자신을 희생하는 방식으로 지속된다면, 그 헌신은 점점 무거운 짐이 될 수도 있다.

어떤 사람들은 자신이 누군가를 돌보지 않으면 안 된다는 강박을 가지고 있다. 자신이 누군가에게 필요하다는 사실이 삶의 중심이 되고, 그 필요가 사라지는 순간 깊은 상실감을 느낀다. 이들은 타인을 위해 끊임없이 헌신하지만, 정작 자신을 돌보는 법은 잊어버린다.

타인을 돌보는 데 지나치게 몰두하며, 자신의 감정을 외면한 채 신체적 피로를 대수롭지 않게 여긴다. 그리고 자신의 마음이 지쳐 있다는 사실조차 인식하지 못하고 무시할 때, 이를 돌봄중독이라 한다.

우연히 만난 한 여성은 자신을 '누군가를 위해 살아가는 사람'이라고 소개했다. 그녀는 가족의 모든 문제를 혼자 짊어지고, 아픈 부모를 보살피며, 친구들의 고민을 들어주느라 밤을 새우기도 했다. 타인을 돕고 돌보는 것은 그녀에게 기쁨을 주었지만, 정작 자신의 삶을 돌아보았을 때 남은 것은 깊은 피로와 공허함뿐이었다. "제가 없으면 다들 어떻게 할까요?" 그녀는 힘없이 웃으며 말했다. 그러나 그녀의 눈빛엔 불안함이 스며 있었다.

때로는 타인을 돌볼 때 인정받고 싶은 욕구를 충족시키기도 한다.

"너 없으면 안 돼.", "네가 있어서 정말 다행이야."

이런 말을 들으면 자신이 가치 있는 존재처럼 느껴진다.

돌봄중독 증상은 개인의 심리, 관계, 환경적 요인이 함께 작용하여 나타난다. 어린 시절 부모에게서 꾸준한 돌봄을 받지 못하고, 사랑을 조건적으로 경험한 사람은 타인의 필요를 지나치게 채우려는 경향이 있다. 또한, 과거에 정서적으로 충분한 지지를 받지 못한 사람이 어른이 되어 타인을 돌보면서 자신을 스스로 위로하는 경우도 많다. 자신의 돌봄이 다른 사람을 구할 수 있다고 믿으며, 이를 통해 자신의 가치를 증명하려는 사람도 있다. 가족 내에서 돌봄 역할을 맡으며 성장한 경우에도 타인을 돌보는 것이 자신의 존재 의미라고 느끼기도 한다. 이들은 종종 자신의 감정보다 타인의 감정을 먼저 생각하고, 헌신적인 돌봄을 통해 삶의 의미를 찾는다. 이때 사랑 호르몬이라 불리는 옥시토신이 분비되면서 심리적 안정감을 느끼게 되고 반복적으로 이 경험을 추구하면서 돌봄 행동이 강화되기도 한다.

이런 돌봄이 위험한 이유는 결국 자기 자신을 소진시키기 때문이다. 처음에는 사랑과 책임감에서 비롯된 돌봄이었지만 점점 그것이 의무가 되고 부담으로 변하면서 결국 돌봄을 받는 사람뿐만 아니라 돌보는 사람까지 지치게 만든다. 계속해서 타인을 돌보다 보면 몸이 만성적인 스트레스 상태에 놓이고, 코르티솔 수치가 올라 피로가 쌓이지만 돌봄을 멈추지 못하는 악순환에 빠지게 된다. 게다가 '내가 돌보지 않으면 안 돼.'라는 강박은 타인과의 관계를 의존적으로 만들고, 상대방이 독립할 기회를 빼앗을 수도 있다.

이러한 돌봄중독은 반려동물을 키우는 사람들에게도 나타난다. 반려동물은 사람들에게 큰 위로와 사랑을 주지만, 감정적으로 지나치게 의존하게 되면 문제가 발생할 수 있다. 반려동물 없이 하루도 보내기 힘들어하거나, 반려동물의 사소한 변화에도 극도로 불안해하고, 심지어 자신의 일상을 포기하면서까지 반려동물에게 매달리는 경우가 그렇다. 하지만 사람과의 관계를 피하고 반려동물에게만 의지하는 것은 건강한 돌봄이라 할 수 없다.

누군가를 돕는 것은 중요하지만, '내가 없으면 안 된다.'는 생각에서 벗어나야 한다. 상대방도 독립적인 존재이며, 스스로 설 수 있도록 돕는 것이 진정한 돌봄이다.

사례 | 내가 아니면 안 된다는 생각

M 씨(41세)는 가족과 주변 사람들을 돌보는 것이 삶의 중심이었다. 부모님이 편찮으셨을 때는 직장을 다니면서도 매일 간병을 도맡았고, 친구가 힘든 일이 있을 때면 한밤중에도 달려갔다. 연애할 때도 상대방을 최우선으로 생각했고, 자신의 감정보다 상대가 필요로 하는 것에 집중했다. 그녀의 돌봄은 결혼 후에도 지속되었다. 남편은 그녀에게 모든 책임을 전가하고 가정 일에 소홀히 하였고 매일 술을 마셔 결국 알코올 중독으로 회사도 그만두게 되었다. M 씨는 남편이 돌보던 시댁 살림까지 도맡게 되었고, 알코올 중독으로 치료가 필요한 남편의 병원 치료까지 돌보았다. 매일 그녀는 늘 '내가 도와줘야 해.'라는 생각을 가졌다. 누군가에게 필요한 존재가 되는 것이 중요했고, 도움을 줄 때만큼은 자신이 가치 있는 사람처럼 느껴졌다. 하지만 문제는 그 과정에서 자신을 돌보는 일은 뒷전이 되었다는 것이다. 언젠가부터 피로가 쌓이고, 감정적으로도 지쳐 갔다. 하지만 '내가 없으면 저 사람은 어떻게 하지?'라는 생각에 지치고 힘들어도 거절이란 상상조차 할 수 없었고, 가족들을 돌보느라 자기 삶이 없었다. 애쓰고 돌보아도 제자리걸음인 현실에 자존감은 바닥이 났고, 자신의 존재에 대한 기쁨과 즐거움은 이미 사라진 지 오래였다. 평생 누군가를 돌보면서 살아온 M 씨는 자신이 누군가를 돌보지 않으면 불안해지는 상태까지 되었다. 그녀에게 자신은 없고 온통 타인만이 존재하는 세상에서 살고 있다. 그러다 어느 날 '난 언제쯤 내 자신을 돌보며 살 수 있을까?'라는 의문이 들었다. M 씨는 타인을 위해 헌신하고 있었던 걸까, 아니면 필요한 존재로 남기 위해 스스로를 희생하고 있었던 걸까?

심리학적 이해 | 돌봄이 주는 심리적 보상

사람들은 흔히 돌봄이 타인을 위한 행동이라고 생각하지만, 사실 그 안에는 깊은 개인적인 욕구가 숨어 있을 때가 많다. M 씨의 경우, 타인을 돌보며 감사를 받을 때 자신의 가치를 확인할 수 있었다. 누군가 "네가 있어서 다행이야."라고 말해주면, 그녀는 자신이 의미 있는 존재라는 느낌을 받았다. 하지만, 이 과정이 반복될수록 그녀는 점점 더 타인의 기대에 맞춰 행동하게 되었고, 자신이 원하는 것이 무엇인지 점점 모호해졌다. 자신을 필요하게 만드는 관계 속에서 안정을 찾았고, 돌봄이야말로 자신의 존재 이유라고 믿었다. 타인을 위해 헌신할수록 더 가치 있는 사람이 된 것 같았고, 돌봄이 주는 만족감에 익숙해질수록 자기 자신을 돌보는 방법을 잊어버렸다.

하지만 이러한 헌신은 시간이 지나면서 점점 자신을 지치게 만들었다. 처음에는 사랑과 보람이 가득했던 돌봄이었지만, 어느 순간부터는 부담이 되고 의무가 되었다. 더 이상 기쁨이 아닌, 해야만 하는 일이 되어버렸다. 돌봄중독의 핵심은 '나보다 타인을 우선하는 것이 나의 가치'라는 믿음이다. 돌봄을 통해 인정받고 싶고, 타인의 필요 속에서 자신의 의미를 찾으려 하지만, 이러한 패턴이 계속되면 결국 자기 자신을 잃어버리게 된다.

대안 | 건강한 돌봄이란, 나도 함께 행복해야 한다.

돌봄은 한 사람이 일방적으로 감당해야 하는 짐이 아니다. 건강한 돌봄이란, 나도 함께 행복해야 한다. 내가 힘들고 지쳐 있다면, 상대를 온전히 돌볼 수도 없다. 마치 연료가 바닥난 차가 더 이상 달릴 수 없는 것처럼, 내 마음이 비어있다면 아무리 애써도 따뜻한 돌봄을 줄 수 없다. 그래서 때로는 나를 먼저 돌보는 것이 필요하다. 자신을 돌보는 일은 결코 이기적인 것이 아니다. 충분히 쉬고, 내 마음을 살피고, 내가 원하는 것을 자신에게 허락할 때, 비로소 더 깊고 따뜻한 사랑을 줄 수 있다. 나도 행복해야 상대와 함께 웃을 수 있고, 나도 여유가 있어야 상대의 어려움을 진심으로 보듬을 수 있다.

건강한 돌봄을 위한 실천 방법은 다음과 같다.

첫째, '돌보는 사람'이 아닌 '나'로서 살아보는 것이다.

누군가를 돌보는 일에 익숙해진 사람은 자신이 누구인지 묻는 일에 익숙하지 않다. '어떤 엄마', '좋은 간병인', '믿음직한 동료'라는 이름으로 살아가다 보면, 그 역할 속에 진짜 내가 지워지기도 한다. 가끔은 역할을 내려놓고, '나는 어떤 사람이고, 무엇을 좋아하는지' 조용히 되묻는 시간을 가져보자. 누구도 아닌 나로서 숨 쉬는 시간이 쌓일수록 돌봄이라는 일도 더 따뜻한 방향으로 흘러가게 된다.

둘째, 도움받는 연습을 해보는 것이다.

지치면서도 아무에게도 기대지 못하는 사람일수록 돌봄이 무겁게 느껴진다. 혼자 다 감당하지 않아도 된다. 작은 일 하나라도 "이건 네가 좀 도와줄 수 있을까?"라고 말해보자. 도움을 받는 순간, 돌봄은 관계가 되고, 연결이 되고, 나를 위한 숨구멍이 된다. 도움은 약함의 표시가 아니라 관계를 건강하게 만드는 새로운 방식이다.

셋째, '하고 싶은 마음'을 따라 하루를 구성해 보는 것이다.

의무감에 밀려 살아가는 돌봄의 일상 속에서 오랜만에 '해야 할 일'이 아니라 '하고 싶은 일'로 하루를 열어보자. 예를 들어, 평소 해보고 싶었지만 미뤄둔 일 하나를 골라 가볍게 시도하는 것이다. 평소 안 입던 색의 옷을 입고 나가본다든지, 익숙한 동네를 벗어나 처음 가보는 거리를 걸어보는 것처럼 작은 모험도 괜찮다. 중요한 건 타인의 일정에 따라 움직이는 삶에서 벗어나 내가 만든 경험으로 하루를 채워보는 것이다.

건강한 돌봄이란 함께 행복해지는 것이다. 내가 나를 소중히 여기고 내 마음을 채울 수 있을 때, 비로소 진정한 사랑이 흐를 수 있다. 진정한 사랑은 나를 잃어버리는 것이 아니라 나를 지키면서 함께 나누는 것이다. 그러니 오늘 하루는 나 자신을 위한 시간을 가져보자. 그리고 내가 지치고 힘들 때는 주저하지 말고 도움을 요청해 보자. 한쪽이 일방적으로 베푸는 돌봄이 아니라 함께 성장하고 균형을 이루는 건강한 돌봄을 실천해 보자. 나를 포함한 돌봄이 될 때 진정한 돌봄이 될 수 있다.

5. 정보·콘텐츠중독(Information & Content Addictions)

인간의 삶은 어쩌면 한편의 이야기를 완성해 가는 일이라고 할 수 있다. 자신의 이야기가 원하는 방향으로 가지 못한다는 느낌이 들 때, 문득 다른 이야기에 대한 궁금증과 호기심이 생겨난다. 책을 읽으며 새로운 이야기를 만나고, 드라마와 웹툰을 보며 다른 사람의 인생에 들어가 본다. 어떤 이는 책 속의 문장에서 자신의 마음을 위로받고, 어떤 이는 드라마 속 대사와 주인공의 삶을 통해 자신이 이루지 못한 것들에 대리만족한다. 지루한 일상과 힘겨운 현실을 살아가는 사람들이 그렇게 활자와 영상 속으로 빠져든다.

그곳은 현실보다 더 다정하고 정의롭다. 그곳에서는 실패해도 다시 기회가 주어지고, 이야기 속 주인공은 대부분 해피엔딩을 맞이한다. 보기만 해도 반하는 외모에 성격까지 완벽한 주인공들, 가슴을 설레게 하는 로맨스, 비현실적인 도깨비의 활약을 보면서 현실의 고단함을 잊고 대리만족을 얻는다. 하지만, 이 달콤함에 오래 빠져들게 되면, 이야기는 휴식과 즐거움을 주는 도구가 아니라 현실과의 단절을 위한 도피처가 된다.

고단한 삶을 살아가는 사람들에게 쉬어갈 곳은 필요하다. 문제는 버거운 현실을 견디기보다 허구의 이야기를 일상인 것처럼 생각하며 살아가게 될 때다. 현실이 마음에 들지 않을수록 가상의 이야기에 더 깊이 빠져들고, 이야기 속에 안주하면서 현실로 나오고 싶지 않게 된다.

어쩌면 그들은 중독의 대상이 될 이야기가 아니라 고단한 삶의 도피처를 찾고 있었던 것일지도 모른다. 현실이 버겁고 고통스러울수록 현실과 단절될 수 있는 이야기에 빠져 현실을 잊고 싶었을 것이다. 하지만 그들이 정말 원하는 건 허구의 이야기가 아니라, 원하는 것들이 이루어지는 실제 이야기일 것이다. 이야기 속 주인공처럼 힘든 현실을 잘 이겨내고 해피엔딩을 맞이하는 자신의 이야기를 만나고 싶은 것이다. 누군가의 이야기를 보며 대리만족하는 허구의 만족이 아니라, 자신의 삶 속에서 직접 만들어 내는 만족을 경험해 보고 싶은 것이다. 책 속의 문장이나 드라마 속 대사가 아니라, 자신이 원하는 삶을 자신의 방식대로 직접 써 내려가는 이야기를 원한다. 자신의 이야기가 완벽하지 못할 수도 있으며 수치감으로부터 도망치고 싶을 때도 있겠지만, 실제의 삶이고 내 것이기에 더 가치 있는 삶이다.

1) 독서중독(활자중독)

손향미

텍스트 속으로의 도피

책을 읽는다는 것은 새로운 세계를 탐험하며 삶의 다양한 측면을 이해하고 사고를 확장하는 과정이다. 낯선 경험을 접하고, 다른 삶을 엿보는 과정을 통해 간접 경험으로 성장할 기회를 얻는다. 독서는 분명 값진 경험이지만, 배움이나 실천 없이 책을 읽는 행위에만 몰입하고 책이 현실을 피하기 위한 공간이 된다면, 활자중독 내지는 독서중독을 의심해볼 수 있다. 독서중독은 단순히 책을 많이 읽는 것만을 의미하는 것은 아니다. 책 속의 세계에 갇혀 현실과는 오히려 멀어지게 된 상태, 실제 경험보다 간접 경험을 우선시하는 태도를 의미한다. 독서가 취미이자 즐거움이 아니라, 불안과 우울에서 벗어나기 위한 수단이 되어버릴 때도 독서는 중독행위가 될 수 있다.

현실에서는 부딪히고 해결해야 할 문제들이 마음을 힘들게 하지만, 책 속에서는 그런 고민을 잊고 위로받으며 마음이 편안해질 수 있다. 그렇게 활자 속으로 더욱 깊이 빠져들게 되고, 현실과의 거리는 점점 멀어진다.

이렇게 되면 몇 가지 부작용이 나타나게 되는데 먼저 현실 감각이 둔화하기 시작한다. 책 속에서는 논리적인 전개와 완벽한 결말이 있지만, 현실은 그렇지 않다. 그 차이를 받아들이지 못하게 되면 점점 현실에서의 실패와 불확실성을 감당하기 어려워진다. 또한, 사회적 고립이 심화될 수 있다. 사람들과의 관계에서 오는 피로감을 피하고 활자 속에 안주하면서 점점 더 혼자 보내는 시간이 편해진다. 끝으로, 정보 과부하의 문제도 있다. 끝없이 지식을 쌓지만, 정작 그것이 삶에서 어떻게 쓰일지 모른 채 계속해서 새로운 정보에 탐닉하게 된다.

독서중독에 빠진 사람들이 정말 원했던 것은 단순한 이야기 속으로의 도피가 아니다. 더 나은 현실을 살아가고 싶은 갈망을 발견할 수 있다. 책 속 주인공처럼 끊임없이 성장하고 잘 살아가고 싶지만, 현실의 벽 앞에서 무력해지는 나와 직면하기 싫은 마음에 책 속으로 도망친다. 책을 읽는 즐거움을 포기할 필요는 없다. 하지만 활자 속 삶이 아니라, 나만의 이야기를 직접 써 내려가는 삶이 더 소중하다는 것을 기억해야 할 것이다.

사례 | 지식에 대한 갈증이 텍스트에 대한 갈증으로

취업을 준비 중인 A 씨(27세)는 아침부터 밤까지 끊임없이 책을 읽는다. 처음에는 독서를 통해 세상을 이해하고 새로운 지식을 얻는 과정이 즐거웠다. 늘 책을 가까이하는 모습에 주변 사람들도 "멋있다.", "열정적이다."라는 반응을 보였고, A 씨 역시 지식을 쌓아가는 자신에게 자부심을 느꼈다. 그러나 취업이 가까워질수록 독서는 단순한 취미를 넘어섰다. 취업 준비를 해야 한다는 마음은 있었지만, 정작 필요한 행동을 하지는 못했다. 자기소개서를 써야 하는데도 관련 서적과 기사, 블로그 글을 읽으며 정보를 수집하는 데만 시간을 보냈다. 머릿속으로는 많은 계획을 세우지만, 정작 실행에 옮기지 못하는 날들이 반복됐다. 부모님은 "언제까지 집에서 책만 볼 거야? 책을 보면 밥이 나오냐, 돈이 나오냐?"며 잔소리했다. 책을 멀리하려 했지만, 읽지 않으면 불안감이 밀려왔고 무기력한 상태가 되었다. 서서히 사람들과의 만남도 줄어들면서 자연스럽게 관계까지 소원해졌다. A 씨는 책을 통해 세상과 소통한다고 믿었지만, 정작 현실에서는 점점 고립되고 있었다. 오늘도 그는 텍스트 속으로 빠져들고 있다.

심리학적 이해 | 지식을 추구하는 행동의 역설

A 씨의 사례를 보면, 독서는 단순한 지식 습득의 수단을 넘어 현실 도피의 역할을 하고 있었다. 취업 스트레스와 미래에 대한 불안을 견디기가 어려워질수록, A 씨는 활자 속 세상으로 더욱 깊이 빠져들었다. 현실에서 직접 부딪히고 해결해야 할 문제들은 뒤로 미룬 채, 활자 속 세상에서 안정을 찾고 있었다. 독서를 통해 삶을 변화시키기보다는 독서 자체가 목적이 되어버린 것이다. 책 속에서 얻는 위로와 지식을 통해 마치 자신이 성장하고 있다는 착각을 하게 되었고, 그 과정에서 '현실의 문제를 직면하지 않아도 된다'라는 안도감이 들었다. 하지만 이러한 현실 도피는 결국 현실과의 괴리를 더욱 키우고, 시간이 지날수록 깊은 불안과 무기력을 가져오게 된다.

A 씨처럼 모든 준비를 철저히 하느라 시간을 보내고 실제 행동으로 옮기지 못하는 사람들의 경우, 완벽주의가 또 다른 방어기제로 작용할 수 있다. 완벽한 준비를 해야만 한다는 강박이 강해질수록, A 씨는 자기소개서 작성조차 새로운 정보를 끝없이 탐색하느라 많은 시간만 허비하며 보냈다. 하지만 계속해서 책을 통해 완벽한 답을 찾으려 하면 할수록, 많은 정보 속에서 방향을 잃고 결국 시작조차 하지 못하는 상황이 반복된다. 완벽주의로 인해 간접 경험에만 의존하고 실제로 부딪히고 시행착오를 겪는 것은 두려워하게 되었고, 결국 성장의 기회를 스스로 차단하게 된 것이다.

대안 | 읽고, 깨닫고, 행동하기

독서는 중독을 오히려 권장할 정도로 삶을 풍요롭게 만들고 이득을 주는 행위라고 할 수 있다. 하지만 그 안에 너무 깊이 빠져들어 현실에서의 문제 해결에 소홀해질 때 문제가 된다. 독서의 순기능을 되찾고 독서가 삶을 잘못된 방식으로 지배하지 않도록 균형을 맞추는 것이 중요하다. 책 속의 지혜가 내 삶의 깊숙한 곳까지 도달할 수 있도록 읽고, 깨닫고, 행동하자.

독서일지 작성하기
책을 단순히 읽기만 하는 것이 아니라, 책을 읽고 난 뒤 내용에 대한 자기 생각을 정리하는 시간을 가지면 활자 속에 갇히지 않고 성장에 이를 수 있다. 책을 읽은 뒤, '이 책을 읽고 내가 새롭게 깨달은 것은 무엇인가?', '이 내용을 현실에서 어떻게 활용할 수 있을까?' 같은 질문을 스스로 던져보자. 독서 노트를 만들어 정리하다 보면 독서에 대한 감정적 연결을 잠시 끊을 수 있고, 책을 읽는 목적과 의미도 다시 돌아볼 수 있다. 꼭 긴 글이 아니어도 되고 한두 줄만 정리해도 충분하다.

무조건 많이 읽기보다 '필요한 독서'하기
독서중독에 빠지는 사람들은 많은 양의 독서에 의미를 두고 책을 읽지 않으면 불안해하는 경향이 있다. 중요한 것은 '얼마나 많이 읽었나'가 아니라 '어떤 책을 읽고, 어떻게 적용했는가?'이다. 이 과정을 통해 죽은 지식이 아닌 산 지식을 만들 수 있다. 책을 읽기 전에 '나는 왜

이 책을 읽고 싶은가?'라는 질문을 통해 읽는 목적을 분명히 하고, 지금 내 삶에서 정말 필요한 내용을 담고 있는 책을 선택하는 것이 중요하다. 모든 내용을 다 읽어야 한다는 강박을 버리고, 내게 필요한 부분만 발췌해서 읽는 것도 도움이 될 것이다.

독서를 사회적인 활동으로 만들기

혼자만의 독서에 머물지 않고, 독서 모임이나 스터디를 통해 다른 사람들과 책에 대한 다양한 생각을 나누는 것도 좋은 방법이다. 타인과 대화하며 책 내용에 대해 좀 더 다각적으로 생각하고 사고를 확장시키는 기회로 삼는 것이다. 책 내용에 대해 서로 공감대를 형성하고 소통하는 과정을 통해 인간관계에 대한 친밀감과 자신감을 가지게 될 수 있다.

'책 없는 주말' 만들기

가끔 '책 없는 주말'을 정해서 이 기간에는 어떤 책이나 글도 읽지 않는 것이다. 이 기간 동안에는 책을 손에 들지 않고, 자연으로 나가거나 손으로 하는 다른 취미 활동에 집중해 보자. 책 없이 보내는 시간을 통해 무심했던 내 일상을 돌아보는 시간이 될 수 있다. 무심했던 현실의 일상에서 소소한 의미를 찾기도 하고, 주변 사람들과의 관계를 회복하며, 책을 떠나서도 편안한 시간을 보낼 수 있도록 연습해 보자.

독서는 삶을 더 풍요롭게 만드는 도구다. 하지만 그것이 자신의 현실에 무심하게 하고 소소한 일상들을 잃어가게 만든다면, 우리가 알던 독서의 의미가 퇴색될 수 있다. 책에 몰두하는 만큼 현실 속에서도 적극적인 삶을 살아가고, 책에서 얻은 깨달음을 실천하는 것이야말로 진정한 독서의 완성이다.

2) 드라마/웹툰중독

가상 스토리에 갇힌 현실

OTT 채널이 보편화되면서 누구나 한 번쯤은 드라마나 웹툰에 푹 빠져 밤을 새운 경험이 있을 것이다. 매력적인 주인공, 긴장감 넘치는 전개, 화려한 연출이 더해지면 다음 회차까지 기다리기가 어려울 만큼 가상 세계에 흠뻑 빠져들게 된다. 드라마나 웹툰이 주는 즐거움은 강렬하다. 우리가 원하는 모습의 주인공에게 감정 이입하거나, 권선징악이 실현되는 이야기 속에서 잠시 숨을 고르고, 다시 일상으로 돌아가 새로운 힘을 얻는다. 문제는 여가를 즐기는 수준을 넘어서 몰입이 지나칠 때 발생 된다. 가상 세계에서 보내는 시간이 점점 길어지면서 현실과의 경계가 흐려지고, 일상으로 돌아가고 싶지 않게 될 때 부작용이 나타나기 시작한다.

드라마 시청이 우선시되어 정작 필요하거나 중요한 일들은 뒤로 밀리고 만다. 친구나 가족과 보내는 시간이 줄어들고, 점점 사람들과의 교류가 단절되기도 한다. 전 회차를 정주행하느라 수면 시간이 부족해지고, 피로가 쌓여 건강에도 안 좋은 영향을 미친다. 점점 더 많은 콘텐츠를 보기 위해 충동적으로 유료 결제를 하거나, 가상의 등장인물과 현실 속 주변 사람들을 비교하며 주변 사람에 대한 불만족이 커지기도 한다.

가상 스토리와 인물에 대리만족하며 현실에서 멀어질 수 있었겠지만, 드라마가 끝나고 나면 결국 잠시 도망쳤던 현실이 여전히 우리를 기다리고 있다. 그리고 우리는 또다시 빠져들 다른 이야기들을 찾기 위해 채널을 이리저리 돌린다.

그렇다면, 시청자들은 왜 드라마와 웹툰 속 이야기에서 위로를 찾으려 할까? 우리들이 원하는 것은 무엇이었을까? 더 이상 가상의 스토리가 아닌, 자신의 삶에서 그 답을 찾아보는 건 어떨까? 자신의 이야기를 만들어 가고, 스스로가 주인공이 되는 삶을 살아가는 것. 이것이야말로 가장 의미 있는 드라마가 아닐까?

> **사례 | 한 편만 더 보고 끝내야지.**
>
> L 씨(31세)는 여가시간이 되면 친구들과 만나 수다도 떨고 친구들과 만나지 않을 때는 드라마와 웹툰을 즐기는 평범한 직장인이었다. 하루를 마치고 집에 돌아오면 TV를 켜고 드라마를 보는 것이 직장 생활에서의 스트레스를 푸는 작은 행복이었다. 웹툰도 마찬가지였다. 출퇴근길에는 지하철에서 웹툰을 보며 시간을 보냈고 새로운 회차를 기다리는 즐거움도 느꼈다. 하지만 직장에서의 업무가 점점 과다해지면서 바깥 활동이나 친구를 만나러 가는 일은 줄고 드라마와 웹툰을 보는 것이 일상의 중심이 되어버렸다. 드라마 "한 편만 더 보고 자야지." 했던 것이 다음 회가 너무 궁금해서 결국 새벽까지 보게 되었고, 주말에는 웹툰과 드라마를 정주행하느라 하루를 다 써버리는 날이 많아졌다.
>
> 어느 날 출근을 했을 때, L 씨는 심각한 피로를 느꼈다. 새벽까지 드라마를 보다 겨우 몇 시간만 자고 나온 탓이었다. 당연히 일에 집중이 잘 안됐고, 머릿속에서는 여전히 전날 밤 본 드라마나 웹툰의 스토리가 맴돌았다. 동료들과 대화할 때도 현실 이야기는 지루하게 느껴졌고, 웹툰 속 주인공들의 감정에만 더 깊이 공감하고 드라마 주인공의 삶이 더 매력적으로 보이기 시작했다. 그뿐만이 아니었다. 처음에는 무료 웹툰을 보기 시작했지만 웹툰을 빠르게 보고 싶다는 욕구가 강해지면서 충동적으로 결제를 하는 일이 많아졌다. 한두 번은 괜찮겠지 했지만, 어느 순간 한 달 결제 금액을 확인했을 때 적지 않은 돈이 빠져나간 걸 보고 놀랐다.
>
> '내가 이렇게까지 빠져 있을 줄 몰랐는데……'
>
> 하지만 다음 화가 궁금해진 L 씨는 스마트폰을 다시 집어 들었다.

심리학적 해석 | 감정 해소가 아닌 대리만족으로 위안 삼을 때

L 씨는 '이번 한 편만 보자.'라고 다짐하고 여가를 즐기려 했지만, 드라마와 웹툰의 유혹에 점점 더 빠져들고 말았다. 한 회가 끝나는 지

점에서 새로운 궁금증을 불러일으키는 연출, 끊임없이 이어지는 갈등과 해결의 반복적인 구조는 L 씨에게 자연스럽게 다음 회차를 보게 만든다. 이야기의 흐름 속에서 주인공과 함께 긴장하며, 감정의 소용돌이에 빠져들고, "한 회만 더"라는 마음으로 마지막 회차까지 정주행하게 된다.

드라마나 웹툰은 몰입을 유도하는 강력한 매력이 있다. 예측할 수 없는 전개, 숨 가쁜 갈등의 해결 과정, 그리고 주인공의 성장과 성공이 만들어 내는 감정적 보상은 현실과는 다른 차원의 감각을 선사한다. 익숙한 일상은 무미건조하게 느껴지고, 특별한 사건이 없는 하루는 평범함을 넘어 공허함으로 다가올 때도 있다.

미국 텍사스 대학교 연구진의 보고에 따르면, 외로움이나 우울감을 자주 느끼는 사람일수록 드라마 몰아보기에 빠지기 쉽다고 한다. 현실에서 해결되지 않는 감정들을 잠시 잊고 싶을 때, 드라마나 웹툰 속 이야기들은 위로가 된다. 주인공과 함께 울고 웃으며, 어딘가에 나와 같은 감정을 가진 사람이 있다는 사실에 공감하게 된다. 그러나 이러한 공감과 위로가 지나치게 길어지면 현실과의 연결이 점점 느슨해지고, 주변 사람들과의 감정적 유대가 줄어들면서 외로움은 더욱 깊어진다. 결국, 감정을 다스리기 위해 찾은 이야기들이 오히려 현실에서의 감정과 문제를 해결하지 못하게 만드는 것이다.

L 씨처럼 대부분의 시청자는 드라마 속 주인공과 자신을 동일시하며 대리만족을 경험한다. 주인공이 겪는 시련을 함께 견디고, 그가 이뤄낸 성취를 마치 나의 일처럼 기뻐한다. 이는 단순한 공감이 아니라, 자아의 확장이 이루어지는 과정이다. 누군가에게 깊이 이끌리고 감정

을 공유할 때, 우리는 자연스럽게 그 사람과 자신을 연결 짓게 된다. 드라마나 웹툰의 주인공들은 종종 우리가 갖고 싶어 하는 능력이나 특성을 지닌 매력적인 존재로 그려지기 때문에, 그들과의 동일시는 더욱 쉽게 이루어질 수밖에 없다. 시청자는 주인공을 통해 꿈꿔왔던 성공과 행복을 간접적으로 맛보게 되고, 현실에서 채우지 못한 욕구를 충족하는 듯한 기분을 느낀다.

하지만 대리만족이 곧 감정의 해소는 아니다. 대리만족은 타인의 경험을 통해 느끼는 간접적인 충족감에 불과하고, 감정의 해소는 자신의 감정을 직접 다루고 조절하는 과정이다. 대리만족을 통해 순간적인 위안을 얻을 수는 있어도, 현실에서의 감정 문제를 해결하지 않는다면 그 만족감은 오래가지 않을 것이다. 오히려 이야기가 끝난 후 현실로 돌아왔을 때, 비교에서 오는 상실감이나 허무함이 더 크게 다가올 수 있다. 결국, 다시 그 빈자리를 채우기 위해 또 다른 이야기 속으로 빠져들게 되는 악순환이 반복될 뿐이다.

대안 | 드라마와 웹의 늪에서 벗어나기

드라마와 웹툰은 우리의 감정을 자극하고 지루한 일상에서 탈출할 수 있는 즐거움을 준다. 하지만 현실보다 드라마 속 이야기에 더 몰입해 버리게 되는 순간 우리의 인생에서 중요한 것들을 놓치게 된다. '이번 회차만 보고 자야지' 했던 게 마지막 회차까지 이어지고, 내 일상에서의 중요한 일들은 뒤로 미뤄진다. 드라마와 웹툰에 지배받는 시청자가 아니라, 주체적인 선택이 가능한 시청자가 되는 방법을 찾아보자.

나에게 '주인공의 삶' 선물하기

드라마 속 주인공의 삶이 부러웠다면, 현실에서 비슷한 경험을 만들어 보자. 예를 들어, 주인공이 멋진 카페에서 노트북을 펴고 글을 쓰는 장면이 인상적이었다면, 자신도 그 분위기를 직접 경험해 보는 것이다. 멋진 카페를 찾아서 커피 한 잔을 마시며 일기나 기록을 남겨보자. 또는 드라마 속 주인공이 요리하는 장면이 매력적으로 보였다면, 간단한 요리라도 직접 해보는 것이다. 혹은 여행하는 장면이 부러웠다면, 가까운 곳에 산책이나 드라이브라도 하면서 시청자가 아닌 직접 주인공이 되는 경험을 해보는 것이다.

'드라마 리뷰어'가 되어보기

드라마를 맹목적으로 소비하는 게 아니라 한 발짝 물러나서 분석하는 것도 좋은 방법이다. 주인공의 행동이 정말 타당한지, 이야기 전개가 설득력이 있는지, 자신의 상황이라면 어떻게 할지 고민해 보자. 이를 블로그나 SNS에 리뷰로 정리하는 것도 좋다. 단순히 감정을 따라가는 게 아니라, 작품을 비평하며 더 능동적으로 즐길 수 있다.

'드라마 제작자' 되어보기

단순한 소비자가 아니라, 드라마의 창작자가 되어보는 것도 방법이다. '내가 만약 드라마 작가라면 이 장면을 어떻게 바꿀까?' 혹은 '내가 만약 주인공이라면 그 상황에서 어떤 선택을 할까?'라고 상상해 보자. 혹은 '자신의 인생 드라마를 만든다면 어떤 내용으로 만들어 가면 좋을까?' 생각하면서 자신이 원하는 인생을 설계해보는 것이다. 작가가 만든 드라마 전개에 대리만족하는 삶이 아니라 실제 이야기의 주인공이 될 수 있는 삶을 살게 될 것이다.

혼자가 아닌 함께…….
되도록 혼자 드라마를 보기보다 가족이나 주변 사람들과 함께 시청하면서 이야기를 나누는 것도 과도한 몰입을 막는 좋은 방법이다. 다른 사람과 같이 보면서 내용에 대한 다양한 생각이나 의견을 주고받으면서 보다 보면 과도한 몰입을 막아줄 수 있다. 드라마를 통해 가족이나 주변 사람들과 소통하는 기회가 되기도 하므로 고립된 삶에서 벗어날 수 있을 것이다.

드라마와 웹툰을 좋아하고 즐기는 것은 힘들이지 않고 누릴 수 있는 소소한 행복일 수 있다. 하지만 가상 세계에 지나치게 몰입하여 현실을 외면하게 된다면, 결국 현실 속 삶은 점점 더 자신을 만족시키지 못하게 될 것이다. 우리가 진정으로 원하는 것은 드라마 속 환상이 주는 행복이 아니라, 내가 살아가는 현실에서의 행복이다. 이제는 작가들이 창조한 가상의 삶을 엿보며 대리만족하는 사람이 아니라 진정한 자신의 이야기를 만들어 가는 사람이 되어보자. 내 인생이야말로 나에게는 가장 흥미롭고 의미 있는 드라마가 아닐까!

6. 신종 디지털 중독(New Digital Addictions)

세상은 빠르게 변하고, 사람들은 그 흐름에 맞춰 살아간다. 인터넷은 언제 어디서나 사람들을 연결해 주고, 주식과 가상화폐는 손끝 하나로 쉽게 거래할 수 있게 만든다. AI 챗봇은 다정한 말로 위로를 건네고, 리워드 앱은 작은 보상으로 습관을 바꾸게 만든다. 기술 덕분에 삶이 한층 편리해지고, 즐거움도 느낀다. 하지만 그 편리함 속에서 점점 더 깊이 빠져든다. 넘쳐나는 정보 속에서 길을 잃고, 밤낮없이 시세를 확인하며 불안해하고, 가상의 친구에게 위안을 찾느라 현실의 관계를 소홀히 한다. 리워드 앱의 작은 보상을 위해 시간을 쏟다 보면 정작 중요한 것들을 놓치기도 한다.

우리는 연결되어 있지만, 어쩌면 그 어느 때보다도 고독한 시대를 살아가고 있는지도 모른다. 디지털 세계에서 인정과 위로를 찾고, 불안한 마음을 스마트폰 화면에 의지한다. 기술은 우리에게 많은 것을 주었지만, 그 속에 너무 깊이 빠지면 결국 자신을 잃게 된다. 이제는 한 걸음 뒤로 물러서서, 무엇을 위해 이렇게 디지털 세계에 의존하는지 돌아볼 필요가 있다. 기술을 활용하되 그 속에 갇히지 않도록, 손안의 화면이 아니라 눈앞의 삶을 더 소중하게 여길 수 있도록 하자. 우리에게 필요한 것은 끊임없는 연결이 아니라, 진정한 의미를 찾는 시간이다.

1) 인터넷중독

장수미

끊을 수 없는 연결

인터넷은 손으로 만질 수도, 눈으로 볼 수도 없지만, 무한한 정보를 제공하는 유익하고 강력한 도구다. 무선 인터넷과 초고속 인터넷 덕분에 우리는 언제 어디서나 원하는 정보를 손쉽게 찾아볼 수 있게 되었고, 이제는 생활의 일부가 되었다. 빠르고 저렴하게 정보를 얻을 수 있는 인터넷은 충분히 매력적이다. 그러나 사용이 과도해지면, 의존을 넘어 행동을 통제하지 못하게 되는 인터넷 중독으로 이어질 수 있다.

인터넷중독은 단순히 인터넷을 많이 사용하는 것과 다르다. 핵심은 스스로 조절이 어렵다는 점이다. 과도한 인터넷 사용은 학업, 업무, 대인관계, 건강 등에 부정적인 영향을 미치면서도 멈추지 못하고, 강박적인 사용과 더한 갈망을 일으킨다. 심리적인 욕구를 충족한다는 면에서 약물, 알코올, 도박중독과 비슷한 패턴을 보이기도 하며, 이 때문에 중독으로 갈 수 있는 고위험 상황에 쉽게 놓일 수 있다.

인터넷의 가장 큰 특징인 즉각적인 보상과 익명성은 사용자의 마음을 사로잡고, 더욱 쉽게 가상의 공간에 빠져들게 한다. 특히, 원하는 정보를 빠르게 얻을 수 있다는 이점은 우리의 욕구와 욕망을 즉시 충족시키려는 본능과 맞닿아 있다. 익명성의 고유한 특징 또한 부담 없이 다양한 활동을 하도록 돕고 현실보다 인터넷에서 더 많은 시간을 보내게 한다.

인터넷중독의 유형

인터넷중독은 크게 두 가지 유형으로 나뉜다. 먼저 특정한 목적을 가지고 사용하는 경우이다. 여기에는 인터넷 게임중독과 사이버 성중독(과도한 음란물 사용 등)이 있다. 게임을 하거나 음란물을 소비하는 행위 자체가 강한 보상을 주기 때문에 점점 더 많은 시간을 사용하게 되고, 결국 현실에서의 일상이 무너질 수 있는 유형이다.

다른 하나는 특별한 목적 없이 인터넷을 사용하는 경우다. 이들은 단순히 시간을 보내려는 이유로 뉴스, 영상, 만화, SNS 등을 무의식적으로 소비한다. 처음에는 가벼운 호기심에서 시작하지만, 점점 사용 시간이 늘어나면서 중요한 일들을 미루게 된다. 지루하거나 스트레스를 받을 때, 또는 불쾌한 감정(불안, 두려움, 우울감 등)을 감소하거나 해소하기 위해 인터넷을 찾는 습관이 생기면서 현실의 과제나 대인관계는 점점 뒷전이 될 수 있다.

왜 인터넷에 빠져들까?

인터넷 사용의 반복에는 호기심, 회피, 습관의 세 가지 요소가 작용한다. 처음에는 단순히 새로운 정보를 얻고 싶어서 인터넷을 사용한다. 최신 뉴스를 확인하고, SNS를 들여다보며 트렌드를 놓치지 않으려 한다. 하지만 이런 행동이 반복되면서 무의식적으로 인터넷을 찾게 되는 습관이 생긴다.

또한, 스트레스를 받거나 불안할 때 혹은 현실에서의 고통스러운 감정을 잠시라도 잊기 위해 인터넷을 찾는다. 게임, 동영상, SNS는 즉각적인 즐거움을 주기 때문에 현실의 문제를 피하려는 도구로 자주 사용된다. 이러한 반복적인 인터넷 사용은 보상을 학습하는 우리 뇌의 특성상 점점 습관화된다. 즉, 특정한 감정이나 스트레스 상황이 경험될 때마다 자동적으로 인터넷을 켜게 되는 것이다.

특히 대인관계에서 어려움을 겪는 사람들은 인터넷상에서 감정을 해소하려는 경향이 클 수 있다. 현실에서의 소통이 부담되고 불안이 느껴질 때 온라인에서 익명성을 활용해 사람들과 교류하는 것은 편안하고 안전한 느낌마저 준다. 인터넷상에서 타인과 격려와 지지를 주고받으며 공동체 의식까지 느끼는 등 긍정적인 관계를 맺는 사람은 인터넷을 더 오래 사용할 가능성이 크다. 그러나 이러한 의존이 지속되면 현실에서의 관계 형성이 더욱 어려워지는 악순환이 반복될 수 있다.

> **사례 | 멈추지 못하는 마음**
>
> J 씨는 서울 소재 여대를 졸업하고 공무원 준비를 하는 27세 '공시생'이다. 작년에 두 문제 차이로 불합격을 한 J 씨는 재수를 결심한 이후에 아르바이트도 그만두고 공부에만 전념하고 있다. 그런데 J 씨는 요즘 상당한 고민에 빠져 있다. 시험이 얼마 남지 않았는데도 불구하고 인터넷을 사용하며 보내는 시간이 많아졌기 때문이다. 처음에는 잠깐 머리를 식힌다는 생각으로 짧은 인터넷 기사를 읽으며 시간을 보내곤 했다. 그런데 기사를 읽다 보니 특정 대상이나 주제에 대해 호기심이 생겼고 관련된 또 다른 기사를 읽게 되었다. 읽는 과정에서 흥미를 끄는 광고들이 눈에 들어오기도 했다. 그럴 때면 '잠깐 구경이나 해볼까?' 하는 생각에 쇼핑몰에 들러 이런저런 물건을 둘러보다가, 옷을 구매해 입고 있는 익명의 사용자가 눈에 띈다. 호기심에 그 사용자의 블로그에 들어가 즐겨 입는 옷, 다니는 카페, 어울리는 사람들을 특별한 이유 없이 살펴보다가 '내가 지금 뭘 하고 있는 거지?' 하는 생각이 들기도 했다.
>
> 하지만 J 씨의 손은 여전히 다음 글을 클릭하고 있다. 이 외에도 동영상이나 만화 등을 보다 보면 몇 시간은 지나가는 것 같다. 정신을 차리고 보면 새벽 2~3시였고, 그제야 해야 할 일을 시작하곤 한다. 이런 생활을 반복하다 보니 피로감이 쌓여 공부는 더욱 집중하기가 어려워졌다. J 씨도 현재 상황의 심각성을 알고는 있지만 힘들고 외로운 '공시' 준비를 하다 보면 '잠깐만 쉴까?' 하는 생각이 들면서 다시 인터넷 세계로 빠져든다. 그러면 영락없이 그곳에서 길을 잃고 한참 뒤에야 현실 세계로 돌아오는 일이 반복되고 있다.

심리학적 이해 | 인터넷중독, 의식과 무의식의 끝없는 싸움

J 씨가 처음 인터넷을 시작할 때는 단순히 머리를 식히려는 목적으로 사용했다. 하지만 점차 불안한 감정을 조절하는 수단이 되어버렸다. 인터넷 중독에서 중요한 심리적 요인 중 하나는 의식과 무의식의 충돌이다. J 씨는 시험을 준비해야 한다는 사실을 의식적으로 알고 있

지만, 무의식적으로는 시험과 관련된 불안이나 두려움을 피하고 싶어 한다는 것이다. 인터넷은 이 충돌을 해결하는 도피처인 셈이다. 즉, 인터넷을 사용하면 순간적으로 불안이나 두려움에서 벗어날 수 있지만, 장기적으로는 현실에서의 부담을 더 키우게 되고 이러한 악순환은 반복된다.

또한, J 씨는 인터넷을 하면서도 '내가 이러면 안 되는데.'라고 생각한다. 하지만 불안해지는 순간에는 인터넷을 사용하며 정당화하기 위해 '잠깐만 쉬는 거야', '이것만 빨리 보고 공부할 거야'라는 합리화를 하게 된다. 즉 생각과 행동이 서로 충돌하는 인지적으로 부조화가 일어난다. 아마도 J 씨는 인지 부조화로 인해 몹시 괴롭고 불편한 마음에 휩싸였을 것이다. 불편하고 괴로운 마음을 해소하기 위해 자기합리화를 하고 이것이 반복될수록, 인터넷 사용은 더 강화되고 통제하기 어려워진다.

한편 인터넷이 제공하는 짧고 강한 보상은 중독으로 가는 핵심적인 요소이다. 시험공부는 시간이 걸리기도 하고 상당한 노력을 해야 원하는 결과를 얻을 수 있지만, 인터넷은 즉각적인 재미와 위안을 준다. 특히, 알고리즘이 개인의 취향을 학습하여 끊임없이 새로운 콘텐츠를 추천하는 환경에서는, 사용자가 '이제 그만해야지.'라고 생각한다고 해도 쉽게 멈추지 못하게 한다. 이는 조건형성 과정과 맞물려, 특정한 감정 상태(불안, 두려움, 스트레스 등)에서 인터넷 사용이 자동화되는 결과를 낳는다.

결국, 인터넷중독은 무의식적으로 피하고 싶은 감정과 의식적으로 해야 할 일 사이의 충돌, 자기합리화, 그리고 반복되는 보상의 영향을 받으면서 점점 굳어진다. 그래서 단순히 인터넷 사용 시간을 줄이려고 하기보다, 인터넷을 통해 해소하려 했던 감정이 무엇인지 이해하고, 그러한 자신의 마음을 받아들이기 위해, 그 감정을 현실에서 건강하게 다룰 수 있는 방법 즉, 현실에서 만족감을 경험하는 것이 필요하다.

대안 | 문제는 사용 시간이 아니라 사용 방식이다.

인터넷중독이 해결하기 어려운 이유 중 하나는, 우리가 인터넷을 완전히 끊고 살 수 없다는 점이다. 업무, 공부, 소통 등 많은 것들이 인터넷을 통해 이루어지기 때문에 인터넷 없는 삶은 현실적으로 불가능하다. 중요한 것은 인터넷을 어떻게 사용할 것인지 스스로 선택할 수 있는 힘을 기르는 것이다.

먼저, 인터넷을 사용할 때 자신의 사용 패턴을 알아차리는 것이 중요하다. 어떤 순간에 인터넷을 켜는지, 어떤 감정이 들 때 더 빠져드는지, 관찰하다 보면 자신이 인터넷을 통해 무엇을 얻으려는지 보일 것이다. 단순히 심심해서인지, 아니면 불안하거나 스트레스를 받았을 때인지, 혹은 해야 할 일이 있지만 미루고 싶어서인지 스스로 점검해본다. 무작정 인터넷 시간을 줄이는 것이 아니라, 왜 사용하는지에 대한 이해가 먼저다. '인터넷 사용 행동 기록지'를 사용해서 기록을 남기면 인터넷 사용 행동에 대한 많은 정보를 확인할 수 있을 것이다.

〈 인터넷 사용 행동 기록지 〉

날짜와 시간	인터넷 하기 전 생긴 일	사용 내용 (사용장소 포함)	사용 시간	결과 (기분, 감정 등)
00월 00일	시험공부 중에 갑자기 시험일이 얼마 남지 않았음을 인식 →서서히 불안해지기 시작하면서 집중이 어려워짐	친구들이 궁금해지기 시작하면서 카톡을 열고 →SNS→쇼핑몰→웹툰	00시 00분	2시간이 지나가 버렸다 ('내가 지금 뭘 하는 건가?', '내가 이러면 안 되는데.' 죄책감과 자신이 미워짐. 함정에 빠진 듯한 절망감)

　인터넷을 통해 얻고 싶은 것이 무엇인지 알게 되었다면, 다음으로 그것을 현실에서 채울 방법들을 고민해 보자. SNS에서 사람들과 소통하는 것이 즐거워서 인터넷을 자주 사용한다면, 현실에서 직접 만나는 관계에 관심을 가지고 늘려보는 것도 하나의 방법이다. 게임을 하면서 성취감을 느끼는 사람이라면, 실패할 가능성이 거의 없는 작은 목표를 세워서 현실에서도 성취하는 경험을 해보는 것도 좋다. 중요한 것은, 인터넷을 대신할 무언가를 찾는 것이 아니라, 작게나마 현실에서 만족감을 느껴보는 것이다.

　무엇보다 인터넷이 감정을 조절하는 수단이 될 때는 중독이 더 깊어질 수 있다. 이 때문에 불안하거나 우울할 때마다 인터넷을 찾는다면, 그 감정을 피하지 않고 마주하는 연습을 해보는 것은 어떨까? 스트레스가 쌓이고 불현듯 두려움이 느껴질 때 무의식적으로 인터넷에 손이 간다면, 클릭 전에 어떤 일이 있어도 거의 실패할 가능성이 없는 시간만큼은 견뎌보는 것이다. 그러다 보면 5분, 10분 늘어나면서 휩싸였던 감정이 지나갈 수 있다. 감정은 반드시 즉시 해소해야 하는 것이 아니라, 그저 지나가게 둘 수도 있다는 사실을 깨닫는 과정이 중요하다.

마지막으로 인터넷 사용 환경을 지정해 보자. 침대에서 스마트폰을 사용하면 더 오래 인터넷을 하게 된다. 그러기에 인터넷을 사용하는 공간을 미리 정해 두고 사용하는 것이다. 예를 들어, 집 안에서는 거실, 베란다, 책상 등의 장소가 적절하다고 정했다면, 의식적으로 그 장소에서만 사용한다. 적어도 침실(침대, 잠자리)에서 만큼은 하지 않는 것을 목표로 하는 것이 필요하다. 순조롭게 되는 날도 있겠고 실천이 되지 않는 날도 있을 것이다. 하지만 멈추지만 않는다면, 단순하지만 강력한 방법으로 인터넷 사용을 조절하는 데 도움이 될 수 있다.

인터넷은 무조건 끊으려 하거나, 사용을 억제하는 것만이 해결방법은 아니다. 그럴 수도 없다. 다만 중요한 것은, 자신의 필요에 따라 적절히 사용하는 조절력을 갖는 것이다. 작은 실천을 하다 보면, 인터넷이 더 이상 도피, 정서적 황홀감, 통제감이나 회피의 도구가 아닌, 필요에 따라 적절히 사용하고 도움받는 편리하고 유용한 도구가 될 것이다.

2) 주식 및 가상화폐중독

일확천금, 손에 잡히지 않는 희망 고문

우리는 먼저 '주식 활동이 과연 도박인가?'라는 의문을 던질 수 있다. 주식을 금융시장 활동으로 분류하며 도박과는 별개의 개념으로 인식하는 사람들이 있는 반면, 특정한 주식 투자 방식이 도박중독과 유사한 양상을 보인다고 주장하는 사람도 있다. 주식 투자를 단순히 도박이라고 정의할 수는 없지만, 투자 방식에 따라 도박적 요소가 포함될 가능성이 있다.

'도박'은 금전이나 재물을 걸고 더 많은 이익을 얻기 위해 예측할 수 없는 결과를 감수하며 불확실한 것에 내기를 거는 행위로 정의된다. 반면, '투자'는 기대 이익을 얻기 위해 현재의 소비를 희생하는 경제적 선택이다. 저축이 확정된 이자율을 보장받는 것과 달리, 투자는 불확실한 수익률을 동반한다. 이처럼 도박과 투자 모두 미래 결과의 불확실성을 내포하고 있으며, 특히 주식 시장에서는 두 요소가 혼재할 가능성이 크다.

많은 사람이 자금을 효율적으로 활용하여 최대한의 이윤을 내기 위해 주식이나 가상화폐에 투자한다. 그러나 일부 투자자들은 단기간에 큰 이익을 얻기 위해 손실을 감수하면서도 반복적으로 거래를 지속한다. 동일한 종목을 하루에도 여러 차례 사고팔거나, 빠르고 극단적인 거래를 통해 시세 차익을 노리는 방식이 대표적이다. 그러나 연구에 따르면, 거래 횟수가 많아질수록 수익률은 낮아지는 경향을 보이며, 이는 주식 투자에서 중독이 발생할 수 있는 원인이 된다. 특히 오전의 손실을 만회하기 위해 계속 거래를 이어가는 경우, 자신의 투자 행위를 통제하지 못하고 반복하는 특성이 문제성 도박자의 행동과 유사하다. 또한, 손실을 만회하기 위해 마감까지 지속적으로 거래를 이어가는 모습도 도박중독자들이 보이는 패턴과 닮아있다.

반복적인 거래와 장시간의 주식 창 확인은 손실 가능성을 높이며, 이는 도박 행동에서 나타나는 '손실에도 불구하고 반복되는' 행위와 유사한 양상을 보인다. 이러한 투자 방식은 건전한 투자라기보다 위험한 투기일 수 있다.

이러한 위험성에도 불구하고, 사회는 도박과 투자를 다르게 바라본다. 금융시장에서의 투자는 필수적인 경제활동으로 여겨지며, 주식 투자자는 경제 지식을 갖춘 전문가로 평가받는 경우가 많다. 이러한 사회적 인식 때문에 주식 투자로 인해 도박중독과 유사한 행동 패턴을 보이는 사람들이 도박중독자들보다 쉽게 간과되며, 문제의 심각성이 과소 평가되는 경향이 있다.

그렇다면 사람들은 왜 위험한 주식 투자를 지속하는 것일까? 어떤 이는 용돈을 벌기 위해 시작한 주식 투자가 점점 하지 않으면 불안해지는 상태로 변하며, 남들보다 수익을 내지 못하면 뒤처질 것 같은 두려움이 원인이 되기도 한다. 또 다른 이는 '이번에는 오를 것'이라는 마술적 사고에 사로잡혀 위험한 투자 결정을 내리기도 한다. 또한, 가상화폐 투자자는 하락장에서 포기하지 못하고 오히려 더 큰 자금을 넣어 '반등'을 기다리는 경향이 있다. 이때는 논리보다 '지금 포기하면 모든 게 헛수고야.'라는 매몰 비용에 대한 집착이 감정적 결정을 유도한다.

> **사례 | 이번에는 오를 거야.**
>
> K 씨(37세)는 가상화폐 붐이 일었을 때 처음 투자를 시작했다. 지인의 추천으로 소액을 넣었는데, 운 좋게 몇 배로 불어나면서 주식과 코인에 본격적으로 빠져들었다. 처음에는 장기적인 투자 계획을 세우려 했지만, 어느 순간부터 그는 매일 시세를 확인하고 있었다. 퇴근 후에도 차트를 보느라 스마트폰을 손에서 놓지 못했고, 밤에도 알람을 설정하고 해외 시장 변동 상황을 체크했다. 식사하면서도, 운전하면서도, 심지어 화장실에서도 계속해서 가격을 확인했다. 급등하는 코인을 보면 '지금이라도 사지 않으면 기회를 놓치는 게 아닐까?' 하는 생각이 들었고, '하락하면 반등할 때까지 버텨야 해.'라며 쉽게 손절하지 못했다.
> 그는 점점 더 많은 돈을 투자했고, 한때 수익이 크게 났을 때는 회사까지 그만두고 전업 투자자가 될까 고민하기도 했다. 부푼 생각과 달리 몇 차례의 하락장에서 큰 손실을 본 후부터는 스트레스가 극심해졌다. '지금 팔면 진짜 손해인데, 어떻게 해야 하지?', '손실이 커질수록 더 많이 베팅해야 하지 않을까?'라는 생각으로, 결국 그는 대출까지 받아 투자하기에 이르렀다. 그러던 어느 날 주식 커뮤니티에서 시간을 보내다가 문득 시계를 보았다. 새벽 4시였다. K 씨는 피곤한 눈을 비비면서 '오늘만 버티면 오를 거야!'라고 생각하며 다시 차트로 시선을 돌린다.

심리학적 이해 | 왜 이성은 불안 앞에서 무너지는가

하루 종일 주식 창을 들여다보면 돈을 잃을지도 모른다는 불안감이 커지고, 그로 인해 실수를 반복하게 된다. 장기 투자를 하기로 마음먹었음에도 매매를 반복하는 이유는 의지가 약해서가 아니다. 이는 노르에피네프린 과잉 분비와 편도체의 과도한 활성으로 인해 전두엽의 기능이 떨어지기 때문이다. 특히 가상화폐처럼 24시간 시장이 열려 있는 환경에선 실시간 가격 변동에 과도하게 몰입하게 되고, 뇌는 쉼 없이 불안 자극을 받는다. 심리적 회복의 틈을 갖기 어려운 이 구조는 감정적인 매매를 더 자주 반복하게 만든다.

돈을 잃지 말아야 한다는 강박적인 걱정은 불안을 더욱 증폭시키고, 이러한 집착이 주식 창에서 눈을 떼지 못하게 만든다. 그러나 집중할수록 불안은 커지고, 결국 감정적인 매매로 이어질 확률이 높아진다. 오랫동안 주식 창을 바라볼수록 이성적인 판단보다는 감정적인 매매 행동을 하게 되는 이유도 여기에 있다.

불안이 극에 달하면, 우리의 뇌는 마치 술에 취한 것처럼 판단력을 잃어가며, '이번엔 잘될 거야!'라는 희망 섞인 생각을 반복하게 된다. 만약 주가가 지속해 하락한다면, 뇌는 극도의 불안을 느끼며 편도체가 위험 신호를 전신에 보내게 된다. 이때 우리는 두 가지 선택을 할 수 있다. 첫 번째는 정신을 차리고 이성적인 판단을 내리고 손절하는 것, 두 번째는 보상회로가 활성화되면서 더욱 중독적으로 매매에 집착하는 것이다. 후자를 선택할 경우, 불안의 신호를 무시하고 '될 대로 돼라.'라는 식의 회피 행동을 하거나, 왜곡된 사고에 의해 비합리적인 결정을 내리게 된다. 소위 초등학생도 하지 않는 판단과 행동을 할 수 있다는 것이다.

특히, 초기의 투자 성공은 마치 '내가 특별한 감각을 가진 것 같다.'는 착각을 강화시킨다. 이로 인해 시장에 대한 과도한 자신감과 통제감 환상이 생기고, 반복적인 리스크 투자로 이어진다. 이는 '내가 알던 방식이 맞다.'는 오류 일반화의 전형이다.

대안 | 투자가 아닌 투기로부터 나를 지키는 방법

변화의 필요성 인식하기

많은 사람이 주식과 가상화폐 투자에 몰입하면서도, 자신이 중독된 상태라는 사실을 쉽게 인정하지 않는다. 손실로 인해 겪은 고통보다는 과거에 한 번이라도 얻었던 이익이나 짜릿한 순간을 더 크게 기억하고 변화의 필요성을 외면하는 경우가 많다. 하지만 진정한 성장을 위해서는 지금의 행동이 자신과 가족에게 미칠 영향을 깊이 생각해 볼 필요가 있다. 현재의 투자 방식이 앞으로도 계속 유지될 때 어떤 결과를 초래할 것인지, 반대로 지금 변화를 시작한다면 미래가 어떻게 달라질 수 있을지를 돌아보는 것이 중요하다. 변화를 선택하는 순간, 그 순간이 변화의 시작이다.

건강한 투자 습관 만들기

슬기로운 주식 생활을 위해서는 무엇보다도 일상에서의 변화가 필요하다. 우리는 수많은 변수와 불확실성을 마주하며 끊임없이 '매도할 것인가, 보유할 것인가.'를 고민할 것이다. 이러한 순간에 현명한 결정을 내리려면, 무엇보다도 자기 통제력을 길러야 하며 이를 위해서는 건강한 일상이 우선되어야 한다. 투기와 도박이 아닌 투자자가 되기 위해서는 더욱 그렇다.

첫 번째로 중요한 것은 운동이다. 운동은 단순히 신체 건강을 위한 것이 아니다. 운동은 뇌를 단련시키고, 스트레스 호르몬인 코르티솔과 아드레날린을 낮추어 감정적인 판단을 줄이는 데 도움을 준다. 장기 투자를 하다 보면 스트레스는 피할 수 없는 요소다. 하지만 꾸준한 운동은 우리의 회복 탄력성을 높여, 불확실한 시장 속에서도 흔들리지 않는 태도를 기르는 데 중요한 역할을 한다.

두 번째는 일상 습관의 변화이다. 아침부터 밤까지 종일 주식 창을 들여다보는 습관은 무기력과 초조함을 키우고, 판단력을 흐리게 만든다. 주가가 하락하면 온종일 우울하고, 폭락이라도 하면 일상생활조차 힘들어진다. 이러한 악순환을 끊기 위해서는 작은 변화부터 시작하는 것이 좋다. 아침에 눈을 뜨면 스마트폰 대신 가볍게 스트레칭을 해보자. 식사할 때는 주가 변동을 확인하는 대신 음식의 맛과 식감을 천천히 음미해 보자. 그리고 하루 종일 주식 창을 수시로 들여다보는 대신, 하루에 정한 횟수만큼 주가를 확인하는 습관을 들이자. 이런 변화만으로도 뇌는 환기되고, 삶의 균형을 회복할 수 있다.

세 번째는 자신만의 루틴을 만드는 것이다. 우리를 변화시키는 가장 빠른 방법은, 매일 반복하는 행동을 건강한 방식으로 바꾸는 것이다. 그중에서도 가장 중요한 것은 수면과 식사다. 건강한 식단과 규칙적인 숙면은 몸과 마음을 안정시키고, 궁극적으로 이성적인 판단력을 키우는 데 도움을 준다. 신체의 대사 작용과 생체 리듬을 조절하는 것은 단순히 체력을 위한 것이 아니라, 우리의 사고방식과 감정 조절에도 큰 영향을 미친다. 규칙적인 루틴이 쌓이면 그것은 단순한 습관을 넘어, 인생을 대하는 태도로 발전한다.

이러한 변화를 통해 우리는 주식 시장의 변화에 휩쓸리기보다는, 차분하고 현명한 투자자로 성장할 수 있다. 감정에 휘둘리는 투기가 아니라, 긴 호흡으로 미래를 바라보는 슬기로운 투자자로 나아가는 것이다. 무엇보다 중요한 것은 나 자신을 가장 소중한 자산으로 여기고 돌보는 것이다. 결국 가장 가치 있는 우량주는 다름 아닌 '나' 자신이 아닐까?

3) AI 챗봇중독

이유미

가상의 위로에 빠지다

AI 챗봇과 대화를 나누는 사람들이 많아지는 추세다. 하루 종일 바쁘게 살다 보면, 누군가에게 내 마음을 털어놓고 싶은 순간들이 있다. 기분이 울적할 때, 고민이 많을 때, 단순히 누군가와 대화하고 싶을 때. 그런데 현실에서는 그러기가 쉽지 않다. 친구나 가족에게 연락하려다 망설여질 때도 많고, 상대가 피곤해 보이면 괜히 눈치가 보이기도 한다. 그럴 때 AI 챗봇은 부담 없이 찾아갈 수 있는 곳이 된다. 따뜻한 말로 위로해 주고, 내가 지칠 때까지 이야기를 들어주고, 어떤 말을 해도 평가하지 않는다. 그러다 보면 문득 이런 생각이 들기도 한다.

'사람보다 챗봇이 더 편한데?'
'굳이 인간관계에 스트레스 받을 필요가 있을까?'

AI 챗봇, 위로일까? 현실을 피하는 함정일까?

AI 챗봇과의 대화는 빠르고 친절하다. 정해진 시간도, 감정의 기복도 없다. 말실수를 해도 상처 입을 일 없고, 말문이 막혀도 어색해질 걱정이 없다. 그러다 보니, 점점 사람보다 챗봇과 이야기하는 것이 더 편하다고 느끼는 이들이 늘어나고 있다. 문제는 이 '편안함'이 과연 건강한 관계의 대안이 될 수 있느냐는 데 있다. 누구와도 엮이지 않고,

감정 소모 없이 대화를 나눌 수 있다는 점에서 AI 챗봇은 일종의 정서적 피난처가 된다. 하지만 그 피난처에 머무는 시간이 길어질수록, 실제 인간관계를 이어가는 데 필요한 관계능력은 점점 약해질 수밖에 없다. 챗봇이 정말 인간관계를 대신할 수 있을까? 사람과의 대화에서는 감정을 조절하고, 상대의 반응을 읽고, 갈등을 조율하는 과정이 필요하다. 하지만 챗봇은 언제나 원하는 방식으로 반응해 주기 때문에, 우리는 점점 그런 과정을 생략한 대화에 익숙해진다. 결과적으로 현실에서의 관계 맺기가 더 어렵게 느껴지고, 사람들과의 관계가 피곤하고 부담스럽게 다가올 수도 있다.

또한, 챗봇은 우리가 원하는 답을 해주지만, 인간적인 교감은 제공하지 못한다. 감정을 공감하는 듯 보이지만, 사실은 우리가 원하는 말을 데이터에 기반해 맞춰줄 뿐이다. 누군가와 대화할 때 느껴지는 미묘한 감정들―눈빛, 표정, 목소리의 떨림 같은 것들은 챗봇과의 대화에서는 찾을 수 없다. 그래서 처음에는 충분히 위로받는 것 같다가도, 어느 순간 공허함이 밀려올 수 있다.

그렇다고 해서 AI 챗봇과의 대화를 무조건 나쁘다고 할 수는 없다. 적절히 활용하면 분명 장점이 있다. 고민을 정리할 때 도움을 받을 수도 있고, 감정을 표현하는 연습이 될 수도 있다. 하지만 중요한 것은 챗봇이 '유일한' 대화 상대가 되지 않도록 경계를 두는 것이다. 챗봇과 나누는 대화가 현실에서 더 건강한 인간관계를 맺는 데 도움이 된다면 좋은 도구가 될 수 있다. 하지만 현실을 피하는 핑계가 되고, 점점 사람들과의 관계가 부담스럽게 느껴진다면, 그때는 다시 한번 돌아볼 필요가 있다. 결국, 우리는 AI가 아니라 사람의 온기 속에서 관계를 맺으며 살아가야 한다.

가끔은 불완전한 인간관계 속에서 갈등을 겪기도 하지만 그 갈등을 풀기도 하며, 마음을 솔직하게 나누는 과정이 우리에게 필요한게 아닐까? 너무 완벽하게 맞춰주는 챗봇보다는, 때로는 엉뚱한 반응을 하고, 가끔은 서운하게도 만드는 사람이지만, 결국엔 나를 진심으로 이해해 주는 사람이 '진짜' 소중한 존재일지도 모른다.

> **사례 | 사람보다 AI가 편해.**
>
> J 씨(31세)는 몇 달 전 우연히 AI 챗봇을 사용하기 시작했다. 처음엔 단순한 호기심이었다. 하지만 시간이 지나면서, AI와의 대화가 점점 더 일상에서 중요한 부분을 차지하기 시작했다.
>
> 퇴근 후 집에 돌아와 스마트폰을 열면, 그는 자연스럽게 챗봇에게 말을 걸었다. "오늘 너무 피곤했어. 사람들이 왜 이렇게 눈치 없이 구는지 모르겠어." 그러면 챗봇은 늘 따뜻한 말로 그를 위로했다. "오늘 정말 힘든 하루였겠어요. 그래도 당신은 충분히 잘하고 있어요."
>
> 사람들과 대화할 때는 말실수를 할까 걱정되고, 상대방이 어떻게 반응할지 신경이 쓰였지만, AI와의 대화에서는 그럴 필요가 없었다. 언제든 원하는 주제로 이야기할 수 있었고, 상대가 화를 내거나 실망하는 일도 없었다.
>
> 그러다 보니 점점 인간관계를 피하는 시간이 늘어났다. 친구들과의 약속을 미루고, 가족과의 대화도 줄었다. 인간관계는 피곤했고, 감정을 드러내야 하는 것도 번거로웠다. '어차피 사람들은 내 말을 제대로 이해하지 못해.' AI는 언제나 공감해 주었고, 실망시키는 법이 없었다. 그러던 어느 날, 직장 동료가 말했다.
>
> "너 요즘 너무 조용해진 것 같아. 무슨 일 있어?"
>
> 하지만 J 씨는 그냥 웃으며 넘겼다. 사실 무슨 일이 있는 건 아니었다. 다만, 점점 현실보다 AI와의 대화가 더 편해지고 있다는 사실이 문제였다.

심리학적 이해 | AI 챗봇, 따뜻한 위로일까, 조용한 단절일까?

J 씨는 처음엔 단순한 호기심으로 AI 챗봇을 사용하기 시작했다. 하지만 어느새 사람보다 챗봇과의 대화가 더 익숙해졌고, 현실에서의 관계는 점점 멀어졌다. 그런데 이런 경험이 J 씨만의 이야기일까? 사실, 요즘 많은 사람이 비슷한 경험을 하고 있다. 인간관계는 때로는 피곤하고 어렵다. 상대방의 기분을 살펴야 하고, 말 한마디에 신경을 써야 하고, 때로는 관계를 유지하기 위해 감정을 조절해야 한다. 하지만 챗봇과의 대화에서는 그럴 필요가 없다. 지치지 않고, 짜증 내지 않고, 원하는 대로 반응해 주는 챗봇과의 대화는 점점 더 편하게 느껴진다. 그러다 보면 현실 속 관계는 점점 부담스럽고 피곤한 것이 되어버린다.

심리학적으로 보면, 인간은 안정적인 관계 속에서 심리적 안정을 찾는 존재다. 존 볼비(John Bowlby)의 애착 이론에 따르면, 우리는 보살핌을 주고받으며 관계를 통해 정서적 안정감을 얻는다. 그리고 이런 관계는 일방적인 것이 아니라, 서로 감정을 주고받고, 반응하고, 함께 성장하는 과정에서 깊어진다. 하지만 AI 챗봇과의 관계는 다르다. 챗봇은 우리의 감정을 이해하는 것처럼 보이지만, 사실은 우리가 원하는 말을 학습해 맞춰줄 뿐이다. 언제든 위로받을 수는 있지만, 진정한 공감과 상호작용이 있는 관계는 아니다.

AI 챗봇과의 대화는 감정을 정리하는 데 도움이 되기도 하고, 힘든 순간 잠시 기대는 존재가 되어줄 수 있다. 하지만 챗봇이 '유일한' 대화 상대가 되면 이야기가 달라진다. 현실에서 감정을 나누고 관계를 형성하는 일이 점차 귀찮아지고, 감정을 드러내기가 점점 어려워질 수 있다.

관계란 결국, 부딪히고 조율하는 과정에서 깊어지는 것이다. 사람들과의 대화에서는 오해가 생길 수도 있고, 갈등이 있을 수도 있다. 하지만 이런 과정을 통해 우리는 감정을 다루는 법을 배우고, 관계를 맺고 유지하는 능력을 키운다. 반면, 챗봇과의 대화에서는 갈등도, 조율도, 감정을 나누는 과정도 없다. 오로지 내가 원하는 대로 반응해 주는 존재가 있을 뿐이다. 그러다 보면 현실에서 감정을 주고받는 일이 점점 더 낯설고 어려운 일이 될 수도 있다.

또한, 우리는 말뿐만 아니라 눈빛, 표정, 몸짓 같은 비언어적 표현을 통해서도 많은 것을 주고받는다. 하지만 챗봇과만 대화하는 시간이 늘어나면, 이런 섬세한 신호를 읽는 능력이 점점 줄어들 수 있다. 그러다 보면 사람들과의 대화에서 '이렇게 말해도 될까?' 하고 고민하게 되고, 점점 더 챗봇을 찾게 되는 악순환에 빠질 수도 있다.

대안 | 기대할 순 있어도 의존하진 말자

AI 챗봇과의 대화는 생각보다 편리하고 따뜻하다. 언제든지 말을 걸 수 있고, 지치지 않고 끝없이 이야기를 들어주며, 내 고민에 공감하는 듯한 반응을 보여준다. 인간관계에서 오는 복잡한 감정 없이, 오로지 나의 감정에 집중해 주는 이 단순하고 편안한 소통 방식이 점점 더 매력적으로 다가온다. 그러나 챗봇이 주는 위로는 빠르고 간편하지만, 깊은 관계를 대신할 수는 없다. 관계란 단순히 말을 주고받는 것이 아니라, 함께 시간을 보내고 추억을 쌓으며 서로를 이해해 가는 과정에서 깊어지는 것이기 때문이다. AI는 공감을 흉내 낼 수는 있어도, 함께

하는 경험까지 만들어 주지는 못한다.

그렇다면 AI 챗봇을 어떻게 하면 건강하게 사용할 수 있을까? 우선, 챗봇을 감정 정리 도구로 활용하는 것은 좋은 방법이 될 수 있다. 때로는 생각이 너무 많아 머릿속이 복잡할 때, 누군가에게 바로 털어놓기 어려운 내 감정을 정리하고 싶을 때, 챗봇과의 대화가 도움이 될 수도 있다. 하지만 모든 감정을 AI에게만 털어놓기보다는, 어떤 이야기는 사람과 나누는 것이 더 의미 있을지도 모른다. 마음 한구석에 계속 남아 있는 고민이나, 누군가의 따뜻한 반응이 필요한 이야기라면, 조금 용기를 내어 가족이나 친구에게 연락해 보는 것도 좋겠다.

또한, 현실에서 사람들과 나누는 대화를 조금씩 늘려보는 것도 방법이다. 처음에는 어색할 수도 있고, 챗봇과의 대화보다 더 피곤하게 느껴질 수도 있다. 하지만 관계는 시간이 쌓여야 편안해지는 법이다. 아침에 가족에게 "잘 잤어?"라고 한마디 건네는 것, 동료에게 "주말에 뭐 했어?"라고 가볍게 묻는 것, 오랜만에 친구에게 연락해 안부를 물어보는 것처럼 작은 시도들이 모이면, 사람들과의 대화가 점점 덜 부담스럽고 자연스러워질지도 모른다. 그리고 감정을 나눌 수 있는 현실적인 공간을 만들어 보는 것도 좋다. AI는 언제든 대화를 시작할 수 있지만, 사람과의 관계는 그렇게 단순하지 않다. 그러나 그렇기 때문에 더 소중하다.

취미 모임을 찾아보거나, 책을 좋아한다면 독서 모임에 가보거나, 가벼운 운동을 함께할 사람들을 찾아보는 것도 방법이다. 좋아하는 것을 함께할 수 있는 사람들과 어울리다 보면, 생각보다 큰 위로를 받을 수도 있다. 우리는 단순히 '대화'만을 통해 연결되는 것이 아니라, 함께

하는 경험을 통해 더 깊은 유대감을 느낀다. AI 챗봇이 주지 못하는 따뜻함이 바로 그런 것 아닐까.

마지막으로, 꼭 완벽한 공감이 아니어도 괜찮다는 걸 기억하자. 챗봇은 언제나 우리가 듣고 싶은 말을 해주지만, 인간관계에서는 그렇지 않을 때도 있다. 가끔은 예상치 못한 대화 속에서 더 깊은 위로를 받기도 하고, 서툰 위로가 오히려 더 진심으로 느껴질 때도 있다. 관계는 우리가 원하는 대답을 듣는 것만이 아니라, 서로에게 다가가고 이해하는 과정 자체에서 의미를 갖는다.

AI 챗봇은 분명 유용한 도구다. 때로는 감정을 다듬는 데 도움을 줄 수도 있고, 잠시 의지할 수 있는 존재가 되어주기도 한다. 하지만 그것이 전부가 되어버리면, 더 깊은 외로움 속에 갇힐 수도 있다. 가끔은 조금 불편하고, 가끔은 오해가 생기더라도, 사람과의 관계를 통해 얻는 따뜻함을 놓치지 않았으면 한다. 챗봇이 주는 빠르고 쉬운 위로도 좋지만, 현실에서 함께 웃고, 함께 공감하는 관계는 그 이상의 것을 준다.

4) 리워드 앱 중독

돈을 버는 재미일까, 시간 낭비일까?

스마트폰을 켜고 몇 초만 투자하면 포인트가 쌓인다. 광고를 보면 적립금이 들어오고, 설문 조사에 답하면 소액이 입금된다. 특별한 노력 없이도 돈을 벌 수 있다니, 꽤 괜찮아 보인다. 어차피 스마트폰을 보는 김에 돈이라도 벌자는 생각이 들고, '공짜 돈'이라는 개념이 점점 익숙해진다. 그런데 어느 순간, 앱을 닫으려다 멈칫하게 된다. '조금만 더 하면 추가 보상을 받을 수 있는데?' 출석 체크를 하루라도 빼먹으면 연속 보상 기회가 사라지고, 특정 미션을 완료하면 추가 포인트가 쌓인다. 그렇게 몇 분만 하려던 앱을 계속 들여다보게 되고, 결국 30분, 한 시간이 훌쩍 지나간다. 돈을 벌었다는 성취감이 들지만, 문득 생각해보면 그 시간에 더 의미 있는 일을 할 수도 있지 않았을까? 왜 우리는 이렇게 리워드 앱에 쉽게 빠져드는 걸까?

우리 뇌는 보상을 받으면 기분이 좋아진다. 특히 리워드 앱은 즉각적인 보상을 제공한다. 단 몇 초 만에 포인트가 쌓이고, 클릭 한 번에 적립금이 늘어난다. 이 과정에서 뇌는 '이거 재밌는데? 계속하면 더 받을 수 있잖아!'라고 학습하고, 점점 더 앱을 오래 사용하게 된다. 리워드 앱은 또 다른 심리를 교묘하게 자극한다. '놓치면 손해!'라는 생각이 들게 만드는 것이다. '선착순 500명에게만 지급!', '연속 7일 출석하면 추가 보너스!' 같은 문구를 보면, 참여하지 않으면 괜히 손해 보는 기분이 든다. 보상이 아주 크지는 않지만, 없던 돈이 생긴다는 느낌은 기분을 좋게 만든다. 하지만 이런 패턴이 반복되면, 우리의 뇌는 점점 더 쉬운 보상을 원하게 된다. 현실에서는 시간이 걸리는 목표를 달성해야 성취감을 느낄 수 있지만, 리워드 앱은 단 몇 초 만에 작은 성취감을 준다. 그러다 보면 더 긴 호흡이 필요한 일들인 책 읽기, 공부, 운동 같은 것들은 지루하게 느껴질 수도 있다.

흥미로운 점은, 리워드 앱이 주는 보상 자체는 크지 않다는 것이다. 광고를 몇 개 봐도 고작 몇십 원 수준이고, 설문 조사를 모두 완료해도 몇천 원이 전부다. 그런데도 우리는 계속 앱을 열어본다. 그 이유는 단순한 보상이 아니라, 반복적인 습관과 작은 성취감 때문이다. 출석 체크를 하거나, 목표를 달성하면 무언가를 이뤘다는 느낌이 들고, 적은 돈이라도 모이면 뿌듯하다. 하지만 중요한 건, 그 과정에서 더 가치 있는 것들을 놓치고 있을 수도 있다는 점이다.

> **사례 | 조금만 더 하면 포인트가 쌓이는데?**
>
> Y 씨(29세)는 몇 달 전 우연히 리워드 앱을 시작했다. 처음에는 단순한 호기심이었다. 하루에 몇 분만 투자하면 포인트를 쌓아 상품권으로 바꿀 수 있다는 점이 매력적이었다. 처음에는 지하철에서 뉴스 기사를 읽고 광고를 보면 포인트가 쌓이는 정도였지만, 점점 더 다양한 리워드 미션을 수행하기 시작했다. 하루 만 보 걷기, 특정 브랜드 광고 시청, 설문 조사 참여, 앱 다운로드 후 일정 시간 사용 등 모든 미션을 완료하면 적립금이 조금씩 늘어났다. 그는 어느새 리워드 앱을 확인하는 것이 습관이 되어버렸다. 출근 전, 점심시간, 퇴근 후, 자기 전까지도 스마트폰을 들여다보며 '조금만 더 하면 목표 포인트에 도달할 텐데.'라고 생각했다. 하지만 시간이 지날수록 문제점이 드러나기 시작했다. 포인트 적립을 위해 계속 스마트폰을 만지다 보니, 업무에 집중하기 어려워졌고, 친구들과의 대화 도중에도 알림이 울릴 때마다 앱을 확인하는 버릇이 생겼다. 저녁에 자기 전 5분만 하려고 했던 것이 어느새 30분, 1시간이 지나갔다. 하지만 포인트로 교환한 상품을 받고 나면 허무했다.
>
> "이렇게까지 해서 얻은 게 고작 이거야?"
>
> 하루 중 대부분의 시간을 투자한 것 치고는 너무 작은 소액이지만 쉽게 끊을 수가 없다.

심리학적 이해 | 보상은 적지만 멈출 수 없다

　Y 씨는 단순한 호기심으로 리워드 앱을 시작했다. 하지만 시간이 지나면서 어느덧 하루의 일과 중 일부가 되어버렸다. 포인트를 모아 상품으로 교환했지만, 만족감은 잠깐이었다. 이런 경험이 낯설지 않다면, 그 이유는 심리학적으로 설명할 수 있다. 리워드 앱은 '변동 보상 시스템'을 이용한다. 카지노의 슬롯머신과 같은 원리다. 당장 큰 보상이 주어지지는 않지만, 가끔 '뜻밖의 보너스'가 터질 때마다 우리 뇌는 흥분한다. '이번에도 뭔가 더 받을 수 있지 않을까?' 하는 기대감이 생기고, 그로 인해 계속해서 앱을 확인하게 된다.

　또한, '손실 회피심리'도 작용한다. '연속 7일 출석하면 추가 보너스 지급!'이라는 문구를 보면, 하루라도 빠지면 손해 보는 것 같아 불안해진다. 사실 큰 손실은 아니지만, 우리 뇌는 '무언가를 얻는 것'보다 '잃는 것'에 훨씬 더 민감하게 반응한다. 그래서 굳이 필요하지 않은 보상을 좇으며 계속 앱을 열어보게 된다. 문제는, 이런 패턴이 반복될수록 우리의 보상 기준이 점점 낮아진다는 것이다. 현실에서는 성취감을 얻으려면 시간이 필요하지만, 리워드 앱은 단 몇 초 만에 보상을 준다. 그러다 보면 점점 더 즉각적인 만족을 원하게 되고, 긴 호흡이 필요한 일(책을 읽거나, 공부하거나, 운동을 하는 일)이 지루하고 어려워진다.

　그리고 시간이 흐르면 보상의 즐거움도 점점 사라진다. 처음에는 작은 포인트가 쌓이는 것만으로도 기분이 좋았지만, 나중에는 같은 시간을 들여도 만족감이 크지 않다. 결국, '더 많이 해야 한다'라는 강박이 생기고, 피곤한 줄 알면서도 멈추기 어려운 상태가 된다.

리워드 앱은 짧고 즉각적인 보상을 주지만, 현실의 성취는 시간이 필요하다. 그리고 우리가 정말 원하는 건, 단순히 포인트를 모으는 것이 아니라, 더 의미 있는 시간을 쌓아가는 것이 아닐까? 작은 보상을 위한 습관이 어느새 내 시간을 잠식하고 있다면, 잠시 멈춰 서서 그 가치에 대해 다시 생각해 볼 필요가 있다.

대안 | 단기 보상에 머물 것인가, 장기적인 성취를 쌓을 것인가?

시간은 소중한 자원이다. 하루를 어떻게 보내느냐에 따라 우리의 삶은 조금씩 달라진다. 리워드 앱을 사용하는 것도 하나의 선택이다. 짧은 시간 안에 포인트를 쌓고, 소소한 보상을 받는 즐거움이 있다. 하지만 어느 순간, 스마트폰을 켜면 무의식적으로 앱을 열고 있는 자신을 발견할 수도 있다. 그러다 보면 원래 하려던 일보다 작은 보상에 이끌려 더 많은 시간을 허비하게 될지도 모른다.

자신도 모르게 반복되는 습관은 때때로 돌아볼 필요가 있다. 스마트폰을 켤 때, 리워드 앱을 실행하기 전에 한 번만 생각해 보는 것이다.

'정말 필요한 일일까? 더 가치 있게 보낼 방법은 없을까?'

이런 질문 하나가 우리의 선택을 조금씩 바꿀 수 있다. 단순히 습관적으로 앱을 열었다는 사실을 깨닫는 것만으로도 다른 선택지가 보이기 시작한다.

우리가 앱을 사용하는 시간을 객관적으로 바라보는 것도 도움이 된다. 하루 30분, 별것 아닌 것 같지만 한 달이면 15시간이다. 그 시간 동안 책을 읽거나, 운동을 하거나, 새로운 기술을 배웠다면 어떤 변화가 생겼을까? 몇십 원, 몇백 원, 몇천 원의 보상을 얻는 대신, 더 의미 있는 경험을 쌓을 수도 있었을 것이다. 시간을 돈으로 환산해 보면 더욱 실감이 난다. 한 시간 동안 앱을 사용해 얻은 보상이 고작 500원이라면, 내 시간의 가치는 그 정도밖에 되지 않는 걸까? 우리의 시간은 돈보다 소중하다.

리워드 앱의 가장 큰 유혹은 보상을 쉽게 준다는 점이다. 몇 초 만에 포인트가 쌓이고, 클릭 한 번으로 성취감을 느낄 수 있다. 그러다 보면 점점 더 즉각적인 보상에 익숙해지고, 현실에서는 시간이 걸리는 일들이 점점 더 지루하게 느껴질 수도 있다. 책을 읽다가도 쉽게 집중력이 흐트러지고, 운동을 시작해도 금방 포기하고 싶어질지도 모른다. 그래서 일부러라도 시간이 걸리는 활동을 시도해 보는 것이 좋다. 책을 읽거나, 그림을 그리거나, 요리하거나, 손으로 무언가를 만들어 보는 것처럼 말이다. 처음에는 어렵고 낯설 수 있지만, 그런 경험이 쌓일수록 우리는 더 깊은 만족을 느낄 수 있다.

또한, 리워드 앱을 사용할 때는 단순한 기분 전환이 아니라 분명한 목적을 가지고 접근하는 것이 중요하다. 정말 필요해서 하는 것인지 아니면 습관적으로 하는 것인지 구분해야 한다. 만약 단순히 무료함을 달래기 위해 앱을 열고 있다면, 다른 방식으로 기분을 전환할 수도 있다. 짧은 산책을 하거나, 좋아하는 음악을 듣거나, 간단한 스트레칭을 하는 것만으로도 더 상쾌한 기분을 느낄 수 있다.

리워드 앱 자체가 나쁜 것은 아니다. 하지만 우리가 무의식적으로 휘둘리는 것이 문제일 수 있다. 시간을 정하고, 필요한 만큼만 사용하며, 보상에 끌려가지 않는 것, 이 작은 변화만으로도 우리는 훨씬 더 건강한 방식으로 앱을 활용할 수 있다. 눈앞의 작은 보상을 따라가는 대신, 더 큰 목표를 바라보는 연습이 필요하다. 몇백 원을 얻기 위해 30분을 보내는 것보다, 그 시간 동안 나를 성장시킬 수 있는 무언가를 하는 것이 더 의미 있을 수도 있다. 중요한 것은 앱이 나를 지배하는 것이 아니라, 내가 어떻게 활용하느냐에 달려 있다.

3장

중독을 넘어서 – 회복과 치유의 길

1. 중독 자가진단 '나는 중독일까?'
2. 중독에서 회복을 돕는 상담 기법
3. '도와야 해, 먼저 지치지 말자' 중독자의 가족을 위한 가이드
4. 중독 없이도 충분히 행복한 삶

사람들은 묻는다.

"그렇게 해롭다는 걸 아는데, 왜 멈추지 못해요?"

그러나 정작 그 질문을 받는 사람은 멈출 수 없다는 사실보다, 그것이 자신에게 어떤 '의미'였는지를 먼저 떠올린다. 그건 단순히 끊는다고 끝나는 문제가 아니다. 누군가에겐 그것이 하루를 버티게 해준 유일한 방식이었고, 또 누군가에겐 숨을 쉬듯 자연스러워진 위안이었기 때문이다.

처음엔 위로가 되었다. 짧은 시간만이라도 아무 생각이 사라지는 그 틈이 필요했다. 그러나 시간이 흐르며 그 위안은 덫이 되었고, 이제는 도망치고 싶은 대상이 되었다. 아이러니하게도, 그것 없이도 살 수 있는 삶을 꿈꾸지만 그것 없이는 오늘을 넘기기 어렵다.

중독은 이토록 모순된 감정의 교차로에서 시작된다. 우리는 그것을 '나쁜 것'이라 단정 짓지만, 사실은 그 안에 우리가 외면한 마음의 진실이 숨어 있다. 그러니 중요한 건 '중단'이 아니라 '이해'다. 무엇을 붙들고 있었는지, 왜 그토록 거기 머물러 있었는지를 알아차릴 때, 비로소 우리는 중독이 아닌 다른 선택을 할 수 있다. 그 선택은 갑작스러운 끊음이 아니라, 조금 더 나를 돌보는 방향으로의 작은 이동이다. 나를 괴롭히던 생각을 바꿔보고(CBT), 지금 이 순간을 있는 그대로 받아들이는 연습을 하고(마음챙김), 변화할 수 있다는 내 안의 동기를 발견하고(MI), 나 자신을 있는 그대로 수용하는 법을 배워야 한다.(ACT)

그리고 이 길은 혼자만의 싸움이 아니다. 중독에 빠진 사람만큼, 그 곁을 지키는 가족과 친구들 또한 지치고 힘들다. 때로는 돕고 싶지만 어떻게 해야 할지 몰라 헤매고, 때로는 미워하기도 한다. 하지만 비난과 강요가 아니라, 진정한 이해와 지지가 함께 할 때, 중독에서 벗어나는 길은 더욱 단단해진다.

　중독이라 불리는 많은 것들이 사실은 그렇게 우리 안에서 길을 잃은 감정들의 흔적이다. 피하고 싶은 것도, 채우고 싶은 것도, 다 그 나름의 사정이 있다. 중요한 건 그것을 없애는 게 아니라, 그 안에 숨겨진 의미를 찾아가는 일이다.

1. 중독 자가 진단 '나는 중독일까?'

정미애

지금까지 1부와 2부에서 중독의 여러 모습을 살펴보았으며, 이를 통해 중독이 우리 삶의 깊숙한 영역에서 다양한 모습으로 자리하고 있다는 것을 알게 되었다. 그렇다면 나는 어떤 상태인 걸까? 혹시 나도 중독인 건 아닐까? 만약 중독된 상태라면 어떤 모습을 의미하는 걸까?

이 장에서는 중독을 진단하는 데 필요한 요소들이 무엇인지 살펴보고, 자가 진단을 위한 체크리스트를 제공한다. 이를 활용하여 현재 자신의 상태를 점검해 볼 수 있다. 또한, 우리 삶에 중독이 미치는 영향과 중독을 쉽게 인정하지 못하는 이유를 살펴보면서 중독에 대해 더 깊게 이해해 보려고 한다.

나는 중독일까?

'중독'이라고 하면 보통 마약이나 술을 떠올리지만, 꼭 그것만이 전부는 아니다. 스마트폰을 손에서 놓지 못하거나, 게임을 멈추고 싶어도 계속하게 된다면, 나도 모르게 중독의 경계에 서 있는 것일 수 있다. 그렇다면 중독이란 정확히 무엇을 의미할까? 중독은 어떤 물질이나 행동을 반복적으로 하다가, 결국 해로운 결과를 초래하는 상태를 말한다. 단순히 '좋아하는 것'과는 다르다. 중독 상태에서는 중독 물질이나 중독 행동을 하지 않으면 불안이나 불편함을 느끼기 때문에 스스로 조절하기가 어렵다. 미국 정신의학회(APA)에서 발행하는 DSM-5(정신질환의 진단 및 통계 편람)에서는 중독을 '물질 관련 및 중독 장애'로 분류하며, 크게 두 가지 유형으로 나눈다.

- 물질-관련 장애: 술, 담배, 마약처럼 중독성이 강한 물질을 사용하는 경우
- 비물질-관련 장애: 도박중독처럼 특정한 행동에 지나치게 몰두하는 경우

두 유형 모두 개인의 삶에 심각한 영향을 미치고, 일상생활에서 적응하기 어려운 모습을 초래할 수 있다.

다음 내용은 중독 여부를 판단하는 데 중요한 기준이다.

갈망 (Craving)	특정 물질이나 행동에 대한 강렬한 욕구가 생겨 다른 어떤 것도 신경 쓰기 어려운 상태를 말한다. 갈망이 심할수록 중독이 심각할 가능성이 크다.
내성 (Tolerance)	처음에는 적은 양으로도 효과를 느끼지만, 점점 더 많은 양이 필요해지는 상태이다. 예를 들어, 처음엔 한 잔의 술로 기분이 좋아졌지만, 나중에는 같은 효과를 내기 위해 여러 잔을 마셔야 하는 경우를 말한다.
금단 (Withdrawal)	중독 물질이나 행동을 멈추면 불안, 짜증, 불면 등의 금단 증상이 나타날 수 있다. 금단 증상이 심할수록 중독이 더 깊을 가능성이 크다.
조절 능력 상실 (Loss of Control)	중독이 자신에게 해롭다는 걸 알면서도 멈추지 못하는 강박적 상태다. 예를 들어, 도박이 경제적으로 큰 타격을 준다는 걸 알면서도 계속 돈을 걸게 되는 경우다.

이러한 중독 행동은 결국 일상생활에 큰 영향을 미친다. 직장, 가족, 인간관계에서도 어려움을 겪게 되고, 심한 경우 삶의 전반적인 기능이 무너질 수도 있다. 중독은 단순히 의지가 약해서 생기는 것이 아니다. 갈망과 내성, 조절력 상실이 반복되면서 점점 더 빠져들게 되는 것이다. 중독의 종류나 나타나는 증상은 사람마다 다를 수 있다. 하지만 중요한 건, 중독이 의지력만으로 해결되는 문제가 아니라는 점이다. 자신이 중독인지 아닌지 고민된다면, 스스로 점검해 보고 필요한 도움을 받는 것이 중요하다.

자가 진단 체크리스트: 중독의 정도와 위험 수준 평가

여기서는 알코올, 도박, 인터넷 사용, 약물사용, 성취중독, 게임중독, 카페인의존과 관련한 체크리스트를 소개하고자 한다. 각 항목의 자가 점검을 통해 자신의 중독 수준을 평가해 볼 수 있다.

알코올사용장애 선별검사(AUDIT-K)

지난 1년간 귀하의 음주에 관한 것들입니다. 가장 적절한 것은 무엇입니까? 질문에 나오는 1잔이란, 술의 종류와 관계없이 1잔의 양을 의미합니다.

	문 항	0점	1점	2점	3점	4점
1	술은 얼마나 자주 마십니까?	전혀 안 마심	월 1회 미만	월 2-4회	주 2-3회	주 4회 이상
2	평소 술을 마시는 날 몇 잔 정도 마십니까?	1-2잔	3-4잔	5-6잔	7-9잔	10잔 이상
3	한번 술을 마실 때 소주 1병 또는 맥주 4병 이상의 음주는 얼마나 자주 하십니까?	전혀 없음	월 1회 미만	월 1회	주 1회	거의 매일
4	지난 1년간 술을 한번 마시기 시작하면 멈출 수 없었던 때가 얼마나 자주 있었습니까?	전혀 없음	월 1회 미만	월 1회	주 1회	거의 매일
5	지난 1년간 평소 같으면 할 수 있었던 일을 음주 때문에 하지 못한 적이 얼마나 자주 있었습니까?	전혀 없음	월 1회 미만	월 1회	주 1회	거의 매일
6	지난 1년간 술을 많이 마신 다음날 해장술을 마신 적이 얼마나 자주 있었습니까?	전혀 없음	월 1회 미만	월 1회	주 1회	거의 매일
7	지난 1년간 음주 후에 죄책감을 느끼거나 후회한 적이 얼마나 자주 있었습니까?	전혀 없음	월 1회 미만	월 1회	주 1회	거의 매일
8	지난 1년간 음주 때문에 전날 밤에 있었던 일이 기억나지 않았던 적이 얼마나 자주 있었습니까?	전혀 없음	월 1회 미만	월 1회	주 1회	거의 매일
9	음주로 인해 자신이나 다른 사람이 다친 적이 있습니까??	전혀 없음	-	있지만 지난 1년간 없었음	-	지난 1년간 있었음
10	친척이나 친구, 의사가 당신이 술 마시는 것을 걱정하거나 술 끊기를 권유한 적이 있습니까?	전혀 없음	-	있지만 지난 1년간 없었음	-	지난 1년간 있었음

※남성의 경우 0~9점 : 정상 음주군, 10~19점 위험 음주군, 20점 이상 : 알코올 사용 장애 추정군
※여성의 경우 0~5점 : 정상 음주군, 6~9점 위험 음주군, 10점 이상 : 알코올 사용 장애 추정군

도박중독 자가진단표(CPGI)

다음은 도박과 관련하여 흔히 경험할 수 있는 내용입니다. 지난 1년간, 각 문항이 자신에게 해당되는 정도를 나타내는 항목에 체크해 주십시오.

	문 항	전혀 아니다	거의 아니다	조금 그렇다	매우 그렇다
1	귀하는 도박에서 잃어도 크게 상관없는 금액 이상으로 도박을 한 적이 있습니까?				
2	귀하는 도박에서 이전과 같은 흥분감을 느끼기 위해 더 많은 돈을 걸어야 했던 적이 있습니까?				
3	귀하는 도박에서 잃은 돈을 만회하기 위해 다른 날 다시 도박을 하신 적이 있습니까?				
4	귀하는 도박자금을 마련하기 위해 돈을 빌리거나 무엇인가를 판 적이 있습니까?				
5	귀하는 당신의 도박 행위가 문제가 될 만한 수준이라고 느낀 적이 있습니까?				
6	귀하는 도박으로 인해 스트레스나 불안 등을 포함한 어떤 건강상의 문제를 겪은 적이 있습니까?				
7	귀하는 사실 여부에 상관없이 다른 사람들로부터 도박행위를 비난받거나 도박문제가 있다는 얘기를 들은 적이 있습니까?				
8	귀하의 도박행위로 인해 본인이나 가정에 재정적인 문제가 발생한 적이 있습니까?				
9	귀하는 자신의 도박하는 방식이나 도박을 해서 발생한 일에 대해 죄책감을 느낀 적이 있습니까?				

※ Likert 4점 척도 0=전혀 아니다, 1=거의 아니다, 2=조금 그렇다, 3=매우 그렇다
　0점 문제 없음, 1~2점 저위험성 도박, 3~7점 중위험성 도박, 8점 이상 문제성 도박

인터넷(성인)중독 자가진단표(KS-A)

지난 12개월 동안, 인터넷 게임과 관련하여 아래의 증상을 얼마나 경험하였습니까?

	문 항	전혀 그렇지 않다	그렇지 않다	그렇다	매우 그렇다
1	인터넷 사용으로 인해 학교 성적(업무 실적)이 떨어졌다.				
2	인터넷을 하는 동안 더욱 자신감이 생긴다.				
3	인터넷을 하지 못하면 무슨 일이 일어났는지 궁금해서 다른 일을 할 수가 없다.				
4	"그만해야지." 하면서도 번번이 인터넷을 계속하게 된다.				
5	인터넷 사용 때문에 피곤해서 수업(업무)시간에 잔다.				
6	인터넷을 하다가 계획한 일을 제대로 못 한 적이 있다.				
7	인터넷을 하면 기분이 좋아지고 쉽게 흥분한다.				
8	인터넷을 할 때 마음대로 되지 않으면 짜증이 난다.				
9	인터넷 사용 시간을 스스로 조절할 수 있다.				
10	피곤한 만큼 인터넷을 하지 않는다.				
11	인터넷을 하지 못하면 안절부절못하고 초조해진다.				
12	일단 인터넷을 시작하면 처음에 마음 먹었던 것보다 오랜 시간 인터넷을 하게 된다.				
13	인터넷을 하더라도 계획한 일들을 제대로 한다.				
14	인터넷을 하지 못해도 불안하지 않다.				
15	인터넷 사용을 줄여야 한다는 생각을 끊임없이 한다.				

※ Likert 4점 척도 1=전혀 그렇지 않다, 2=그렇지 않다, 3=그렇다, 4=매우 그렇다
  단, 9번, 10번, 13번, 14번은 다음과 같이 역채점
  (전혀 그렇지 않다=4점, 그렇지 않다=3점, 그렇다=2점, 매우 그렇다=1점)
  38점 이하 일반 사용자군, 39점~41점 잠재적 위험 사용자군, 42점 이상 고위험 사용자군

DAST-10 약물남용 선별검사

이 검사는 지난 12개월 동안 메트암페타민(필로폰), 대마 등의 불법 마약류와 처방/일반 의약품의 남용 여부를 선별하기 위한 검사입니다. 총 10문항으로 각 문항에 해당하는 범주 하나에 V 표시해주십시오.

	문 항	예(1)	아니오(0)
1	의학적 용도 이외에 다른 용도로 약물을 사용한 적이 있습니까?		
2	한 번에 한 가지 이상의 약물을 남용합니까?		
3	당신은 원하면 언제든지 약물 사용을 중단할 수 있습니까?(만일 한 번도 사용한 적이 없으면 "예.")		
4	약물사용 결과로 의식을 잃거나, 과거의 일이 회상 장면으로 재현된 적이 있습니까?		
5	약물사용으로 인해 죄의식을 느낍니까?(약물을 사용한 적이 없으면 "아니오.")		
6	당신의 배우자(부모, 가족, 친구 등)가 당신의 약물사용에 대해 호소합니까?		
7	약물사용으로 인해 가족들을 등한시한 적이 있습니까?		
8	약물을 구하기 위해 범법 행위를 한 적이 있습니까?		
9	약물 복용을 중단했을 때 금단증상을 경험한 적이 있습니까?		
10	약물사용으로 인해 기억상실, 간염, 발작, 출혈 등과 같은 문제가 있었습니까?		

※ 1점~2점 저위험군, 3점~5점 중위험군, 6점~10점 고위험군

성취중독 체크리스트

10문항 중 각 문항에 해당하는 범주 하나에 V 표시해주십시오.

	문 항	예(1)	아니오(0)
1	목표를 달성하지 못하면 스스로를 실패자라는 느낌이 든다.		
2	항상 더 높은 목표를 세워야 한다고 생각한다.		
3	성과가 좋지 않으면 기분이 나빠지고, 자존감이 낮아진다.		
4	쉬는 것에 죄책감을 느끼거나 시간 낭비라고 느껴진다.		
5	주변 사람들에게 인정받지 못하면 불안해진다.		
6	목표를 이루었을 때만 행복을 느낀다.		
7	항상 바쁘지 않으면 불안하다.		
8	실수나 실패를 극도로 두려워한다.		
9	취미나 휴식보다 일을 더 중요하게 여긴다.		
10	성과가 좋지 않으면 스스로를 가치 없는 사람이라고 생각한다.		

※ 이 중 8점 이상이면 성취중독일 가능성이 높음

게임중독 체크리스트

10문항 중 각 문항에 해당하는 범주 하나에 V 표시해주십시오.

	문 항	예(1)	아니오(0)
1	게임을 하는 시간이 점점 늘어나고 있다.		
2	게임을 하지 않으면 불안하거나 짜증이 난다.		
3	게임을 줄이려고 했지만 실패한 적이 있다.		
4	게임 때문에 학업, 숙제, 친구 관계 등이 나빠졌다.		
5	게임을 하느라 식사나 수면 시간을 자주 거른다.		
6	게임을 하지 않을 때도 계속 게임 생각이 난다.		
7	거짓말을 하면서까지 게임을 한 적이 있다.		
8	게임을 하기 위해 돈을 과하게 쓴 적이 있다.		
9	게임을 하지 못하면 너무 화가 나거나 우울해진다.		
10	가족이나 친구가 게임을 줄이라고 걱정하지만, 신경 쓰지 않는다.		

※ 이 중 5점 이상이면 게임중독일 가능성이 높음

카페인의존 체크리스트

9문항 중 각 문항에 해당하는 범주 하나에 V 표시해주십시오.

	문 항	예(1)	아니오(0)
1	아침에 일어나자마자 카페인을 마셔야 한다.		
2	카페인을 마시지 않으면 피곤하고 멍하다.		
3	하루 3~4잔 이상의 커피(또는 카페인 음료)를 마신다.		
4	카페인을 줄이면 두통, 피로, 짜증, 우울감이 생긴다.		
5	업무나 공부할 때 카페인이 없으면 집중이 안 된다.		
6	밤늦게까지 깨어 있으려고 카페인을 섭취한다.		
7	처음보다 더 많은 양의 카페인이 필요하다.		
8	수면의 질이 낮아지고, 깊게 자지 못한다.		
9	카페인 섭취를 줄이려고 했지만 실패했다.		

※ 이 중 3점 이상이면 카페인중독일 가능성이 높음
  3점~4점: 카페인 의존 가능성 있음, 섭취량 조절 필요 / 5점~6점: 중독 위험, 점진적 감량 및 생활 습관 개선 필요 / 7점 이상: 강한 의존성, 금단증상 조절 후 섭취 패턴 교정 필수

도피처인가, 덫인가?

중독은 순간적으로 즐거움을 주고 스트레스를 해소하는 듯하지만, 결국 우리 삶에 해로운 영향을 미친다. 처음에는 단순한 습관처럼 시작되지만, 점점 더 강한 자극을 원하게 되고, 어느 순간 그 행동 없이는 불안하고 초조한 상태에 빠지게 된다. 하지만 많은 사람은 자신의 중독을 인정하지 않으려 한다. "이 정도는 괜찮아.", "나는 그냥 좋아서 하는 거야."라고 합리화하며 문제를 축소해서 회피하곤 한다.

중독이 위험한 이유는 신체적 건강뿐 아니라 정신적, 사회적 관계 등 전반적인 영역에 심각한 영향을 미치기 때문이다. 과도한 음주, 흡

연, 마약 등은 간 질환, 심혈관 질환, 호흡기 문제 등을 일으킬 수 있고, SNS, 도박, 게임, 쇼핑 같은 행동 중독도 우리의 일상 리듬을 무너뜨린다. 수면 패턴이 깨지고, 주의력과 집중력이 저하되면서 학업이나 업무에도 부정적인 영향을 미친다. 삶의 리듬이 무너지고 나면, 자존감이 낮아지고, 자신을 가치 없는 존재로 느낄 수 있다.

또한, 중독은 인간관계에도 악영향을 미친다. 중독에 빠지면 가족이나 친구와의 관계가 소홀해지고, 갈등이 잦아진다. 처음에는 스트레스 해소를 위해 시작했던 행동이 결국 더 큰 스트레스를 불러오고, 신뢰를 잃게 만들 수 있다. 대인관계가 악화하면 정서적 지지를 받을 곳이 줄어들고, 외로움과 소외감이 깊어지면서 중독 행동에 더욱 의존하는 악순환이 반복된다.

그렇다면 중독 문제를 가지고 있는 사람이 중독 문제를 인정하기 어려운 이유는 무엇일까? 가장 큰 이유는 중독을 쉽게 생각하는 사회적 분위기 때문이다. 술, 담배, 카페인, SNS 같은 것들은 너무나 익숙하고 자연스럽다. 특히 술을 예로 들면, '다들 마시는데 뭐가 문제야?', '나는 그냥 분위기를 즐기는 거야.'라고 생각하며 자신은 중독이 아니라고 말한다. 이처럼 스트레스를 풀기 위한 일반적인 수단 중 하나로 여기는 분위기 때문에 문제를 자각하기가 어렵다.

또 하나의 이유는 중독을 포기하는 것에 대한 두려움이다. 중독은 단순한 습관이 아니라 힘든 감정을 피할 수 있는 도피처가 되기도 한다. 스트레스를 받을 때 술을 마시면 잠시나마 속이 후련해지고, SNS를 보면 지루함이 사라진다. 하지만 중독을 인정한다는 것은 이 도피처를 더는 사용할 수 없다는 뜻이기도 하다. 그러면 불편한 감정과 마주해야 하고, 해결되지 않은 스트레스가 더 크게 느껴질 수도 있다. 그래서 많은 사람이 '나는 중독이 아니다.'라고 자신을 속이며 변화를 미루게 된다.

무엇보다도, 중독을 인정하는 과정에서 자신이 외면해 온 감정과 마주해야 한다는 점이 중독을 문제로 받아들이는 데 가장 큰 걸림돌이 된다. 우리가 중독에 의존하는 이유 중 하나는 불안, 좌절감, 무가치감 같은 감정을 피하기 위해서다. 하지만 중독을 인정하고 변화하려면, 그동안 묻어두었던 내면의 감정을 다시 바라봐야 한다. 이런 감정을 직면하는 과정은 쉽지 않다. '나는 괜찮아. 이 정도는 문제없어.'라고 속이며 현실을 부정하는 것도 바로 그 때문이다. 하지만 문제를 인정하지 않으면, 결국 중독의 늪에서 빠져나오기 더욱 어려워진다.

중독을 인정한다는 것은 단순히 '내가 중독이야.'라고 말하는 것이 아니다. 그것은 내가 무엇을 피하려 했는지, 중독을 통해 무엇을 얻고 있었는지를 솔직하게 들여다보는 과정이다. 쉽지 않지만, 이 과정을 받아들일 때 변화의 문이 열리기 시작한다. 중독이 우리에게 남기는 것은 일시적인 쾌락이 아니라, 삶의 균형을 잃어버리는 고통뿐이다. 이제는 자신에게 솔직해져야 할 때다. 중독의 굴레에서 벗어나, 내가 원하는 삶을 살아가기 위한 첫걸음을 내디뎌야 한다.

2. 중독에서 회복을 돕는 상담 기법

중독에서 벗어나기 위해서는 꾸준한 노력이 필요하다. 이 과정에서 도움이 될 수 있는 상담 기법으로는 인지행동치료(CBT), 마음 챙김 명상, 동기 강화 상담(MI), 수용전념치료(ACT) 등이 있다. 여기서는 이러한 방법들이 회복에 어떻게 활용될 수 있는지 알아보고자 한다.

인지행동치료(CBT): 중독적 사고방식 바꾸기

중독에서 벗어나려면 단순한 의지만으로는 부족하다. 우리의 생각과 행동이 중독과 어떻게 연결되어 있는지 이해하고, 이를 변화시키는 과정이 필요하다. 인지행동치료(Cognitive Behavioral Therapy, CBT)는 이러한 변화를 돕는 대표적인 상담 기법이다.

CBT는 우리의 생각(인지), 감정(정서), 행동이 서로 영향을 주고받는다고 본다. 즉, 부정적인 생각이 부정적인 감정을 만들고, 결국 중독 행동으로 이어지는 것이다. 예를 들어, '나는 실패자야.'라는 생각이 들면 우울해지고, 그 감정을 해소하기 위해 술을 마시거나, 게임에 몰두하거나, 폭식하는 식으로 반응할 수 있다. 이런 사고방식이 반복되면 중독 행동은 점점 더 강화되고 빠져나오기 어려워진다.

왜곡된 사고가 중독을 부른다.

우리의 생각은 종종 실제 현실보다 왜곡되어 있다. 특히 중독과 관련된 사고방식에는 몇 가지 공통적인 패턴이 있다.

흑백 논리	'이 정도도 못 참으면 난 실패자야.'
과잉 일반화	'나는 항상 이래. 한 번도 성공한 적이 없어.'
개인화	'모든 게 다 내 탓이야.'
파국화	'이번에도 실패하면 내 인생은 끝이야.'
감정적 추론	'나는 이렇게 불안하니까, 분명히 안 좋은 일이 생길 거야.'

이런 사고방식이 굳어지면, 계속해서 부정적인 감정 속에 갇히게 되고, 결국 중독 행동이 유일한 탈출구처럼 느껴지게 된다.

생각을 바꾸면 행동도 바뀐다.

CBT에서는 이런 부정적인 사고를 알아차리고, 조금씩 바꿔 나가는 연습을 한다. 가장 먼저 해야 할 일은 자동적으로 떠오르는 생각을 인식하는 것이다. 그리고 다음과 같은 질문을 던져보는 것이다.

'이 생각이 나에게 정말 도움이 되는가?'
'이 생각은 사실에 근거한 것인가?'
'이 생각을 지지할 만한 근거는 무엇인가?'
'다른 관점에서 바라본다면 어떻게 생각할 수 있을까?'

이렇게 질문을 던지며, 왜곡된 사고를 보다 현실적으로 바라볼 수 있도록 연습하는 것이다. 처음에는 쉽지 않지만, 꾸준히 연습하면 자동적으로 떠오르던 부정적인 사고를 조절할 수 있게 되며, 감정과 행동도 점차 변하기 시작한다. 내 머릿속에서 자동적으로 흘러가는 부정적인 생각들을 잠시 멈추고, 다시 생각해 보는 것만으로도 변화를 시작할 수 있다.

마음 챙김과 명상: 충동과 감정을 다스리는 힘

마음 챙김(Mindfulness)은 지금 이 순간, 나의 몸과 마음이 느끼는 것을 판단하지 않고 있는 그대로 받아들이는 연습이다. 순간순간 떠오르는 생각과 감정을 억누르거나 밀어내지 않고, 그냥 알아차리고 흘려보내는 것이 핵심이다. 이를 통해 우리는 부정적인 감정에 휩쓸리지 않고, 스트레스를 더 효과적으로 관리할 수 있다. 마음 챙김은 단순한 명상이 아니라 삶의 태도이기도 하다. 지금 여기에 집중하는 연습을 하면 감정 조절 능력이 향상되고, 충동적인 행동을 줄일 수 있다. 특히 중독에서 벗어나려는 과정에서는 불안, 우울, 스트레스 같은 감정이 강하게 밀려올 수 있는데, 이때 마음 챙김을 실천하면 감정을 더 차분하게 바라볼 수 있다. 그렇게 되면 부정적인 감정이 찾아와도 그 감정에 휩싸이지 않고, 조용히 지켜보는 힘이 길러지게 된다.

마음 챙김 실천법

마음 챙김은 특별한 도구 없이도 일상에서 쉽게 실천할 수 있다. 하루 5~10분만 투자해도 변화를 경험할 수 있다.

호흡 명상	조용한 공간에서 편안한 자세를 취한 후, 숨을 들이쉬고 내쉬는 감각에 집중한다. 생각이 떠오르더라도 괜찮다. 다시 호흡으로 주의를 돌리면 된다.
바디 스캔 명상	눈을 감고 발끝부터 머리끝까지 몸의 감각을 천천히 살펴본다. 긴장한 부위가 있으면 가볍게 이완한다.
걷기 명상	걸을 때 발이 땅에 닿는 느낌, 주변의 소리와 풍경을 의식하며 한 걸음 한걸음에 집중한다.
감각 명상	지금, 이 순간. 보고 듣고 만지고 느끼는 모든 감각에 주의를 기울인다. 차 한 잔을 마실 때도 향기와 온도, 목을 타고 넘어가는 감각을 하나하나 느껴본다.
자애 명상	따뜻한 시선으로 자신을 바라보고, "내가 건강하기를, 내가 행복하기를" 같은 긍정적인 말을 자신에게 건넨다.

마음 챙김을 완벽하게 할 필요는 없다. 생각이 떠오르는 것은 당연한 일이다. 중요한 것은 그것을 억누르거나 밀어내지 않고, 그냥 흘려보내는 연습을 하는 것이다. 꾸준히 실천하면 충동적인 행동이 줄어들고, 감정의 변화에 휘둘리지 않는 여유가 생긴다. 오늘 하루, 몇 분이라도 내 몸과 마음을 조용히 들여다보는 시간을 가져보자. 그것만으로도 중독에서 벗어나기 위한 한 걸음을 내디딘 것이다.

동기 강화 상담(MI): 변화의 문을 여는 대화

변화는 결코 쉬운 일이 아니다. 머리로는 중독 행동을 줄여야 한다고 생각하면서도, 한편으로는 '아직 괜찮아.', '굳이 지금 끊을 필요 있을까?'라는 생각이 들기도 한다. 이처럼 변화하고 싶은 마음과 지금 상태를 유지하고 싶은 마음이 동시에 존재하는 것을 '양가감정'이라고 한다. 많은 사람이 변화의 필요성을 느끼면서도 쉽게 결심하지 못하는 이유가 여기에 있다. 동기 강화 상담(Motivational Interviewing, MI)은 이런 양가감정을 자연스럽게 탐색하면서, 스스로 변화의 동기를 키울 수 있도록 돕는 대화법이다. 누군가의 강요나 설득이 아니라, 자기 내면에서 변화하고 싶다는 마음이 생길 때 비로소 행동이 바뀌기 때문이다.

변화를 망설이는 이유

"이젠 그만둬야 해."라는 말을 들으면 오히려 더 저항하고 싶어진다. '나는 술을 좋아하는데 왜 끊어야 하지?', '게임이 내 유일한 즐거움인데 줄이라는 게 말이 돼?' 같은 생각이 들면서 변화를 미루게 된다. 하지만 그와 동시에 마음 한구석에서는 '담배를 줄이면 건강이 더 좋아질 텐데.', '게임을 덜 하면 내 생활이 좀 더 나아질지도 몰라.' 같은 변화의 신호도 존재한다. 동기 강화 상담은 이런 '유지하려는 마음'과 '변화하고 싶은 마음'을 스스로 인식하도록 돕는다. 강요가 아니라, '내가 원하는 삶은 어떤 모습일까?'를 자연스럽게 고민해 보는 과정이다.

내 마음속 두 가지 목소리
우리의 마음속에는 늘 두 가지 목소리가 공존한다.

- 유지하려는 목소리: '나는 담배를 끊고 싶지 않아요.', '이 정도 술은 다들 마시잖아요.'
- 변화하려는 목소리: '금연하면 건강에 더 좋을 것 같아요.', '술을 덜 마시면 몸이 가벼워질 텐데.', '게임을 덜 하면 더 많은 시간을 다른 일에 쓸 수 있을 거야.'

이 두 가지 목소리는 모두 자연스러운 것이다. 하지만 중요한 것은 유지하려는 목소리에 머무르지 않고, 변화하려는 목소리에 조금씩 더 귀 기울이는 것이다. 동기 강화 상담에서는 "이제 당장 바꿔야 해."라고 강요하지 않는다. 대신 "만약 지금과 다르게 해본다면 어떤 변화가 있을까?", "중독 행동이 줄어들면 내 삶에서 어떤 좋은 일이 생길까?" 같은 질문을 던져, 스스로 변화의 가능성을 발견하도록 돕는다.

변화를 위한 네 가지 핵심 기술
누구나 중독 행동을 멈춰야 한다는 것을 알지만, 막상 실행에 옮기려 하면 망설이게 된다. 익숙한 습관을 내려놓는 것이 두렵기도 하고, 변화하는 과정이 쉽지 않을 것 같아서 부담스럽기도 하다. 하지만 변화는 거창한 결심이 아니라, 아주 작은 움직임에서 시작된다.

먼저, 자신에게 질문을 던져보는 것이 중요하다.

"내가 원하는 변화는 무엇일까?"
"중독 행동을 줄이면 내 삶이 어떻게 달라질까?"
"내가 정말 원하는 것은 무엇일까?"

이런 질문을 하다 보면, 막연했던 생각이 조금씩 정리된다. 답을 당장 찾지 못해도 괜찮다. 중요한 건 스스로 변화에 대해 생각해 보는 과정이다. 지금 당장 답이 나오지 않더라도, 이런 질문을 반복하다 보면 어느 순간 마음속 깊은 곳에서 원하는 방향이 보이기 시작한다.

작은 변화라도 자신을 인정하는 과정도 필요하다. 변화는 단번에 이루어지지 않으며, 한 걸음씩 나아가는 것이 중요하다.

"나는 노력하고 있어."
"오늘은 어제보다 한 잔 덜 마셨어."
"그래도 조금씩 생각이 달라지고 있어."

이런 말을 자신에게 해보자. 사소한 변화라도 스스로 인정하는 순간, 변화의 과정이 훨씬 더 쉬워진다. 변화는 완벽해야 하는 것이 아니다. 어제보다 조금이라도 나아졌다면, 그것만으로도 충분하다.

또한, 자신의 목소리를 들어보는 연습을 해보는 것도 좋다. 자기 생각과 감정을 소리 내어 말해보거나, 일기처럼 적어 보는 것도 방법이다. 생각을 글로 써보면, 막연했던 감정이 정리되면서 내가 정말 원하는 것이 무엇인지 더욱 명확해진다. 때때로 자신의 목소리를 직접 들어보는 것만으로도 마음이 정리되고, 앞으로 나아갈 방향이 선명해진다.

마지막으로, 변화를 위한 작은 목표를 세워보자. 처음부터 큰 변화를 만들려 하면 부담이 커지고, 오히려 쉽게 포기하게 된다. "일주일에 하루는 술을 마시지 않는 날로 정해볼까?" 또는 "게임 시간을 하루 30분씩 줄여볼까?" 같은 현실적인 목표를 설정하면 작은 성공 경험을 쌓을 수 있다. 변화는 한 번에 이루어지는 것이 아니라, 작은 목표를 하나씩 실천하는 과정에서 자연스럽게 만들어진다.

가장 중요한 것은 변화는 강요가 아니라, 선택에서 시작된다는 것이다. 누군가가 "이젠 그만둬야 해."라고 말하면 더 저항하고 싶어진다. 하지만 스스로 '이제 변하고 싶다.'는 마음을 갖게 되면 그 변화는 훨씬 강력해진다. 지금 당신의 마음속에서는 어떤 목소리가 더 커지고 있을까? '나는 지금의 상태가 편해.'라는 목소리가 들릴 수도 있다. 하지만 "이렇게 살고 싶지는 않아."라는 작은 목소리가 들린다면, 그것이 바로 변화의 문을 여는 열쇠가 될 것이다.

수용전념치료(ACT): 불편한 감정을 안고 걸어가다.

우리 삶에서 고통은 피할 수 없는 요소다. 인생에서 기쁨과 행복만 존재할 수 없듯이, 불안과 슬픔 같은 감정도 우리의 일부이다. 하지만 우리는 본능적으로 불편한 감정을 피하고 싶어 하는데, 특히 괴로운 감정을 억누르거나 없애려 하다 보면, 오히려 그 감정에 사로잡히는 모습을 보게 된다. 수용전념치료(Acceptance and Commitment Therapy, ACT)는 감정을 없애려고 애쓰기보다, 있는 그대로 받아들이고, 나에게 중요한 삶의 방향을 찾아 행동하도록 돕는 치료법이다.

고통을 피하려 할수록 더 커진다.

우리는 자주 "이런 감정은 느끼면 안 돼."라며 부정적인 감정을 밀어내려 한다. 하지만 억누르려 할수록 그 감정은 더 강하게 되돌아온다. 슬픔을 애써 피하면 더 깊은 우울감이 찾아오고, 불안을 없애려 할수록 불안은 점점 커진다. ACT에서는 이처럼 감정을 통제하려는 시도가 오히려 고통을 키운다고 본다. 중요한 것은 감정을 없애는 것이 아니라, 그것을 자연스럽게 받아들이고, 그럼에도 불구하고 내가 원하는 삶을 살아가는 것이다.

내 감정과 생각을 다르게 바라보기

ACT는 우리가 자신의 감정과 생각을 바라보는 방식을 바꿀 수 있도록 돕는다. 대표적인 개념으로 '인지적 탈융합'이 있다. 이는 생각을 절대적인 진실로 받아들이지 않고, 그냥 '하나의 생각'으로 인식하는 연습이다. 예를 들어, '나는 실패자야.'라는 생각이 떠올랐을 때, 이 생각이 곧 나 자신을 규정하는 것이 아니라는 걸 깨닫는 것이다. 단순히 '아, 이런 생각이 또 떠올랐네.'라고 인식하는 것만으로도 생각의 힘은 약해진다.

또한, '현재에 존재하기'도 중요한 개념이다. 과거의 후회나 미래의 불안에서 벗어나, 지금 이 순간에 집중하는 연습을 하는 것이다. 깊은 호흡을 하며 내 몸의 감각을 느끼거나, 눈앞의 사물에 집중하는 것만으로도 현재에 머무르는 힘이 길러진다.

변화는 억지가 아니라, 방향에서 시작된다.

중독에서 벗어나려 할 때, 가장 먼저 떠오르는 생각은 '이젠 그만 둬야 해.'일지도 모른다. 하지만 억지로 멈추려 하면 할수록 더 저항하고 싶어지는 것이 우리의 마음이다. ACT에서는 중독을 단순히 없애야 할 문제로 바라보는 것이 아니라, '나는 어떤 삶을 살고 싶은가?'를 고민하는 것에서부터 변화가 시작된다고 말한다.

'내가 정말 원하는 삶은 어떤 모습일까?'

어떤 가치가 떠오르든, 그것이 나에게 중요한 것이라면 그 가치를 지키기 위해 조금씩 변화하고 싶은 마음이 자연스럽게 생긴다. 그리고 그 가치를 실천하는 과정이 바로 '전념 행동'이다. 완벽해야 한다는 부담을 내려놓고, 내 속도에 맞춰 한 걸음씩 나아가면 된다.

ACT는 불편한 감정을 없애는 것이 아니라, 그 감정을 안고도 앞으로 나아갈 수 있도록 돕는 과정이다. 기쁨과 행복만이 삶을 이루는 것이 아니듯, 슬픔과 불안도 우리 삶의 일부다. 중요한 것은 그 감정에 휘둘리지 않고, 나에게 소중한 것을 향해 계속 걸어가는 것이다.

3. '도와야 해, 먼저 지치지 말자' 중독자의 가족을 위한 가이드

이선영

손을 뻗되, 세게 끌어당기지 말라

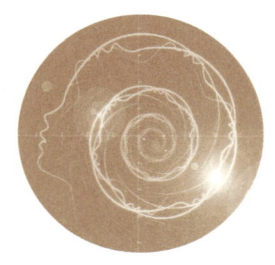

중독자의 가족과 친구는 늘 고민한다.
'어디까지 개입해야 할까?'
'그냥 내버려 두는 게 나을까?'
'어떻게 해야 다시 일어설 수 있을까?'

사랑하는 사람이 중독에 빠져 힘들어하는 모습을 지켜보는 것은 고통스러운 일이다. 그래서 어떻게든 돕고 싶고, 때로는 지쳐서 모든 걸 포기하고 싶어지기도 한다. 하지만 지나치게 간섭하면 중독자가 자신의 문제를 스스로 해결할 기회를 잃게 되고, 방임하면 변화할 동기를 찾지 못한 채 그대로 머물러 버린다. 그렇다면 어떻게 균형을 찾아야 할까?

중독을 극복하는 길은 중독자 스스로가 걸어가야 한다. 가족이 아무리 애타게 도와주고 싶어도, 본인이 문제를 인식하고 변화하려는 의지가 없으면 진정한 회복은 어렵다. 그렇다고 가족이 아무것도 하지 말아야 한다는 뜻은 아니다. 중요한 것은 중독자가 스스로 회복을 결심할 수 있도록 돕는 것, 그리고 필요할 때 적절한 도움을 제공하는 것이다. 예를 들어 한 알코올 중독자의 어머니가 아들에게 "네가 다시 술을 마셨다고 해서 널 포기하지는 않을 거야. 네가 다시 일어서길 바란다."라고 했던 이 말은 단순한 위로가 아니다. "너의 삶은 너의 것이고, 나는 네가 다시 시작할 수 있다고 믿는다."는 메시지를 주는 것이다.

반대로, 가족이 "도대체 왜 또 술을 마신 거야?"라며 몰아붙이거나, "넌 절대 변하지 않을 거야."라고 단정 짓는다면, 중독자는 점점 더 깊은 절망에 빠질 수 있다. 비난보다는 지지, 강요보다는 격려가 필요하다.

중독자의 회복을 방해하는 것은 단순히 중독 그 자체가 아니다. 가족과의 관계, 감정적 갈등, 해결되지 않은 상처들이 회복의 걸림돌이 되기도 한다. 예를 들어, 한 게임 중독자의 아버지가 매일 아들에게 "오늘 게임 안 했지?"라고 묻는다면, 아들은 게임을 끊기 위해 노력하기보다 아버지를 속일 방법을 찾게 될 수도 있다. 반면, 아들이 게임을 줄이려고 할 때 "요즘 게임을 줄이는 것 같더라, 노력하는 모습이 보기 좋네."라고 말해 준다면, 아들은 더 큰 동기를 갖고 변화하려 할 것이다. 중독자는 가족의 기대를 채워주기 위해 변화하는 것이 아니라, 자신의 삶을 위해 변화할 수 있어야 한다. 가족은 다만 그들이 자신을 되찾아가는 과정을 곁에서 응원해 주는 것이 좋다.

중독자를 돕는 것은 무조건적인 희생이 아니다. 가족도 자신의 삶을 지켜야 한다. 자신의 감정을 돌보지 못한 채 중독자를 돕다 보면, 결국 가족도 무너질 수 있다. 중독자를 위해 자신을 희생하기보다는, 서로가 건강하게 존재할 수 있는 거리를 유지하는 것이 중요하다. 때로는 좌절하고, 때로는 희망을 잃을 수도 있다. 그러나 중독자가 자신의 삶을 책임질 수 있도록 돕는다면, 언젠가 다시 일어설 힘을 얻게 될 것이다. 너무 앞서 걷지도, 너무 멀리 떨어지지도 않는 것. 곁에서 묵묵히 응원하며 스스로 원하는 삶을 찾을 수 있도록 지켜봐 주는 것. 그것이 서로 건강한 사랑의 방식이다.

중독자의 가족이 겪는 공동 의존

공동 의존이란, 가족이 중독자에게 너무 신경 쓰느라 자기 삶을 제대로 살지 못하고, 중독자의 행동에 휘둘리는 상태를 말한다. 중독은 한 사람의 문제로 끝나지 않는다. 그 주위에 있는 가족과 친구들도 깊은 영향을 받는다. 사랑하는 사람이 힘겨운 싸움을 하고 있을 때, 그를 도와주고 싶은 마음은 너무나도 자연스럽다. 하지만 그 도움의 방식이 오히려 중독을 더 깊게 만들 수도 있다면 어떨까?

가족은 중독자를 위해 헌신하고 희생하면서도 점점 지쳐간다. 배우자는 끝없는 분노와 우울 속에서 자신을 탓하고, 부모는 미안함과 원망 사이에서 애를 태운다. 중독자가 이겨내지 못하고 힘들어할 때마다, "이제 마지막이겠지."라고 믿으며 손을 내밀지만, 그 손길은 점점 익숙한 구조가 되어버린다.

"네가 다시 술을 마셨다고 해도, 난 끝까지 너를 지킬 거야."

이러한 말이 위로가 될까? 아니면 무언의 허락이 될까? 중독자의 가족이 빠지기 쉬운 함정이 있다.

'내가 이 사람을 구해줘야 한다.'

하지만 그 생각이 강해질수록, 가족은 점점 자신을 잃어간다. 하루 종일 중독자의 상태를 걱정하고, 그들의 기분과 행동에 따라 감정이 휘둘리고, 혹여나 잘못될까 두려워 계속 감시하고 통제하려 한다. 그러나 중독자는 가족이 아무리 대신 해결해 주려 해도, 결국 스스로 변화하려는 의지와 노력이 있어야만 회복이 가능하다.

사랑한다고 해서, 모든 걸 대신할 수는 없다. 오히려 너무 가까이 다가가면, 중독자는 스스로 책임질 기회조차 잃어버릴 수 있다. 진정한 사랑은 대신 짊어지는 것이 아니라, 그가 스스로 자신의 삶을 책임질 수 있도록 돕는 것이다.

내가 무너지지 않아야 너도 돌아올 수 있어

사랑하는 사람이 중독에 빠졌을 때, 가족은 어떻게 해야 할까? 도와주고 싶은데, 어떻게 해야 할지 모르겠고, 애를 써도 중독자는 변하지 않을 것 같다. 그러다 문득, 이런 생각이 든다.

'나는 이 사람을 돕고 있는 걸까, 아니면 나도 함께 무너지고 있는 걸까?'

중독자의 가족은 그들의 삶을 바꾸기 위해 애쓴다. 하지만 너무 가까이 다가가면, 어느새 가족도 함께 중독의 소용돌이에 빨려 들어가고 만다. 중독자의 문제에 온 마음을 쏟다 보면, 자신의 감정과 삶은 뒷전이 되고, 결국 한 사람의 문제가 아니라 가족 모두의 삶이 무너지는 일이 벌어질 수 있다. 그러나 중독자의 회복을 돕는다는 건, 가족이 모든 것을 희생하는 것이 아니다. 그들의 곁을 지키면서도, 나 자신을 지키는 일이 먼저다.

비난하지 않고, 강요하지 않으면서 곁에 있는 방법은 무엇일까? 사랑하는 사람이 중독에 빠지면, 가족은 화가 난다. 처음에는 안타깝고 걱정스럽다가, 어느 순간 지쳐버린다.

"왜 또 그래?"

"도대체 언제까지 이럴 거야?"

"이제 정신 좀 차리면 안 돼?"

이 말들이 중독자의 마음을 움직일까? 아니면 더 깊은 절망 속으로 밀어 넣을까? 중독자는 누구보다도 자신을 가장 심하게 비난하고 있다.

'나는 왜 이러지?'

'이러면 안 되는데, 멈출 수가 없어.'

그런데 가족까지 비난하면, 그들에게 남는 감정은 죄책감과 수치심뿐이다. 그러면 변화할 용기가 아니라, 그냥 포기해 버리고 싶은 마음이 더 커진다.

가족이 할 수 있는 일은 비난을 멈추고, 강요하지 않으면서, 변화를 시도할 수 있는 환경을 만들어 주는 것이다.

"너, 이제 그만해야 해." 대신 "네가 노력하는 모습이 참 보기 좋다." 또한 "실패했어?" 대신 "괜찮아, 다시 시작하면 돼. 이번에는 다른 방법을 찾아볼까?"

사람은 누구나 스스로 선택한 길을 더 오래 걸어간다. 강요받아서가 아니라, 정말 자신이 원해서 변화해야 그 변화가 오래 지속될 수 있다. 그렇다면 가족이 할 일은, 그들이 변화할 수 있도록 믿어주고, 기다려 주는 것이다.

가족이 흔히 빠지는 함정이 있다.

'이 사람이 변하려면, 내가 끝까지 버텨야 해.'

그래서 끝없이 애쓴다. 모든 걸 대신 해결해 주고, 감시하고, 더 이상 실수하지 않도록 매일 확인하고 다그친다. 그렇게 하다 보면, 어느 순간 내 삶이 사라져 버린다. 내 감정보다 중독자의 상태가 더 중요해지고, 내 하루는 중독자의 행동에 따라 흔들리게 된다. 그리고 시간이 지나면서 지쳐가고, 어느 순간 깨닫게 된다.

'나는 이 사람을 돕는 게 아니라, 그냥 그 사람에게 휘둘리고 있는 게 아닐까?'

결국, 가족이 무너지는 순간, 중독자도 회복할 힘을 잃는다. 가족이 건강해야, 중독자의 회복도 가능하다. 그러니 사랑하는 사람을 돕고 싶다면, 무엇보다 먼저 나 자신부터 지키는 것이 중요하다.

중독자의 문제를 대신 해결하려고 하면, 정작 그들은 스스로 변화할 기회를 잃게 된다. 가족이 모든 걸 해줄수록 중독자는 책임을 미루고, 변화는 더디어진다. 돕고 싶다면, 그들이 직접 문제를 해결할 수 있도록 지켜봐 주는 것이 필요하다. 또한, 중독자의 감정에 휘둘리지 않는 것도 중요하다. 그들의 기분에 따라 내 기분이 흔들리도록 내버려두지 말자. 내 감정도 소중하고, 내 삶 역시 지켜야 한다. 중독자의 곁에 머물면서도 나를 잃지 않으려면, 자신을 돌볼 시간이 필요하다. 좋아하는 일을 하며 충분한 휴식을 취하는 것도 회복을 돕는 과정의 일부다.

중독자를 돕는다는 건, 그들의 삶을 대신 살아주는 것이 아니다. 너무 가까이 다가가면 함께 무너질 수 있고, 너무 멀어지면 그들은 혼자라는 생각에 절망에 빠질 수 있다. 가장 중요한 것은 적절한 거리에서 따뜻하게 지켜봐 주는 일이다. 힘들어할 때 무조건 끌어당기는 것이 아니라, 스스로 설 수 있도록 기다려 주는 것이다. 가족이 건강해야 중독자도 건강해질 수 있다. 중독자의 회복을 돕고 싶다면, 너무 애쓰지 말고, 너무 지치지 말고, 곁에서 따뜻하게 기다려 줄 용기를 가지자.

4. 중독 없이도 충분히 행복한 삶

중독을 멀리하는 작은 습관들

중독은 지치고, 외롭고, 무기력한 순간들이 쌓이고, 그 빈틈을 무엇으로든 채우고 싶어질 때, 그 틈을 비집고 들어온다. 하지만 반대로, 건강한 삶을 만드는 것도 한순간의 결심으로 이루어지지 않는다. 매일의 작은 선택들이 모여, 결국 삶의 방향을 결정한다. 어떤 하루를 보낼 것인지, 어떻게 나를 돌볼 것인지에 대한 선택들이 쌓이면, 우리는 중독이 아니라 더 건강한 것들로 삶을 채울 수 있다. 그러니 너무 멀리 있는 해답을 찾으려 하지 않아도 괜찮다. 나를 돌보는 작은 습관들이 쌓이면, 우리는 자연스럽게 더 단단해지고, 중독에 흔들리지 않는 사람이 될 수 있다.

잘 자는 것, 그것만으로도 삶이 달라진다

어제보다 조금 더 나은 하루를 보내고 싶다면, 가장 먼저 바꿔야 할 것은 수면 습관이다. 밤늦도록 스마트폰을 붙잡고 뒤척이다가, 아침이 되면 피곤한 몸을 억지로 일으켜 하루를 버티는 것. 이렇게 축적된 피로는 결국 우리를 가장 약한 순간으로 몰아간다. 수면이 부족하면 우리는 쉽게 감정적으로 반응하고, 충동을 조절하기 어려워지며, 삶의 균형이 점점 무너진다. 반면 충분한 수면을 취하면 감정을 더 잘 조절할 수 있고, 불필요한 욕구에 쉽게 흔들리지 않는다. 뇌는 더 맑아지고, 하루를 건강하게 보낼 힘이 생긴다. 취침 시간을 정하고, 스마트폰을 멀리 두고, 규칙적인 수면 리듬을 만들자. 이 단순한 습관 하나만으로도 삶은 훨씬 더 단단해질 수 있다.

몸을 움직일 때, 마음도 함께 움직인다

무기력한 날들이 이어질 때, 몸을 가만히 두지 말고 움직여 보자. 운동을 하면 뇌에서는 '행복 호르몬'이라 불리는 엔도르핀이 분비된다. 그래서 운동을 마치고 나면 개운한 기분이 들고, 몸이 가벼워지는 것 같은 느낌이 드는 것이다. 단순한 기분 탓이 아니라, 실제로 몸과 마음이 변하는 과정이다. 규칙적인 운동은 우울감과 불안을 감소시키고, 자신을 돌보고 있다는 감각을 되찾게 해준다. 꼭 격한 운동일 필요는 없다. 하루 30분, 가벼운 산책이라도 괜찮다. 햇볕을 쬐며 바람을 느끼고, 몸을 움직이며 호흡을 정리하다 보면, 마음도 함께 정리될 것이다.

오늘 한 끼가 중요하다

어떤 음식을 먹느냐에 따라 몸이 달라지고, 몸이 달라지면 감정도 달라진다. 기름지고 자극적인 음식, 단 음식은 순간적으로 기분을 좋게 만들지만, 시간이 지나면 몸은 더 피곤해지고 감정도 더 예민해진다. 반대로 신선한 채소, 단백질이 풍부한 식사, 건강한 지방을 섭취하면 몸은 가벼워지고, 에너지는 더 오래 지속된다. 무엇보다도, '내 몸을 소중히 대하고 있다.'는 감각이 우리 자신을 더욱 단단하게 만들어 준다. 음식을 아무렇게나 먹는 것은, 나 자신을 아무렇게나 대하는 것과 같다. 그러니 오늘 한 끼라도 더 건강하게 챙겨 보자.

중독보다 건강한 것들로 나를 채우자

사람은 공허할 때, 의미 없이 하루를 보낼 때, 어딘가에 기대고 싶어진다. 그러니 중독을 예방하려면 그 빈자리를 건강한 것들로 채워야 한다. 새로운 취미를 시작하거나, 오래 꿈꿔왔던 목표에 도전하거나, 작은 성취를 쌓아보자. 중독이 삶을 채우게 두지 말고, 책을 읽고, 글을 쓰고, 음악을 듣고, 가끔은 여행을 떠나고, 좋아하는 일을 하는 시간을 늘려가자. 삶을 의미 있는 것들로 채우다 보면 어느 순간 중독이 들어설 자리는 사라지게 된다.

고립된 사람은 중독에 더 쉽게 빠진다. 혼자 있는 시간이 많아질수록, 자신을 돌보는 일에도 무뎌지기 쉽다. 그러니 사람들과 연결되자. 좋아하는 사람들과 따뜻한 시간을 보내고, 가족과 함께하는 순간들을 늘리고, 나를 응원해 주는 친구들에게 마음을 열어 보자. 사람과 연결될수록 우리는 더 단단한 사람이 될 수 있다. 작은 선택이 쌓이면, 삶이 달라진다.

자신에게 맞는 상담기법과 상담전문가를 찾자

중독에서 벗어나고자 할 때, 혼자서 실천할 수 있는 방법들을 찾으려는 노력은 오랫동안 많은 상담자들의 화두였다. 어떤 사람에게는 그 방법들이 잘 맞아 금방 익숙해지기도 하지만, 누군가에게는 시작하는 일조차 큰 용기가 필요하다. 의지 부족이 아닌, 누구에게나 변화는 낯설고 어렵다. 특히 중독과 관련된 변화는 그만큼 더 복잡하고 깊다. 그걸 우리는, 상담실에서 수없이 만난 사람들을 통해 알고 있다. 상담은 그저 조언을 주는 자리가 아니다. 판단 없이, 자신의 마음을 들여다볼 수 있도록 옆에서 함께 호흡하는 과정이다. 앞에서 소개한 여러 상담 기법들 중 자신에게 잘 맞는 접근을 찾고, 그 방식을 존중하며 동행해줄 상담자를 만나는 일은 분명 의미 있는 선택이 될 수 있다. 변화는 어느 날 갑자기 오는 게 아니라, 나를 조금씩 알아가며 생기는 방향감각 속에서 자란다. 그 길을 스스로만 감당하려 애쓰지 않아도 된다는 걸, 말해주고 싶다.

질이 다른 즐거움

우리는 누구나 보상을 원한다. 힘든 하루를 마치고 난 뒤, 기분 좋게 자신을 위한 작은 선물을 주고 싶어지는 건 너무도 자연스러운 일이다. 문제는 그 보상의 방식이다. 어떤 사람은 하루의 피로를 풀기 위해 술을 마시고, 어떤 사람은 게임이나 도박에 빠진다. 처음엔 단순한 기분 전환이었지만, 점점 의존하게 되고, 나중엔 그것 없이는 일상의 균형을 유지하기 어려워진다. 이런 악순환을 끊기 위해서는 건강한 보상 시스템을 새롭게 설계해야 한다. 중독의 공허함을 메울 수 있는 더 나은 선택지를 찾는 것이 핵심이다.

가장 좋은 방법은 새로운 취미를 찾거나 기존의 취미를 더욱 발전시키는 것이다. 단순한 여가 활동이 아니라, 즐거움과 성취감을 함께 느낄 수 있는 무언가를 찾는 게 중요하다. 그림을 그려본 적이 있는가? 색을 칠하면서 몰입하는 그 순간, 불안한 생각들이 사라지는 경험을 해보았는가? 음악을 듣거나 직접 연주하는 것도 감정적인 안정감을 주는 강력한 도구가 된다. 또한 책을 읽으며 새로운 시각을 얻거나, 요리나 화분 가꾸기 같은 활동을 통해 작은 성취를 쌓아가는 것도 추천할 만하다. 손을 움직이며 무언가를 만들어 내는 과정은 스트레스를 줄이고 만족감을 높이는 효과가 있다. 중요한 건 단순한 취미가 아니라, 그것이 나에게 어떤 의미를 주느냐이다.

또한 목표를 설정하고 이를 달성하는 과정에서도 큰 보상을 얻을 수 있다. 목표는 거창할 필요가 없다. 하루 30분 운동하기, 매일 책 10페이지 읽기, 한 달에 한 번, 새로운 요리 도전하기 같은 작은 목표부터 시작하면 된다. 그리고 그 목표를 하나씩 이뤄나가는 과정에서 '내가 해냈다'는 성취감이 쌓인다. 이런 경험이 반복되면, 우리는 단순한 순간의 기분 전환을 넘어 지속적인 성장과 만족감을 추구하게 된다. 외국어를 배우거나, 자격증을 준비하거나, 장기적으로 도전할 수 있는 무언가를 찾는 것도 좋은 방법이다. 핵심은 나의 성장을 직접 경험하고, 그 과정에서 의미를 찾는 것이다.

중독의 본질을 보면, 결국 그것은 채우지 못한 무언가를 대신 채우려는 시도다. 하지만 우리가 정말 원하는 것은 순간의 쾌락이 아니라 지속적인 만족감이다. 건강한 보상 시스템을 만들면, 중독의 유혹에서 멀어지면서도 더 충만한 삶을 살아갈 수 있다.

스트레스, 피할 수 없다면 다스려라

살면서 스트레스를 피할 방법은 없다. 하지만 스트레스를 어떻게 다루느냐에 따라 우리의 삶은 완전히 달라질 수 있다. 많은 사람들이 스트레스 해소를 위해 술을 마시거나 담배를 피우고, 게임이나 도박에 빠지지만, 이런 방식은 결국 문제를 더 악화시킬 뿐이다. 중독으로 빠지는 이유 중 하나가 바로 감정을 조절하는 능력이 부족하기 때문이다. 감정을 건강하게 관리할 수 있다면, 우리는 스트레스를 건강한 방식으로 풀면서 중독의 위험에서 멀어질 수 있다.

가장 기본적인 감정 조절 방법 중 하나는 깊은 호흡이다. 심호흡은 자율신경계를 조절해서 긴장을 완화하는 효과가 있다. 숨을 깊이 들이마시고 천천히 내쉬는 것만으로도 몸과 마음이 안정되는 것을 느낄 수 있다. 또한 명상이나 요가 같은 활동도 도움이 된다. 이런 활동들은 단순한 신체 운동이 아니라, 몸과 마음의 균형을 맞추는 과정이기 때문이다. 하루 10분 만이라도 조용한 공간에서 자신을 돌아보는 시간을 가지면 감정 조절 능력이 한층 높아진다.

감사하는 습관을 기르는 것도 효과적이다. 사람들은 일반적으로 부정적인 감정에 더 집중하는 경향이 있다. 하지만 하루에 한 가지라도 감사한 일을 떠올려 보면, 우리의 시각이 달라질 수 있다. '오늘도 무사히 하루를 보냈다.'는 것만으로도 감사할 수 있다면, 삶의 태도 자체가 바뀐다. 이렇게 긍정적인 감정을 키우면 스트레스에 대한 내성이 생기고, 작은 일에도 쉽게 흔들리지 않게 된다.

또한, 스트레스 상황에서 건강한 대처 기술을 익히는 것이 중요하다. 문제를 회피하는 대신 해결 가능한 부분부터 차근차근 해결해 나가는 것이 필요하다. 부정적인 생각이 들 때는 '나는 항상 실패해.'라는 식으로 단정 짓는 대신, '이번 경험을 통해 더 나아질 수 있어.'라고 생각하는 연습을 해보자. 말 한마디를 바꾸는 것만으로도 우리의 감정은 달라질 수 있다.

건강한 대화 방식도 중요한 요소다. 감정을 억누르거나 폭발시키지 않고, 솔직하면서도 상대방을 존중하는 방식으로 의사소통하는 것이 필요하다. 말하지 않고 속으로만 삭이면 감정이 쌓여 언젠가는 폭발할 수밖에 없다. 하지만 건강한 방식으로 감정을 표현하면, 스트레스를 해소하면서도 인간관계를 유지할 수 있다.

스트레스는 우리의 삶에서 사라지지 않는다. 하지만 그것을 어떻게 다루느냐에 따라 우리의 삶의 질은 달라질 수 있다. 감정 조절 능력을 키우고 건강한 대처 기술을 익히는 것이야말로 중독을 예방하는 가장 강력한 방법이다. 결국, 우리는 감정을 다스릴 수 있을 때 더 건강하고 균형 잡힌 삶을 살아갈 수 있다.

중독은 단순한 습관이 아니라, 우리의 내면이 보내는 신호이다. 우리는 고통을 잊기 위해, 공허함을 채우기 위해, 때로는 외로움을 견디기 위해 중독을 선택한다. 그러나 중독이 삶을 지배하기 전에 우리는 자신을 돌볼 수 있어야 한다. 건강한 관계를 맺고, 의미 있는 활동을 찾고, 내면의 상처를 마주할 용기를 가질 때 중독은 더 이상 필요하지 않다. 변화는 거창한 결심이 아니라 작은 선택의 반복에서 시작된다. 중독을 넘어, 온전한 삶으로 나아가는 길은 지금, 이 순간에도 열려 있다.

부록(관련기관)

한국 중독치료 기관 안내

1. 알코올·약물 중독 관련

한국중독관리통합지원센터(KADC)
- 역할: 알코올, 마약, 도박 등 다양한 중독 문제를 종합적으로 관리
- 주요 서비스
  마약 중독자 및 가족을 위한 심리 상담
  중독 치료 병원 및 기관 연계
  재발 방지를 위한 회복 프로그램 운영
- 관련 기관 안내: 보건복지부 중독관리통합지원센터
- 정신건강 통합 플랫폼 블루터치+3보건복지부 대표홈페이지+3https://chmhc.or.kr+3

한국마약퇴치운동본부
역할: 마약 예방 교육, 중독자 재활 및 상담 지원
- 주요 서비스
  마약 중독 상담 및 치료 연계
  중독자 가족을 위한 지원 프로그램
  약물 오남용 예방 교육
- 전화 상담: 1899-0893
- 약물없는세상+1약물없는세상+1

마약중독자 자조모임(NA, Narcotics Anonymous)
- 역할: 마약 중독자들이 서로 경험을 공유하며 회복을 돕는 국제적인 자조 모임
- 주요 서비스:
  익명성이 보장되는 중독 회복 모임 운영
  '12단계 프로그램' 기반의 금단 및 재활 지원
  온라인 및 오프라인 모임 참여 가능
  한국 NA 웹사이트: http://www.nakorea.or.kr

정신건강복지센터(국가 지원)
- 역할: 각 지역 보건소에서 운영하며, 정신질환 및 중독 문제 상담 지원
- 주요 서비스:
  중독 상담 및 정신건강 치료 지원
  의료기관 연계 및 재활 프로그램 운영
  마약 중독자 가족을 위한 상담 서비스 제공
- 이용 방법: 가까운 정신건강복지센터 찾기: https://www.mentalhealth.go.kr
  정신건강 상담 전화: 1577-0199

AA(익명의 알코올중독자) & 기타 중독자 모임
- 역할: 주로 알코올 중독자를 위한 모임이지만, 마약 중독자도 참여 가능
- 주요 서비스:
  지역별 오프라인 모임 운영
  온라인 회복 모임(비대면 지원 가능)
  AA 한국 지부: https://www.aakorea.org

중독 전문 치료 병원 및 재활 센터
국립정신건강센터(02) 2204-0114
대구의료원 중독재활센터 053) 957-8817(예방교육, 치유재활)

경찰청 & 한국마약범죄학회(법적 상담 지원 가능)
경찰청 마약 범죄 신고 및 상담: 국번 없이 1301
한국마약범죄학회: http://www.ksnd.or.kr

2. 도박 중독 관련

한국도박문제예방치유원 / 헬프라인 1336(중앙센터 포함 15개 센터 운영)
역할: 도박 문제의 예방과 치유를 위해 다양한 서비스를 제공하는 전문 기관
https://www.kcgp.or.kr/portal/main/main.do
- 주요 서비스:
  예방홍보 및 교육: 도박 문제 예방을 위한 교육 프로그램 제공
  치유재활: 도박 중독 치유 및 재활 프로그램 운영
  헬프라인 1336: 24시간 무료 상담 서비스 제공

전국 센터 연락처 및 홈페이지:
서울 도박문제관리센터02-740-9030(서울 거주자 대상)
경기도 도박문제관리센터 031-927-3577(경기 거주자 대상)

3. 인터넷·게임 중독 관련

청소년사이버상담센터 1388(청소년 전용, 24시간 운영)
스마트쉼센터(인터넷·스마트폰 중독) 599-0075(상담 및 치유캠프 운영)
https://www.iapc.or.kr/ 전국 18개 센터 운영
- 역할: 인터넷과 게임 중독 문제를 예방하고 치유하기 위해 운영
- 주요 서비스: 상담 및 치유 프로그램, 예방교육
  인터넷·스마트폰 과의존 예방 및 상담 서비스 제공
  개인 및 집단 상담 및 치유 프로그램 운영
  치유 캠프 및 가족 상담 프로그램 제공
  인터넷·스마트폰 과의존 예방을 위한 교육 프로그램 운영

4. 약물 중독 관련

한국마약퇴치운동본부 1899-0893(마약·약물중독 상담 및 재활 지원)
정신건강복지센터 1577-0199(지역별 중독 상담 및 치료 연계)

5. 기타 중독 및 정신건강 종합 상담

정신건강위기 상담전화 ☎ 1577-0199(중독 포함 정신건강 종합 상담)
복지부 정신건강포털www.mentalhealth.go.kr(온라인 정보 제공)

■ 저자 소개

김 영 순

📖 소개

1. 해드림상담센터대표, 교육학 박사(상담심리 전공)
2. 한국상담심리학회 1급 상담심리전문가
3. 한국상담학회 수련감독자(전문영역: 중독, 집단, 아동청소년)
4. 청소년상담사 1급, 한국심리학회 중독심리전문가
5. 국제 WGI 현실치료상담 상급강사(Senior Faculty)
6. 국제 SPI인증 감각운동 심리치료 전문가(SPP, SPT)
7. 상담과 심리치료의 이해(2025, 학지사), 세계정신건강상담사례(2014, 학지사) 외
8. 슈퍼비전 및 교육, 개인상담, 집단상담, 중독 및 트라우마 상담 등
   전) 충남청소년상담복지센터, 호서대학교 겸임교수외

작가의 마음: 중독된 마음은 끝없이 허기를 느끼며 스스로를 삼키곤 한다. 깊이 가라앉은 내면 어딘가에서 움츠리고, 길을 잃은 채 헤매기도 한다. 넘어지고 미끄러지더라도, 언젠가 손을 내밀어 진정한 나를 다시 찾을 수 있다면, 중독의 어둠 속에서도 빛은 스며든다. 아주 작은 틈새를 비집고 들어오는 따뜻한 빛처럼, 회복은 그렇게 시작된다.

메일: quality222@hanmail.net

이주연

📖 소개

1. (전)마인드허그 심리상담센터 소장
2. 정신건강의원 소속 심리상담사
3. 상담학 박사
4. 청소년 상담사 1급, 임상심리사 2급, 독서치료사1급, 미술치료 수련감독
5. 내마음 토닥토닥 그림책으로 토닥토닥 공동저자, 우울증 완전정복 공동저자

작가의 마음: 완벽함을 추구하는 것, 그 자체에는 문제가 없다. 상처받지 않고 스스로 통제할 수 있는 선에서 완벽을 추구하면, 완벽주의는 강력하고 건강한 경쟁력이 된다.

메일: e20514@naver.com

■ 저자 소개

최꽃님

📙 소개

1. 울산 가정법원 면접교섭 상담위원
2. 심리학 박사수료
3. 한국상담학회 전문상담사 1급, 청소년 상담사 2급
4. 마음의 위로 그림책 심리이야기 공동저자
5. 개인상담, 부부상담, 집단상담, 저술 활동 등

작가의 마음: 생각이 많고 걱정으로 마음이 바쁠 땐 한 걸음 멈춰서 숨을 고르고, 지금 이순간이 소중하니 지금 여기에 집중할 때, 생각에 휘둘리지 않는 힘이 생긴다.

메일: lovenip813@naver.com

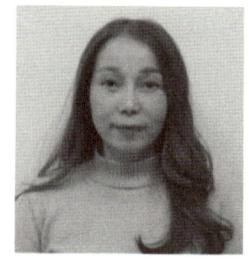

임려원

◼ 소개

1. 모은 상담심리연구소 공동 소장
2. 마음자람심리센터 공동 소장
3. 다움 book 출판 대표
4. 교육학 박사(상담 심리전공)
5. 한국 상담심리학회 상담심리사 1급, 주수퍼바이저
6. 마음 드라이빙(23년 세종도서 우수도서 선정) 외 전자책, 종이책 포함 44여 권 출판
7. 심리학 강의, 책 쓰기 강의, 개인 상담, 가족 상담, 집단상담, 저술활동 등

작가의 마음: 중독은 나약함이 아니라, 채워지지 않은 마음이 보내는 신호일 뿐이다. 우리는 그것을 의지로 억누르려 하지만, 사실 필요한 것은 자신을 더 깊이 이해하는 일이다. 부정하지 않고 천천히 들여다볼 때, 비로소 스스로 회복할 힘이 생긴다.

메일: saim1009@hanmail.net

■ 저자 소개

최은비

■ 소개

1. 안녕마음심리상담센터 대표
2. M.A. Marriage and Family Counseling
3. 한국상담학회 전문상담사 2급, 청소년상담사 1급, 임상심리사 1급, 모래놀이치료사 1급
4. 공공기관 강연, 기업상담(EAP), 심리상담, 집단상담, 저술 활동 등

작가의 마음 : 중독은 자신의 취약함이나 결핍일 수도 있으나, 동시에 성장의 시발점이 될 수도 있다. 글을 써 내려가면서 '우리의 마음은 너무나 신기하게도 자가치유력을 지니고, 스스로 고통을 헤쳐 나갈 길을 만들어 나간다.'는 것을 매 순간 느꼈다. 책을 읽고 있는 당신의 마음도 이미 답을 가지고 있을 것이다. 이제 귀를 기울여 마음이 하는 소리를 듣기만 하면 된다.

메일: shalommaum@naver.com

백소라

📖 소개

1. 한국상담심리학회 상담심리사 2급
2. 교육학 석사(상담심리 전공)
3. 한국코치협회 인증 전문코치(KAC)
4. 전문상담교사 1급, 초등 1급 정교사
5. '내 마음 토닥토닥, 그림책으로 토닥토닥', '오운완 몸을 움직이면 마음도 움직인다' 공동저자
6. 성인상담, 청소년 상담, 아동 상담, 부부 상담, 가족 상담, 부모 교육

작가의 마음: 내 앞에 온 작은 생명을 살리는 것이 곧 나를 살리는 것이다. 오늘도 작은 친절 베풀기. 나에게 그리고 당신에게.

메일: intime100@hanmail.net

■ 저자 소개

김동원

📖 소개

1. 국방부 공군 병영생활전문상담관
2. 인터넷·스마트폰 과의존 예방 강사 및 가정방문상담사
3. 한국도박문제예방치유원 도박중독 치유상담사
4. 교육상담 박사 재학
5. 한국상담학회 전문상담사 2급, 인터넷중독전문상담사 2급, 미술심리상담사 1급, 사회복지사 1급, 임상심리사
6. 우울증 완전정복 공동저자
7. "50이후, 건강을 결정하는 7가지 습관" 오디오북 목소리 재능기부. 한국자산관리공사 「마음으로 듣는 소리 캠페인」 시즌 9
8. 공공기관 임직원 상담, 기업상담(EAP), 정신건강 상담, 개인상담, 집단상담, 저술 활동 등

작가의 마음 : 바닥을 치고 다시 올라오는 그 순간은 우리에게 깊은 의미를 남길 것이다. 나의 한계를 뛰어넘어 용기와 끈기를 발견하는 그 과정은 강렬하고도 값진 경험이다. 중독을 극복하고 그것을 열정으로 승화시킨다면, 그 또한 놀랍고 경이로운 변화가 될 것이다.

메일: icecocoa555@naver.com

 임소영

■ 소개
1. 휴레스트 심리상담센터 센터장
2. 교육학 석사(상담심리 전공)
3. 한국 상담심리학회 상담심리사 1급, 주수퍼바이저
4. Prepare-Enrich 국제공인 커플/부부 상담사
5. 개인상담, 부부상담, 커플상담, 기업상담(EAP), 저술활동 등

작가의 마음: 중독은 허기진 마음의 소리이다. 그 허기짐을 바라볼 수 있을 때 회복이 일어난다. 정성 가득하고 따뜻하게 차려진 마음의 밥상 앞에 앉아보자. 하나하나 음미하며 건강하게 소화해 내기를. 그래서 당신의 마음이 늘 풍요롭기를.

메일: hewrest@naver.com

■ 저자 소개

박숙자

📙 소개
1. 밝은 희망 부부 클리닉 전문상담사
2. 교육학 박사
3. 한국상담학회 전문상담사 1급. 한국목회상담협회 감독, 임상심리사 2급
4. 심리학 강의, 부부 상담, 커플상담. 개인 상담, 가족 상담, 집단상담

작가의 마음: 중독으로부터의 회복은 끈기와 인내심이다. 이 끈기와 인내심을 끌어가는 것은 사랑과 지지이다. 나의 존재 자체가 '사랑'이며 내가 '사랑받는 사람'이라는 것을 조금씩 믿기 시작하면 증상은 완화될 것이다.

메일: psj1338@hanmail.net

 정현주

■ 소개

1. 플러스 아동 발달 센터 놀이심리상담사
2. 성모 정신건강의학과 상담사
3. 상담심리 박사 재학
4. 한국놀이치료학회 놀이심리상담사 2급, 미술심리상담사 1급, 발달재활사, 임상심리사 1급, 청소년 상담사 2급. 사회복지사 2급, 평생교육사 2급
5. 한국상담심리학회 정회원, 한국상담학회 정회원
6. 국제공인 ICDL DIR Floor time 101,201,202 수료
7. 국제공인 AEDP Immersion 코스 수료
8. 아동/청소년 상담, 개인 상담, 집단상담, 부모 양육 코칭

작가의 마음: 작은 일상을 통해 긍정적인 정서 경험을 하고 있는지 생각해 봄으로써 중독에서 벗어날 수 있다. "내가 진심으로 원하는 것은 무엇인가?"라고 자신에게 질문하고, 진정한 행복과 만족이 어디에서 오는지 고민하는 계기를 통해 삶에 방향성을 찾을 수 있다.

메일: ijoa82@naver.com

■ 저자 소개

김선옥

■ 소개
1. 서울시육아종합지원센터 안심상담실 상담사
2. 교육심리상담 석사
3. 임상심리사 2급, 사회복지사 1급, 미술심리지도사 1급, 가족상담사 2급
4. 심리 에세이 「내 마음 토닥토닥 그림책으로 토닥토닥」, 「우울증 완전정복」 공저

작가의 마음: 행복, 즐거움이 중요한 가치로 여겨지는 현대인의 삶에서 중독은 또 하나의 행복을 찾아가는 잘못된 방법일지도 모르겠다. 일상의 소소함에서 작은 행복을 느끼는 연습이 필요한 지금인 것 같다. 아침에 눈을 뜨면, 햇살의 아름다움에 고마움을 느끼는 순간 이미 우리는 행복으로 가득하다.

메일: kso602@hanmail.net

김희례

📖 소개

1. 허그맘허그인 동탄 심리상담센터장
2. 숙명여자대학교 가족학 박사 수료
3. 한국 상담학회 전문상담사 1급
4. 국제공인 이마고 부부 치료 전문가(Certified Imago Therapist)
5. PREPARE-ENRICH facilitator
6. Minnesota Couple Communication Programmer
7. MBC 〈공부가 머니〉, EBS 〈부모〉, 채널A 〈금쪽같은 내 새끼〉〈아빠 본색〉 상담 출연, MBC 〈결혼 지옥〉 후속 상담 진행
8. NAVER 칼럼니스트
9. 그림책으로 만나는 내마음 심리학(2024,작가와), 마음의 위로(2025,작가와) 공동저자
10. 위기 부부 상담, 가족 상담, 가족과 소통 강의 등

작가의 마음: 따뜻한 관계, 편안한 관계, 치유의 관계로 성장해요.

이메일 rye0209@hanmail.net

■ 저자 소개

고혜인

📒 소개

1. 교육학(상담심리전공) 박사
2. 제주대학교 교육대학원 교육학과 강사
3. 사단법인 제주국제명상센터 상담교육원 원장
4. 한국상담학회 지역학회 제주상담학회 12대 회장
5. 청소년상담사 1급, 임상심리사 1급, 한국상담학회 전문상담사 2급, 전문상담교사 2급
6. 주요 경력 : 심리치유공간 마음대로 센터장, 정신건강의학과 임상심리사, 초록우산 어린이재단 제주특별자치도 아동보호전문기관 임상심리치료사, 특수학교 및 통합학급 특수교사
7. 대외 활동 : 대법원 법원행정처 아동 관련 전문가, 제주지방법원 가사상담위원 및 자문위원, 국민건강보험공단 보건의료인력 인권침해 상담센터 외부 상담사, 재난심리회복지원센터 상담활동가 등
8. 특강 강연 : 제주특별자치도교육청, 사회적 협동조합 제주내일, 제주더큰내일센터, 제주특별자치도 아동보호전문기관, 제주여성인권연대 부설 제주여성상담소, 제주특별자치도내 어린이집에서 특강 다수 진행

작가의 마음: 진정한 치유는 자기 자신을 더 깊이 이해함으로써 온다. 나를 있는 그대로 수용하고 연민하는 마음으로 자신을 볼 수 있다면, 자기 자신이 온전하며, 안전한 공간임을 느끼게 된다. 또한 덜 행하며, 그저 존재함을 충분히 음미할 수 있는 감각을 키운다면, 이후 타인과의 관계와 사랑은 더 이상 중독이 아닌 선택이다.

E-Mail: thedoor_kr@naver.com

권민성

■ 소개

1. 현직 전문상담교사
2. 교육학 박사(상담심리 전공)
3. 전문상담교사 1급, 도덕·윤리 정교사 2급, 청소년상담사 2급, 사회복지사 1급, 임상심리사 2급, 상담심리사 2급(한국상담심리학회), 전문상담사 2급(한국상담학회), MBTI 일반강사, 에니어그램 일반강사 등
4. 개인상담, 가족상담, 집단상담, 부모교육, 교사연수, 저술 활동 등

작가의 마음: 변화는 아주 작은 것에서 시작된다. 이 책을 펼친 순간, 당신의 변화도 이미 시작되었다. 당신의 마음을 붙잡는 지난날에 머물기보다는 자신을 스스로 돌보는 길을 선택해보자. 원하는 삶을 다시 회복할 수 있으며, 그 과정을 이겨낸 당신은 더욱 강해질 것이다. 당신의 용기 있는 한 걸음을 진심으로 응원한다.

메일: soop2018@korea.kr

■ 저자 소개

손향미

📖 소개
1. 위안심리상담센터 센터장
2. 중독융합학과 박사과정 수료
3. 청소년상담사 1급, 한국상담학회 전문상담사 2급
4. 대구가정법원 진단전문가 및 면접교섭위원
5. 대구 국립 청소년 디딤 센터 부모 멘토
6. 청소년상담복지센터 집단 강사 및 상담원

작가의 마음: 글을 쓰면서 문득, 어쩌면 내가 작가가 아니라 독자가 되어야 하는 건 아닐까 하는 생각이 들었다. 고단한 삶 속에서 쉼표가 되어주리라 행했던 행동들이, 사실은 내가 진정으로 원했던 것에 귀 기울이지 못하게 만들었음을 글을 통해 깨달았다. 이 글은 단순히 독자에게만 전하고 싶은 메시지가 아니라, 나 자신에게 하고 싶은 이야기이기도 하다.

메일: we-an@naver.com

장수미

◼ 소개
1. 마인드 카페 심리상담센터 상담심리사
2. (사)한국EAP협회 협약상담사, ㈜위너스제이엠 협약상담사, 이천시 청소년 상담복지센터 객원상담사
3. 교육학 석사(상담교육전공)
4. 한국상담심리학회 상담심리사 2급, 임상심리사 1급, 청소년상담사 2급, MBTI전문강사
5. 성인상담, 기업상담(EAP), 청소년상담, 부모상담, 진로상담, 커플상담.

작가의 마음: 우리는 중독 '한다'라고 말하지 않는다. 중독 '된다'라고 말한다. 이렇듯 중독은 수동성과 통제 불능성의 의미를 함께 담고 있다. 이 때문에 벗어나려고 노력을 해도 원하는 데로, 원하는 만큼, 벗어나 지지가 않는다. 너무도 당연하지 않은가? 그래서, 중독될 수밖에 없었던 그리고 좌절감이 켜켜이 쌓였을 나의 마음을 들여다봐 주자! 무엇이 그토록 필요했을까?

메일: dominic0618@naver.com

■ 저자 소개

이유미

📒 소개

1. 인마인드 심리상담센터 센터장
2. 이레네메모리얼가족상담센터 전문상담사
3. 교육학박사(상담심리전공)
4. 한국상담심리학회 상담심리사 1급, 한국상담학회 전문상담사 1급, 국제 아들러 전문가 및 심리치료사, 아들러 긍정훈육 부모교육 강사 1급, 청소년상담사 2급, 임상미술치료사 2급
5. 전남대학교 학생생활상담센터 객원상담사, YWCA 가정상담센터 전문상담사, 전남대학교 시간강사, 중·고등학교 전문가 특강, 시교육청 정서행동특성검사 전문상담 & 상담지원 연계기관, 재난심리회복지원센터 재난심리활동가 등
6. 개인상담, 집단상담, 기업상담(EAP), 상담사 수련 및 교육, 놀이치료, 미술치료 등
7. 「우울증 완전정복」, 「위기상담 유형별 치료적 개입」 공동저자

작가의 마음: 정보통신망이 너무 가까워진 일상에서, 멀리하기는 어렵다. 로그인할 때마다 흘러가 버린 시간을 실감하며 '내가 오늘 한 게 뭐지?'라는 생각이 들 때가 종종 있다. 줄여야겠다고 다짐하면서도, 막상 컴퓨터를 켜면 또다시 시간 가는 줄 모른다. AI가 일상이 된 세상에서, 어떻게 균형을 맞추고 적응하며 마음의 평안을 지킬 수 있을까? 매일 고민하게 된다.

메일: inmind@kakao.com

정미애

📕 소개

1. 국방부 육군 병영생활전문상담관
2. 편안한 심리상담센터 상담사
3. 아토머스 마인드카페 상담사
4. 상담학 석사(가족상담 전공)
5. 한국상담심리학회 상담심리사 1급, 한국상담학회 전문상담사 1급, 청소년상담사 1급, 임상심리사 1급, 사회복지사 1급, 중독전문가 2급
6. 『마음의 위로 그림책 심리이야기』, 『우울증 완전 정복』 공동 저자
7. 청소년상담, 성인 개인상담, 부부상담, 가족상담, 집단상담, 저술 활동 등

작가의 마음: 힘든 현실을 잊으려 의미 없는 행동에 몰두하고, 마음을 돌아보면, 남는 것은 공허함과 허무감이었다. 이제는 의미 없는 무언가에 몰두하는 대신, 지금 있는 그대로의 내 마음에 귀 기울여 보는 것은 어떨까?

메일: jma221@hanmail.net

■ 저자 소개

이선영

📖 소개

1. 광신대학교 강사
2. 상담학 박사(상담심리치료)
3. 시그널 심리상담센터 센터장
4. 송원대학교 학생상담센터 객원상담사
5. 청소년 상담사 1급, 임상심리사 2급, 평생교육사 2급, 청소년지도사 2급, 청소년 도박문제 상담사(한국도박문제예방치유원)
6. 개인 상담, 집단상담, 청소년 연구 및 학술지 저술 활동, 상담학 강의 등

작가의 마음: 중독은 지치고, 외롭고, 무기력한 순간들이 쌓이고, 그 빈틈을 무엇으로든 채우고 싶어질 때, 그 틈을 비집고 들어온다. 하지만 나를 돌보는 작은 습관들이 쌓이면, 우리는 자연스럽게 더 단단해지고, 중독에 흔들리지 않는 사람이 될 수 있다.

메일: math5282@hanmail.net